失われたオカルト呪術
「迦波羅」の謎

飛鳥昭雄・三神たける 著

mu SUPER MYSTERY BOOKS

平将門と崇徳天皇、そ て南北朝！！
日本はふたつのユダヤ 朝だった！！

まえがき

オカルトは魔術である。魔術は他力本願。肉眼では見えない存在の力を借りて現象を起こす。とくに物理的な超常現象を引き起こすときには、儀式が必要になる。霊的な存在との契約である。現象を起こすのは、あくまでも霊なのだ。したがって、霊とは何か。これを明らかにしなければ、オカルトの本質は理解できない。

霊が起こす物理的な超常現象のことを「ポルターガイスト」と呼ぶ。ドイツ語で騒々しい幽霊という意味だ。幽霊とは、一般に死んだ人の霊、つまりは死霊、もしくは亡霊のことだと考えられている。

が、はたして、それは正しいのだろうか。死んだ人間の霊になりすましている存在がいるとしたら、どうだろう。作家のコリン・ウイルソンは数々の霊現象を調査する過程で、死者になりすました魔物の存在を確信したという。ユダヤ教やキリスト教、そしてイスラム教の世界観において、魔物とは悪魔であり、堕天使である。創造神に反抗し、地獄へと落とされた天使である。

悪魔は肉体をもたない。肉体をもっている人間に嫉妬している。人間は死ぬが、霊は残る。

●——4

やがて、この世の終わり、死んだ人間の霊は再び肉体を得る。いわゆる復活だ。不死不滅の復活体となって甦る。これを身をもって示したのがイエス・キリストである。悪魔は永遠に肉体はおろか、復活体になることはできない。

強烈な嫉妬と妬みをもった悪魔は人間を不幸にしようと画策する。自分たちと同じ境遇にするために、人間を騙し、闇に落とす。そのためには、あらゆる手段を使う。超常現象は、まさに悪魔の常套手段である。肉体がないが、物体を動かしたり、消滅させ、テレポートさせることができる。どんな姿にもなれる。肉体はないが、霊体が物質化するのだ。その際、元の霊体とは別の姿になることができる。

問題は、ここだ。交通事故が起こり、そこで人が亡くなったとしよう。事故現場には、夜な夜な幽霊が現れるという噂が立つ。多くの人は、そこで現れる幽霊は交通事故で亡くなった方の亡霊だと思うだろう。霊能者も、そう見立てるだろう。実際、亡くなった人とそっくり同じ姿で幽霊が現れるのだ。だれしもが、死んだ人の幽霊だと納得するはずだ。

しかし、はたして、そうだろうか。あなたが同じ境遇で亡くなったとして、いつまでも事故現場にいるだろうか。夜な夜な幽霊となって現れて、生きている人間を怖がらせ、また同じ境遇に遭わせようとするだろうか。

どこか変なのだ。幽霊が現れることで、多くの場合、人は不幸になる。幽霊を怖がるのは、本能的に、それを知っているからだ。もちろん、幸せになる人もいるが、そうならないのは、幽霊の正体が魔物だからだ。魔物が生きた人間を闇に引きずりおろそうとしているのだ。

オカルトは危険である。その理由は、魔物の存在にある。オカルトは魔物を引き寄せ、人間を不幸にする危険性をもっているのだ。興味本位で近づいたり、不用意に魔術を行ってはいけないと警告されるのは、そのためなのだ。

霊能者といえども、騙される。霊能者が見えているもの、感じているものが、必ずしも死者や精霊、天使、神様であるとは限らない。そのほとんどは悪魔だ。悪魔がなりすましている。

悪魔は何にでも変身できるのだ。光の天使はもちろん、ときには聖母マリアやイエス・キリストの姿で現れる。生きている人間が期待する存在で現れる。自分たちを神だと思ってくれれば、最高だ。神の言葉なら、だれでも聞くだろう。言葉は悪いが、いいなりになるだろう。極論、死ねといわれれば、命を捨てる人だっているに違いない。

だからこそ、危険なのだ。オカルトは危ない。オカルトを理解するとき、そのことを頭に叩き込む必要がある。本書が、その一助になれば幸いである。

謎学研究家　三神たける

もくじ

● ——14

プロローグ

天照大神の秘儀大嘗祭に隠された「生命の樹」と「死の樹」

神国日本と創造主ヤハウェ

日本は神国である。古来、日本人は神道を奉じてきた。神道には八百万の神々がいる。山の神、海の神、植物の神、動物の神、そして亡くなった人間もまた、神々として祀られる。アカデミズムでは多神教、この世のすべてに神々が宿るという汎神論をもとに、神道とは民俗学的にアニミズムなる原始宗教だと語る人もいる。いいだろう。あらゆるものに魂が宿っているという意味で、その通りだ。異論はない。

対極に位置するのが一神教だ。唯一絶対神を崇拝する。ユダヤ教やキリスト教、そしてイスラム教は、みな創造主ヤハウェを唯一絶対神とする。畏れ多いといって、その名前を口にすることをはばかり、アドナイやロード、アラーなどと称すが、同じ神である。創造主ヤハウェのほかに神はいない。人間は神ではない。人間が神になることなど、絶対にありえない。聖典に現れる天使や悪魔など、所詮、人間と同様、創造主ヤハウェの被創造物にしかすぎない。彼らは神々ではない。どこまでいっても、神はひとり。唯一、創造主ヤハウェのみである。

主張は、はっきりしている。一方は、すべてが神である。他方は、神は唯一である。ともに相容れない思想だが、極限において、両者は同義である。多神教を突き詰めた汎神論は、結局、唯一神へ回帰する。逆もまた、しかり。唯一神を強調すればするほど、すべての神々は絶対神の別名か化身、もしくは悪魔や精霊の類いに過ぎないと強弁することになる。

無神論とて同じこと。有神論の対極を突き詰めたところで、やがて始原に回帰する。そもそも神とは何か。その問いを発している否定しがたい存在、すなわち自己に気がつくのだ。

あえて数学的な表現をするならば、0と1と∞である。無神論は0、唯一神は1、多神教及び汎神論は∞である。いずれも特異点である。1を∞で割ることも、1を0で割ることもできないが、極限を求めれば、それぞれ前者は0であり、後者は∞である。すべては1なる存在に掛かっている。初めに1があるのだ。

20世紀最高の哲学者と謳われた実存主義の巨匠、かのマルティン・ハイデッガーは「ある」とは何かという命題に対する答えを放棄し、人間を「現存在」という言葉をもって置き換え、時間と空間を論じた。

しかし、皮肉なことに、その「ある」という究極の実存をもって、自称としたのが創造主ヤハウェにほかならない。ヘブライ語でヤハウェとは「ありてある者」を意味する。大預言者モーセに語った「エヘイエイ・エシェル・エヘイエイ：EHYH　ESHR　EHYH」の「エヘイエイ：EHYH」の三人称単数形が「ヤハウェ」であり、神聖四文字「YHWH」で表記される。

だが、ユダヤ教徒は神の名を口にすることを禁忌とし、神聖四文字が記された聖文を「アドナイ」といい換える。というのも、「十戒」のひとつ、「神の名前をみだりに口にすることなかれ」を守っているからだ。

なぜ、そこまで「名前」にこだわるのか。理由は、ひとつ。名前には力があるからだ。物理的な力ではない。宗教はもちろん、民俗学や心理学、さらには情報工学的な意味での影響力だといっていいだろう。

ヘブライ語で名前のことを「シェム：SHM」という。これに定冠詞を付けた「ハ・シェム：HSHM」は、ずばり神を意味する。究極の名前は神なのだ。神とは名前、すべての名前の名付け元。森羅万象、あらゆるモノの名前の名づけ親なのだ。

では、その神の名前を名づけたのは、だれか。ここにいたって論理が破綻する。この世の初めにおいて、創造主ヤハウェは自分の顔を見ることができたのか。自分が何者かを認識できたのか。すべてがひとつ、スピリチュアルでいうワンネスならば、そもそも客観的な自己を認識できるはずもない。

しかし、その答えが、ここ日本にある。神道の奥義にある。西洋では国を「国家」と表現するが、日本では「国体」、いやもっと正確には「國體」と称した。

国家は家であり、その思想は建築である。創造主ヤハウェは偉大なる宇宙の建築者であり、かのイエス・キリストの職業は大工だった。目に見えない国という組織を家屋と見立てたのだ。

これに対して、日本人は国を体に見立てた。もっとも「体」という字は本来「劣る」という意味で、英語の「ボディ」の意味で用いるのは誤りである。ちゃんとした「漢和辞典」には、そう書かれている。正しくは「體」を用いるべきである、と。同様に「国」という字も「國」とするのが本来である。よって、もとい。古来、日本人は國を人体、すなわち人體に見立てたのだ。

家屋と人體、両者は決定的に異なる。無機質な建築物をいくら大きくしようとも、そこに生命は宿らない。対する人體は生命の受け皿である。個を超えた體があり、そこに霊と魂が宿る。これを理解できなくば、創造主ヤハウェの叡智に至ることはない。ワンネスの自己矛盾を超克する答えが、ここにある。

繰り返す。日本は神国である。まぎれもなく、創造主ヤハウェに祝福された神の国である。ヘブライ語で「神の民」は「ヤマト：YH　AMHWT」、すなわち「大和」である。「ヤ」は「ヤハウェ」の短縮形で、「民」を意味する女性名詞「ウマー：AMH」の複数形が「ウマト：AMHWT」。「ヤ・ウマト」で「ヤマト」。ヘブライ語を話すユダヤ人に「ヤマト」といえば通じる。

ただし、細かいようだが、ここで表記した「民」という字は本来「奴隷」を意味する。正確を期するならば、「神の民」ではなく「神の人々」、意訳するならば「神に祝福された人々」だろうか。「神に選ばれた人々」となると、とたんに選民思想になってしまうので、そこが大きな分岐点となる。

だが、日本が神国であることを証するのが「天皇」である。世界で唯一、王でも帝王、そして皇帝でもない。天皇は神道の祭司王であり、かつ創造主ヤハウェの預言者である。絶対神の祭礼を行う大祭司にして、聖霊を身に宿した預言者なのだ。

大嘗祭とイエス・キリスト

天皇は神道の元締めである。祭司王、すなわち大祭司である。ユダヤ教でいえば、「コーヘン・ハ・ガドール：KHN　HGDWL」である。大祭司は聖なる神殿で儀式を執行する。かつて聖地エルサレムにあったソロモン神殿の至聖所に入ることができたのは大祭司だけであった。天皇も、しかり。神道の重要な儀式を行う。なかでも、もっとも神聖にして重要な儀式が「大嘗祭《だいじょうさい》」である。

天皇を天皇たらしめているのは、ひとえに大嘗祭である。大嘗祭は天皇即位に伴う新嘗祭《にいなめさい》である。新嘗祭は毎年行われる収穫祭だが、大嘗祭が行われるのは天皇が即位する時だけである。大嘗祭を行わずして即位した天皇は「半帝」と呼ばれたこともある。

かくも重要な儀式であるにもかかわらず、その本質は謎に包まれている。基本は新たに収穫した作物を神々に捧げ、ともに食事をする。とりわけ神道の最高神であり、皇祖でもある天照《あまてらす》大神《おおみかみ》と食事をすることが儀式の根幹とされる。天照大神に感謝を捧げ、日本という國體と人々の安寧を祈念するのだ。

大嘗祭の斎行にあたっては大嘗宮が建設される。茅葺の切妻造の建屋で、神社のように千木と鰹木が施される。中には畳が敷かれ、神々を祀る神座が置かれる。そこには神饌と祭具が並び、天皇は御座に座って祭礼を行う。

部屋のほぼ中央には寝座「御衾《おふすま》」が敷かれ、枕と寝具、靴がある。枕元には櫛と扇と打払筥、靴の両脇には麻布の「麁服《あらたえ》」と絹布の「繪服《にぎたえ》」が置かれている。服とはあるが、織られたばかりの布、いわゆる反物である。

不思議なことに、寝床と寝具、靴、櫛、扇は、一連の儀式のなかで使用されることはない。そもそも何の意味で置かれているのかもわかっていない。かつては、そこで天皇は横になり、重要な儀式をしていたのかもしれない。

民俗学者の折口信夫は日本神話の天孫降臨を演じる秘儀ではないかと考えた。天照大神の孫ニニギ命は「真床追衾《まとこおうふすま》：真床覆衾」に包まれて地上に降臨した。真床覆衾とは布団である。真床覆衾に座る、もしくは、くるまれることは天照大神の子孫である証明にほかならない。大嘗祭において真床覆衾に寝ることは正統性の証であり、その身に「天皇霊」を宿すことを意味する。初代・神武天皇以来、新帝は天皇霊と一体となることによって初めて名実ともに「天皇」となるというのだ。

現在の国学おいて、折口信夫の「真床覆衾論」を支持する学者は少ない。大嘗祭は、もっと質素な神々との共食儀礼であるという説が主流だ。背景には、皇国史観に対する批判があるのかもしれない。

しかし、ミステリアスな秘儀も『聖書』の視点から見れば、驚くべき事実が浮かび上がる。かつて天皇は御衾に横になったことは間違いない。寝て起きる。これは死と再生の儀式である。死と再生は、すべての儀式の基本である。入学式や卒業式、結婚式、いずれも、それまでの人格が死んで、新たな人格として生まれ変わる。ごくふつうの人格が入学式で学生として誕生し、卒業式で死ぬ。結婚式を通じて独身者は死んで、夫婦として新たな人生を歩むのだ。

それゆえ儀式で着用するのは、すべからく礼服であり、死に装束である。大嘗祭で天皇がめす純白の「帛御袍《はくのごふく》」も同様である。全身、真っ白な衣装は死に装束ゆえに、めでたい席での着用はタブーとする習慣はアジア全域にみられる。

おそらく御衾に横になるのは、天照大神との食事が終わった後である。寝る前に、天皇は最高神である天照大神と食事をともにする。儀式が行われるのは深夜であるから、晩餐である。キリスト教でいえば「ミサ」である。ミサとはイエス・キリストとの「最後の晩餐」を再現し

⬆イエス・キリストとの「最後の晩餐」。これを再現した儀式がミサだ。

た儀式である。パンと葡萄酒をイエスの肉と血に見立てて食する。ミサを通じて、信者はキリスト教徒であることを証し、神の祝福にあずかるのだ。本質は、まったく同じである。

続く御衾の儀式は、一般のキリスト教にはない。が、最後の晩餐を終えたイエス・キリストの運命を知れば、何か見えてくるはずだ。イエスはローマ兵に逮捕され、有罪判決を受けた後に十字架に磔になって死んだ。遺体は横穴式の墓に埋葬されたが、3日目、イエス・キリストは復活した。早朝、弟子たちが来たとき、墓は空だった。中には遺体をくるんだ聖骸布《せいがいふ》と顔を覆っていた布スダリオンが置かれていたと『新約聖書』にはある。

おわかりだろう。御衾の儀式の根底にあるのは、これだ。新帝が御衾に横になることによって死に、起き上がることで、天皇として復活する。イエス・キリストの死と復活を演じることによって、新帝は天皇となる。折口信夫がいう天皇霊とは、絶対神の御霊、すなわち聖霊にほかならない。大嘗祭とは新帝が最後の晩餐を経て、イエス・キリストの死と復活を演じることで、聖霊を身に宿して天皇となる秘儀なのだ。

その証拠が麁服と繒服である。なぜ、着物ではなく、反物なのか。すべての祭具のなかで、これらのみが儀式には不可欠。とくに麁服は四国は徳島の山奥にある三木家で栽培した麻で作られねばならないという掟がある。かくもなぜ重要視されるのか。その理由は麁服がイエス・キリストの遺体をくるんだ聖骸布を意味するからだ。もうひとつの繒服は顔を覆ったスダリオンである。

おそらく、かつて大嘗祭において、天皇は裸となり、ふたつ折りにした麁服に体を横たえ、顔を繒服で覆ったはずである。イエス・キリストの死を演じるために。だからこそ、麁服と繒服が大嘗祭には不可欠さとされたのだ。

さらに、もうひとつ。大阪の四天王寺には後醍醐天皇が自らしるしたとされる手形がある。「四天王寺縁起」に朱で押した左手の印影には、不思議なことに穴がある。手の中央部が空白になっているのだ。掌がへこんでいるので、その部分だけ朱がつかなかったと思われているが、そうではない。傷があったのだ。

後醍醐天皇の左手には深い傷があったがゆえ、そこが白くなった。傷は釘跡である。大嘗祭において、後醍醐天皇自身がつけたものである。イエス・キリストが十字架に磔になったとき、両手と重ねた両足に釘が打たれた。このときできた釘跡を両手と両足に再現することが、かつては大嘗祭の重要な儀式だった可能性がある。

もし仮に、大嘗祭がイエス・キリストの死と復活を演じる秘儀だとすれば、だ。大嘗宮で祀られる神道の最高神、天照大神とは、いったい何者なのか。いうまでもない。イエス・キリストである。天照大神は世にいう太陽神でもなければ、女神でもない。ましてや卑弥呼でもない。この世の救世主イエス・キリストなのだ。

天照大神を最高神たらしめている「天岩戸開き神話」は、まさにイエス・キリストの死と復活をアレンジした物語である。傷ついた天照大神は死んで、天岩屋という横穴式の墓に葬られ、やがて中から出てくる。天岩戸が開いて現れたのは復活したイエス・キリストなのだ。

日本が神国であるとは、まさにイエス・キリストを最高神としていただく國體であるという意味だ。しかも、カトリックやギリシア正教、プロテスタントといったキリスト教ではない。日本は『聖書』の奥義を手にした原始キリスト教を奉じる極東イスラエルである。天皇はイエス・キリストの預言者にして、大祭司コーヘン・ハ・ガドールなのだ。

そのことをほぼすべての日本人は知らない。原始キリスト教徒であるなど、だれもが思ってもいない。神道とキリスト教は水と油、まったく違う宗教だと思っている。確かに、その通りだ。だが、ここでいうキリスト教は原始キリスト教である。すべての日本人が無自覚なまま、原始キリスト教徒としての生き方をする。そうさせるために、古の日本人は壮大なる呪術を仕掛けたのである。

東西日本と契約の聖櫃アーク

大嘗祭には、もうひとつ謎がある。大嘗宮である。儀式が行われる大嘗宮がふたつあるのだ。天照大神との晩餐をするのであれば、ひとつでいい。なのに、どうして2棟も建設する必要があるのか。実は、ここに知られざる日本の正体が隠されている。

ふたつの大嘗宮は、それぞれ「悠紀殿《ゆきでん》」と「主基殿《すきでん》」と呼ばれ、両者を「廻立殿《かいりゅうでん》」が結んでいる。上手に悠紀殿、下手に主基殿が位置する。メインとなる「供饌《きょうせん》の儀」は悠紀殿と主基殿にて、まったく同じ式次第で行われる。

なぜ同じ儀式を2回行うのか。確かな理由は定かではない。現在のような形態が整備された律令時代のこととして、『日本書紀』には「大嘗に侍奉する中臣・忌部《いんべ》及び神官、播磨・丹波二国の郡司らに賜禄う」という記述が見える。

続いて新嘗祭のために「国郡を卜はしむ。斎忌は尾張の山田郡、次は丹波国の訶沙郡、並びにトにあへり」とある。ここにある「斎忌」が悠紀で、「次」が主基である。つまり、悠紀殿

⬆儀式が行われる大嘗宮。右が「悠紀殿《ゆきでん》」、左が「主基殿《すきでん》」だ。

と主基殿とは1番目の本殿と2番目の本殿という意味である。

大嘗宮で用意される神饌は同じものだが、産地が異なる。もっとも重要な米については、それを育てる田んぼが占いによって決められる。これを「斎田点定の儀」と呼ぶ。斎田の名前も、そのまま悠紀田と主基田だ。天武天皇の時代、悠紀田は播磨、主基田は丹波から選ばれた。

基本的に悠紀田は東日本、主基田は西日本から選定される。京都と奈良の律令5か国から選ばれたことはない。一時期、悠紀田は近江、主基田は丹波と備中（播磨）が交代で選定する習わしとなる。ちなみに、令和の大嘗祭では悠紀田が栃木、主基田は丹波に選ばれ、それぞれ斎田で収穫された米が神饌として献上された。

いずれも、ふたつの大嘗宮は東西日本を強く意識している。大嘗宮は北を背にし、南に向いている。したがって、悠紀殿と主基殿は東西に並ぶことになる。古今東西とはよくいったもので、日本は東西ふたつの文化圏が存在する。地図で見れば、日本列島は南北に伸びているにも関わらず、東西日本と表現するのは、天子は南面するという思想があるからだ。天皇が統治する国土は東西に広がり、かつ文化も違うというわけである。

実際、東日本と西日本では風俗習慣はもちろんのこと、何から何まで正反対である。例えば、餅の形。東日本は四角で、西日本は丸。カレーに入れる肉も、東日本は豚なのに対して、西日本は牛である。境界線はフォッサマグナである。糸魚川静岡構造線、もしくは長良川あたりだ。ここを境にして、味つけの濃い薄いから野生植物の種類、はては言葉や気質が異なる。

ふたつの大嘗宮は、ふたつの日本を表している。東日本と西日本、ふたつの国を天皇は統治しているのだ。大嘗祭だけではない。日本の国技である「相撲」も東西日本を強く意識している。相撲はスポーツではない。神事である。力士が取り組む相撲は競技ではなく、本来は祭礼ゆえに神社で行われ、儀式として神々に奉納されたのだ。

ご存じのように、土俵に上がる力士はふたり。それぞれ東西に陣取る。大銀杏を結い、綱を腰に巻いた姿は神を表している。四股名の双葉山や舞の海、貴乃花からわかるように、力士は山神や海神、花神を演じているのだ。

もっとも『聖書』の視点でいえば、その正体は天使である。東西の力士は聖地エルサレムにあったソロモン神殿の至聖所に設置された智天使ケルビム像がもとになっている。同様に、創造神ヤハウェが顕現する祭壇「契約の聖櫃《せいひつ》アーク」にも、二体一対のケルビム像がしつらえてある。契約の聖櫃アークを製造したイスラエル人は、もともとエジプトに住んでいた。それゆえ、古代エジプト様式でケルビム像が作られていたと想像される。

時代にして新王国第19王朝のころ。直前の第18王朝のファラオとして知られるツタンカーメンの装飾品には、天使によく似た有翼の神々が描かれているが、これが力士の土俵入りの型とそっくりなのだ。腕を水平に伸ばし、もう一方の腕を水平に曲げる所作がまったく同じだといっていい。契約の聖櫃アークのケルビム像も、このように翼を交互に広げていると考える研究家も少なくない。

現在、契約の聖櫃アークは行方不明である。長い戦乱のなかで破壊されたといわれる一方で、今も、どこかに安置されている可能性もある。もし、存在するとすれば、どこか。答えは、ひとつ。日本である。契約の聖櫃アークを手にすることができるのが大祭司コーヘン・ハ・ガドールのみ。今も儀式を行いつづける天皇がいる日本にこそ、契約の聖櫃アークがあるはずだ。

伝え聞くところによれば、本物の契約の聖櫃アークは伊勢神宮の地下殿で祀られている。古代の日本人は実際に目にしていたのだ。その記憶をもとに神輿が作られた。神輿のモデルは契約の聖櫃アークなのだ。契約の聖櫃アークにある二体一対のケルビム像を生きた天使として演じているのが相撲の力士にほかならない。さしずめ土俵は契約の聖櫃アークの蓋の中央にある円形の贖いの座、そのものだ。もっといえば、この日本列島そのものが創造主ヤハウェが顕現する聖地であり、巨大な契約の聖櫃アークなのだ。

しかるに、力士の役割は重要である。力士の四股は地鎮である。大地を鎮める儀式だ。力士が日本全国を巡業するのは、日本列島を鎮めているのだ。奇しくも、２０１０年に大相撲協会で不祥事が発覚し、結果、名古屋場所が休場となった。歴史的な事件である。かくして、起こったのが東日本大震災である。

偶然だといえば、それまで。無神論的、世にいう科学的な世界観からすれば、すべては偶然であり、そこに因果関係はない。

しかし、オカルトの世界は違う。神道の儀式である大相撲ができなかった。地鎮をするための聖なる儀式が執行できなかった。大地を鎮めることができなかったがゆえに、日本列島が大きく揺れた。東日本に大地震が発生したのだ。そう考える。

そもそも偶然などというものはない。すべては必然であり、事象には意味がある。隠された因縁とメッセージを読み解くことが祭司の役目だといっていい。神道の神職は、すべからく、その責任と使命を帯びている。

２０１１年の災厄は東日本で起こった。が、これで終わりではない。ご存じのように、地球科学者や気象庁が警告しているように、いずれ西日本でも大きな災厄が起こる。東海から東南海、そして南海地震である。

大難を小難に、いかにして変えるか。これは防災もさることながら、神道祭司や仏教の僧侶、さらには、すべての呪術者の使命である。なにしろ、かつて張られた結界が無計画な都市開発や災害によって、徐々にほころびつつあるからだ。

日本とエデンの園

歌人として知られる柿本人麻呂が詠んだ歌に「磯城島の大和の国は言霊《ことだま》の佐くる国ぞ真福くあるこそ」がある。旅立つ人に向けた歌である。言葉には力がある。日本人は、そう信じている。心配せずに、頑張れ。あなたに幸多からんことを祈っているという意味だ。

古の日本人は言葉に呪力が宿っていると考えていた。言葉は霊である。「ことだま」と読まれていることから魂を意識している。正しくは霊と魂、いわば「霊魂」が宿っているというわけだ。

とかく人は霊魂という言葉を口にするが、そのくせ霊と魂の違いがわかっていない。ためしに、身近の霊能者や占い師、スピリチュアリストたちに、霊と魂の違いは何かと聞いてみればいい。ほとんど、まともな答えは返ってこないだろう。

霊はちょっと無気味で、魂は純粋な光でとか、エモーショナルな表現が続くだけである。無意味である。本人たちもわからないのだ。

呪術を語るにあたって、もっとも重要な部分なので、あえて取り上げたい。一球入魂とはいっても、一球入霊とはいわない。心霊写真とはいっても、心魂写真とはいわない。霊と魂は、まったく別の概念である。写真に写ると考えられているように、霊には形がある。これに対して魂は形がない。霊体という言葉があるように、霊は体である。肉体と同様、生物としての形があるのだ。

これに対して、魂には形がない。日本語に「たまげた」という表現がある。これは「魂が消えた」という意味だ。意識が一瞬とんだ状態。つまり魂とは自意識であり、いうなれば自我のことである。自我や意識がなくなっても肉体が存在するように、霊という体も存在しつづける。

言霊という文字を「ことだま」と読んだ裏には、ふたつの意味が込められる。ひとつは「言葉は霊体」であり、もうひとつは「言葉は自我」である。

いずれも哲学的に深い意味がある。日本は創造主ヤハウェを奉じ、イエス・キリストの預言者である天皇を戴く神国である。

前者の意味については、『新約聖書』に、こんな一節がある。

「初めに言があった。言は神と共にあった。言は神であった」（「ヨハネによる福音書」第1章1節）

ここで「言」と翻訳されているのはギリシア語の「ロゴス」である。一神教を是とする神学において常に議論の的になる聖句である。新共同訳聖書において、言には「ことば」というフリガナが付されている。いうまでもなく「言葉」である。読んでおわかりのように、言葉は神だと書かれている。しかも、言葉の神は神とともにあったとある。ここでは「言葉の神」と「神」が別の存在として語られている。あたかも神がふたりいるような表現である。

結論からいえば、そのとおり。難しいことはない。少なくとも、神はふたりいる。絶対神のほかに、言葉の神がある。いったい、それはだれか。日本人ならわかるだろう。言霊である。言霊、すなわち言葉の霊だ。この世には言葉の霊体が存在し、これを『新約聖書』では神であると称す。正体は、そう聖霊である。クリスチャンが口にする「御父と御子と聖霊」の聖霊である。カトリックの教義では三位一体説により、普遍なる父なる神の御霊であると解釈される。ロシア正教では聖霊ではなく「聖神」と表記される。霊であるからして、れっきとした體をもった存在である。このことを「ヨハネによる福音書」では冒頭で宣言しているのだ。

つまり、言霊とは聖霊である。れっきとした霊の體をもった神である。肉体はないので、幽霊のように憑依することもできるし、3次元空間に縛られることもない。時空を超えて複数の人間に入ることもできれば、逆に抜けることもある。絶対神からの預言、すなわち御神託を延べ伝えるときには、必ず聖霊の力を借りる必要があるのだ。

では、もうひとつの言霊は、どうだろう。霊ではなく、魂としてのことだま、つまり言魂だ。こちらは神ではない。呪文に近い。言葉が心理的に与える影響を期待している。現代心理学でいうところの催眠効果だ。催眠状態にすれば、意のままに相手を操ることも可能だ。最近ではメンタリズムという言葉で語られるテクニックである。

魂には必ず名前がある。名前がすべてであるといっていい。本名を知られることは命を奪われることに等しい。それゆえ、霊能者や占い師、呪術者たちは、本名を明かすことを嫌う。常に芸名やペンネーム、偽名を使い、個人情報たる生年月日と住所を隠す。もし、それが知られてしまえば、たやすく呪いを掛けられてしまうからだ。

では、「言霊が幸わう国」と称される「日本」は、どうか。日本とは「日の本」、太陽が出る国という意味である。古くは聖徳太子が天皇を「日出ずる処の天子」と表現し、中国は隋の皇帝を「日没する処の天子」と呼んだという記録が『隋書』にある。

つまり、日本という国号は太陽神である天照大神を最高神として仰ぐ国だという意味のほか、地理的にユーラシア大陸の極東、太陽が昇る東に存在する島国であることを語っていることは間違いない。実に教科書的な説明だ。

しかし「日本」を言霊として解釈すれば、まったく違う姿が見えてくる。現在、日本政府は国号「日本」の正式な読み方は「ニッポン」だ。国際的な表記は「NIPPON」である。海外での一般的呼称「ジャパン」は、もともと「日本」を「ジッポン」と発音し、これが欧米で「ジパング」等と呼ばれた結果、英語で「ジャパン」に統一された経緯がある。

だが、その一方で「ニホン」という読み方も一般的だ。通常、特別に意識しない限り、国民の多くは日本を「ニホン」と読んでいる。興味深いことに、これをヘブライ語表記すると「NYHWN」となる。両脇の「N」に挟まれた「YHW」は創造主ヤハウェを表す神聖四文字「YHWH」の短縮形である。ヘブライ語がわかるユダヤ人からすれば、日本＝ニホンは創造主ヤハウェの名をもつ国なのだ。ちなみに、ユダヤは「イエフダー：YHWDH」で、神聖四文字に「D」が付加されている。

もっとも、日本人が「ニホン」という言葉だけを耳で聞けば、発音次第では「二本」と認識するだろう。一本二本三本の二本である。さすがに会話の流れや文脈から国号としての日本を数詞である二本を間違えることは通常ない。

が、言霊は違う。音が同じならば同義、別の意味を含むことになる。「ニホン」は「日本」

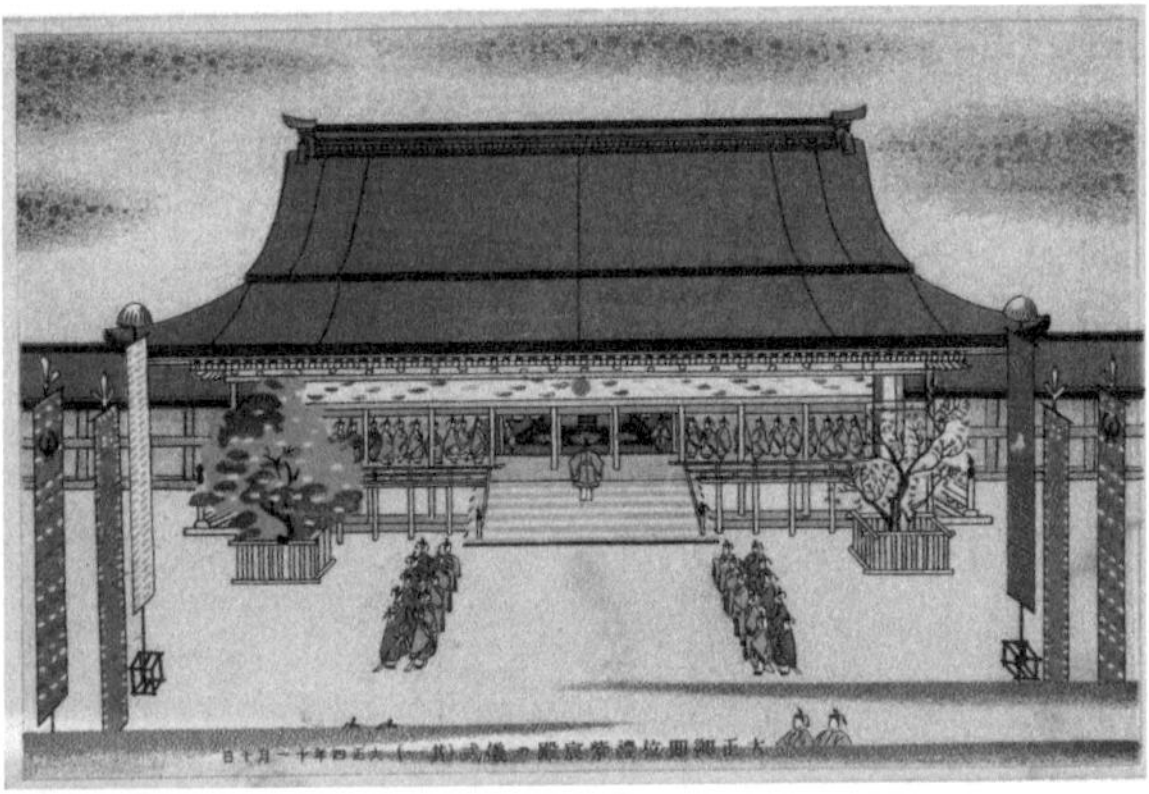

⬆紫宸殿《ししんでん》にて、大正天皇の御即位礼が行われている様子。

であると同時に「二本」なのだ。駄洒落や親父ギャクのように思えるかも知れないが、事実である。むしろジョークとして語られるだけ、人々の深層心理に刻まれていく。潜在意識には「日本＝二本」という等式がテーゼとしてできあがっているのだ。

　では、いったい「二本」とは何なのか。何が二本あるというのか。結論からいえば、それは「樹木」である。

「二本の樹木」を意味しているのだ。「二本樹」、いわば「双樹」である。お釈迦様が涅槃《ねはん》に入られたとき、そばに「沙羅双樹」が生えていた。それゆえ仏教において沙羅双樹は涅槃の象徴とされる。

　では、神国たる日本における双樹は何か。言霊が形となって表現されうるとすれば、もっとも重要な場所、創造主ヤハウェの預言者たる天皇がいる内裏、なかでも高御座が置かれた紫宸殿《ししんでん》にある。そこには「左近桜《さこんのさくら》」と「右近橘《うこんのたちばな》」という二本の樹木が植えられている。種類こそ異なるが、神道の双樹である。

あまりなじみがないかもしれないが、桃の節句で飾られる雛壇の下にある樹木だといえば思い出す人もいるのではないだろうか。左近桜は「美」、右近橘は「命」を象徴している。一般に桜の花は美しいが、すぐに散って実をつけない。これに対して、橘の花は地味だが、栄養価のある実をつける。日本では古来、橘の実は「非時香木実《ときじくのかくのこのみ》」といって不老長寿をもたらす常世国の仙薬と信じられてきた。

日本神話では木花咲耶姫《このはなさくやひめ》と姉の石長姫《いわながひめ》の物語として象徴される。天照大神の孫ニニギ命が婚姻をする際、容姿が美しい木花咲耶姫を娶り、そうではない石長姫を親元の大山祇神《おおやまつみのかみ》に送り返した。結果、恥をかかされた石長姫の呪いにより、ニニギ命の子孫である天皇家はもちろん、地上の人間は寿命が短くなったという。

興味深いことに、これとまったく同じストーリーが『旧約聖書』にはある。大預言者アブラハムの孫ヤコブの物語である。ヤコブはラバンの娘レアとラケルを嫁として向かい入れる。姉のレアは目が弱く、妹のラケルは容姿が美しかった。ヤコブはラケルを寵愛したが、これがレアの嫉妬を生む。

だが、結果として、レアは子供を身ごもり、ラケルは長く不妊に悩んだという。

⬆楽園エデンの「生命の樹（知恵の樹）」と「死の樹（知識の樹）」。

レアとラケルの物語には原型がある。木花咲耶姫と石長姫と同様、「美」と「命」に象徴される樹木がある。アダムとエバが住んでいた楽園エデンに生えていた二本の樹、すなわち「生命の樹」と「死の樹」である。「生命の樹」は別名「知恵の樹」といい、「死の樹」の別名は「知識の樹」である。

創造主ヤハウェはアダムとエバに対して、「生命の樹の実」を食べてもいいが、「知識の樹の実」は食べてはいけないと戒める。「生命の樹の実」は永遠の生命をもたらすが、「知識の樹の実」は死をもたらすからだ、と。

ところが、大魔王サタンの化身たる蛇にそそのかされて、エバは「禁断の樹の実」である

「知識の樹の実」を食べてしまう。これを知ったアダムもまた口にして、ふたりは死すべき体となり、ついには楽園エデンを追放された。

ここでのテーマは「生命」と「死」だ。「生命の樹の実」だけなら永遠の生命を享受できた。なのに、「死の樹の実」を食べたがゆえ、人間は死すべき体となった。神学では「アダムの原罪」と呼ばれる。生命を子孫繁栄といい換えるなら、「生命の樹」はレアであり、日本神話でいう「右近橘」の石長姫である。一方の「死の樹」はラケルであり、日本神話でいう「左近桜」の木花咲耶姫だ。

したがって、日本という国号を言霊で二本と解釈するならば、自ずと「生命の樹」と「死の樹」の双樹が存在する国と規定される。それは、まさに楽園エデンである。アダムとエバが住んでいたエデンの園として日本が存在する。

言霊を知り尽くし、この日本に恐るべき呪術を仕掛けた呪術師たちは、エデンの園を「寧《な》楽《ら》」と呼び、その国を「飛鳥《あすか》」と名づけた。名は「呪」である。呪いを解くためには「謎」を解く必要がある。「謎」とは「ナゾ」であり、言霊では「名素《なぞ》」、すなわち名前の素を解き明かせばいい。

残された時間は少ない。この世の終わりは、すぐそこまで近づいている。世の終末を迎えるにあたって、急がねばならない。

●――40

呪術師たちによって仕掛けられた封印を解き放ち、真の日本、さらには日本人を覚醒させなければならない。失敗すれば、文字通り、世界が滅ぶ。覚悟せよ。

第1章 恐るべきオカルト現象の実態と背後に潜む霊的存在の謎

●——42 オカルト

世の中、すべてに表と裏がある。表社会に裏社会。表帳簿に裏帳簿。表アカウントに裏アカウント。人間、生きている以上、表の顔と裏の顔があるように、すべてにおいてダブルスタンダードの価値観で生きている。人間関係や社会をうまく動かすために、いくつものペルソナを使い分けている。真実とは別の虚構を口にし、その度に別のペルソナを演じるのが現実である。あなたはすべて真実を語り、真実の名のもとに生きているか。あなたの人生に虚構はないか。何ひとつ嘘はないか。

もちろん、ありえない。下手したら、人生のほとんどが虚構かもしれない。仮に真実だと思っても、他人の目に、どう映るかは別問題だ。すべては相対的で、価値観の相違。とくに思想の世界にあっては、そもそも相容れあうこと自体を前提にしていない。すべての人間に理解され、受け入れられようとは思ってなどいない。ある意味、孤高の思想こそ、価値あるものだと語る哲人もいる。

最初に、ひとつだけ、はっきりさせておく。世にいう「オカルト」は思想である。「神秘思想」である。思想であるがゆえに、その一分野である科学思想、とりわけ下位の概念である自然科学という極めて限られた価値観で評価することは、そもそもカテゴリーエラーである。形而下の自然科学の手法をもって形而上のオカルトを論じたところで、まったく無意味なのだ。

しばしば、オカルトを批判するとき、「それは科学的ではない」という表現をするが、当り前である。オカルトは科学ではない。科学よりも上位の思想なのだ。下位の思想たる科学は研究によって発展するが、オカルトは違う。アプリオリに、最初から真理を語る。証明する必要はない。

数学でいう公理のようなものだ。誤解している人が多いが、数学は科学ではない。科学よりも上位の思想である。三平方の定理を発見したとされるピタゴラスはギリシア哲学の思想家である。というより、オカルティストである。彼の神秘思想を知ることは西洋魔術の世界では必須とされているほどだ。

そもそも「オカルト」とはラテン語で「隠されたもの」という意味である。ごく簡単にいえば「秘密の教え」である。「隠秘思想」や「神秘思想」と同義であり、宗教的な教義でいえば「エソテリズム：秘教」だ。表の教義である「顕教」に対する裏の教義たる「密教」だ。

なぜ隠され、裏の教えとされるのか。ひと言でいえば、危険だからだ。オカルトは怪しいと同時に危ない。ともすれば、身体はもとより精神が冒される。扱いは極めて慎重にならざるをえず、不用意に近づいてはならない。秘儀参入者は、しかるべき指導者のもとに修行をする必要がある。

興味半分でオカルトに近づき、闇に落ちた人間はひとりやふたりではない。ときには集団自殺をしたり、反社会的な行動に出る者もいる。とかく一般社会がオカルトを危険視するのは、まさに、そこに理由がある。

したがって、これからオカルトを論じるにあたって、最初に断っておかなくてはならない。オカルトは危険である。危険を承知したうえで、その実態に迫る。とかく人間は怪しいものに興味を抱くもの。正体不明の存在は恐怖であると同時に、好奇心の対象であり、強く惹かれるものだ。警戒しながらも、謎が解明できたとき、人間はひとつ成長する。子供が大人になるためには、未知なる世界に飛び込み、幾多の試練を乗り越える必要がある。その意味で、オカルトもまた、人間が成長するためには必要不可欠である。オカルトを知ることは「人間とは何か」を知る第一歩なのだ。

魔術

オカルトは神秘思想であるが、もうひとつ重要な側面がある。実践である。神秘思想のもとに、目的を成就させるための行為だ。主に願望成就や超常現象を引き起こし、自身の肉体と精神を変容させるため、数々の儀式を行い、そして術を極める。根幹にあるのは大きく「魔術」と「呪術」と「占術」である。

思想ゆえ、解釈の差があることを最初に断っておく。魔術とは何か。誤解を恐れずにいえば、基本は他力本願である。超自然的な力をもった存在に対して、お願いをすることで目的を達成する。

もちろん、ただではない。お願いする以上、対価を提示する。それは取り引きであり、契約である。最近では漫画『鋼の錬金術師』で「等価交換」という言葉が知られるようになった。向こうが望むこと、もしくはモノを差し出すことによって、契約が成立し、それを遂行してもらうことで、目的を達成する。

ここでいう契約相手は人間ではなない。その多くは一般人には目に見えない存在。神々や天使、悪魔、精霊、妖精、妖怪、幽霊……といった類いだ。世界観や宗教、風俗風習によって名称は異なるが、いずれにせよ通常の人間の能力を超えた存在。超自然現象を操ることができる存在たちである。

何やら妖しい話をしているようであるが、同じことは日常生活で普通に、だれしも行っている。例えば、買い物。ほしい物を手に入れるために、代金を支払う。売買契約もまた、構造的には、まったく同じである。

神社やお寺に行って、お願い事をする。賽銭箱にお金を入れる。これもまた、立派な契約である。神様仏様に対して、お願い事をするにあたって代金を支払っているのだ。道教では、専用の紙幣があり、これを燃やすことで霊界で通用する通貨になるのだともいう。

もっとも、お金は人間が編み出したもの。経済を支えるうえで編み出したアイディアである。実際は金属や紙であるが、そこに国家が価値を保証する。それが貨幣だ。一国のみならず、外国でも通用する貨幣は通貨であり、最たるものが基軸通貨だ。アメリカのドルやEUのユーロ、日本の円である。

しかし、死んだ人間に現金は意味がない。江戸時代の人で、今や霊となった方に1万円札など、なんの価値もない。外国の方も、そうだ。共通の価値観があり、それを使うことができる経済圏で、かつ経済活動を営む人間以外、まったくもって価値を共有できない。あくまでも、お願い事をする人間のエゴ。お賽銭も、現実的には神社やお寺の収入になることは、あらためていうまでもないだろう。

なのに、どうして賽銭箱はあるのだろう。理不尽なことだとわかっていても、悪いことだとわかっていても、やむにやまれぬ事情があり、どうしても現状を打破したい。

そのためにできることをやる。思いつくのは、お金。とりあえず、現金を差し出せば、今の苦しみから脱することができるかもしれない。自分勝手かもしれないが、人間とは、そういう生き物である。

ただし、ここでも契約は生きている。相手が納得すればいい。願い事をする人間の本気度が試されているのだ。彼らにとって現金など、どうでもいい。大事なのは、いかに人間が真剣なのか。それを知ることなのだ。金持ち社長が享楽で使う1万円と病気の母親のために子供がバイトで貯めた1万円とでは、同じ金額でも価値が違う。

では、お金がない場合には、どうするか。自分がもっている財産を差し出す。モノのほか、労働で提供する。アスリートが競技や試合を行ってもいい。神社で相撲や武術を行う奉納試合である。共通するのは自己犠牲である。キリスト教において自己犠牲は最高の愛である。神を愛せよとは、そういう意味だ。

だが、自己犠牲は、必ずしも自分が所有しているモノや祈りを捧げるだけを意味しない。他者を捧げる。動物を犠牲にする。いわゆる生贄もまた、そのひとつ。自分が愛している動物を供犠として奉納する。ユダヤ教でいう羊や牛などの燔祭《はんさい》、さらには神の子羊と称すイエス・キリストの十字架礫もまた、生贄である。

イエス・キリストは父なる神にとっては愛するひとり息子である。また、絶対神の命令によって、預言者アブラハムが長男イサクを生贄に捧げようとした。最愛の子供を犠牲にする。これもまた魔術なのだ。

しかし、これは一歩間違えば、闇に落ちる。悪魔に生贄を捧げることもできるからだ。まさに悪魔との契約である。ゲーテが描いた戯曲『ファウスト』に登場する魔術師ドクトル・ファ

↑魔術師ファウストの前に現れ、契約を結ぶ悪魔メフィストフェレス。

ウストは人生を快楽を享受するために、悪魔メフィストフェレスと契約を結ぶ。代償は死後の魂である。

社会的に批判されるオカルトは、えてして、この生贄に行き着く。神に捧げると称して、生贄を捧げているのは悪魔なのだ。宗教でいえば、教祖が信者に犠牲を強いる。半強制的に財産を提供させたり、性的な関係を強いるなど、これらは自己犠牲という名前を掲げた悪魔への生贄にほかならない。

魔物との契約は危険である。いずれ債務超過に陥り、闇金よろしく、あるとき一気に取り立てにくる。要求は魂である。魂を捧げるということは絶対服従すること。まさに悪魔の使いとなって多くの罪を犯し、ついには人生を破滅させるのだ。

呪術と超能力

魔術が他力本願であるのに対して、呪術は自力本願である。自分の能力を使って願望を実現させ、超自然現象を引き起こす。超能力や霊能力の類いである。宗教では法力や神通力とも呼ばれる。

現代の「超心理学」では超能力を「PSI：サイ」と呼び、大きくふたつに分類している。ひとつは「ESP：感覚器外知覚／超感覚的知覚」、もうひとつは「PK：念力」である。

ESPは五感、すなわち視覚、聴覚、味覚、嗅覚、触覚によらずに、情報を得る能力のことである。いわゆる「第六感」だ。もっとも第六感の感覚器官は人体にはない。それゆえESPによって得た情報は五感に脳が翻訳する。実際には、対象となる物質がないにも関わらず、存在しないモノが見えたり、音や声が聞こえたりする。超能力者によっては、妙な味や臭いを感じたり、寒気や皮膚がピリピリ感じることもある。

まずは「テレパシー：精神感応」。言葉や身振りを使わずに、相手の思いを知る。何を考えているのかを見抜く。なんとなく思いが伝わったというレベルから、頭の中ではっきりと相手の声が聞こえることも。反対に、情報を得るのみならず、こちらの思いを相手に伝える。思い通りに相手を動かすこともできる。

心理的なテクニックである「催眠術」や「暗示」「読唇術」、それに手品の手法で行われる「読心術」は超能力ではなく、現在では「メンタリズム」と呼ばれる。かつては超能力の意味で使われていたが、実際のところ、メンタリストの多くは否定的である。

次に「クレヤボヤンス：透視」。封印されて中身を見ることや知ることができない状態で、それを見抜く。裏返したカードの絵柄や封筒に入っている紙に書かれた文字を当てる。距離を離しても、それが可能になってくると、「リモートビューイング：遠隔透視」とも呼ばれる。伝統的な日本語でいえば「千里眼」である。FBI超能力捜査官として紹介された超能力者ジョー・マクモニーグルはリモートビューイングによって失踪した人物を捜し当てたり、行ったことのない場所の地形や道路などを正確な地図として描くことができる。

三次元空間ではなく、これが時間を超えると「プレコグニション：予知」や「ポストコグニション：後知」となる。予知能力者は未来に起こることを透視して予言する。同じ予言でも、預言の場合には魔術に近い。絶対神から未来を知らされ、言葉を預かるので、能力者は予言者ではなく、預言者と呼ばれる。もっともキリスト教圏では正確な未来予言は、すべて絶対神から授けられるものゆえ、いずれも英語では「プロフェシー」と称す。

未来ではなく、過去を透視するのがポストコグニションだ。リモートビューワーのマクモニーグルは古代の日本を透視し、邪馬台国《やまたいこく》の場所を特定。女王・卑弥呼《ひみこ》の顔を見たばかりか、彼女と目が合ったという。マクモニーグルによれば、卑弥呼は彼と同じ能力をもあったサイキックらしい。

過去を知る際、モノに触って、そこにある残留思念や記憶を感知して、情報を得る方法もある。「サイコメトリー」だ。犯人の遺留品から殺人事件を解決したり、歴史的な発見に一役買うこともある。サイコメトラーによる遺跡のリサーチを「サイキック・アーケオロジー：心霊考古学」と呼ぶこともある。

また、遺物などを捜す際、道具を使うケースもある。「ダウジング」である。もとは地下水脈を探査する目的で木の棒を使っていた。持った木の微妙な変化をもって、地中にある水脈を特定するのだ。現在では、一般にダウジングロッドと呼ばれる２本のＬ字形の金属棒やアンク十字形をした樹脂棒が使われる。

ダウジングロッドは、いわば増幅器である。第六感で得た情報を筋肉の動きに変換する。動かしているのは、あくまでも肉体である。同様の働きをするのが「ペンジュラム：振り子」である。ペンジュラムの歴史は古く、催眠術に用いられることもある。最初にイエスとノーの振れ方を決めておき、実験では問いに対する答えを振れ方で判断する。高度になってくると、現地に行かずとも、地図にペンジュラムをかざすだけで、なくしたモノのありかを捜し出すダウザーもいる。

↑魔術師が墓地で降霊術を行い、死者の霊を呼び出す。

ペンジュラムを使って見えない存在、たとえば幽霊や精霊と会話することもできる。

この場合は「交霊術」の一種とみなされる。ペンジュラムのほか「ウイジャボード」を使うこともある。あらかじめアルファベットや数字を描いたシートを用意し、その上に置いたウイジャボードに参加者が手を添える。霊がやってくると、ひとりでにウイジャボードが動き、文字の上で止まる。その文字をつなげると言葉になり、会話ができるというわけだ。

これが日本に伝わって独自に進化したのが「コックリさん」である。コックリ＝狐狗狸というイメージから日本伝統の交霊術と思われがちだが、もとは西洋魔術である。霊の力を借りるという意味では、呪術というよりは魔術である。ウイッジャボードのシートは一種の交霊の祭壇ともいうべきもので、天使や悪魔を召喚する「魔法陣／魔法円」でもある。床に大きく描かれる魔法陣は異次元のポータルなのだ。

会話する相手が地球上の存在ではないケースもある。地球外知的生命体、すなわち異星人だ。高度な科学技術をもった異星人には超能力もある。コミュニケーションは会話ではなく、もっぱらテレパシーだ。遠い宇宙の果てにいる異星人とテレパシーで交信することを「チャネリング」といい、交信者を「チャネラー」と呼ぶ。どちらも和製英語である。英語では「コズミックミディアム：宇宙霊媒」だ。

高度に進化した異星人は、もはや肉体を持っていない。純粋に霊的な存在だというケースもある。交信するチャネラーによって異星人は異なり、バシャールやエクトン、アーリオーンなどが知られる。なかには異星人よりも高度な宇宙意識そのものだったり、宇宙すべての記録が収められた「アカシックレコード：虚空蔵《こくうぞう》」から情報を得るチャネラーもいる。

幽体離脱と幽霊

超自然的に情報を得る方法に「体外離脱／幽体離脱」がある。人間の肉体には、もうひとつ「微細体」が重なっている。俗にいう「幽体」である。極度に疲労しているときや条件が整ったとき、肉体から幽体が離脱することがある。意識は幽体にあり、空中から寝ている自分の肉体を見下ろす経験をした人は意外に多い。脳神経医学的には一種の解離状態と説明されるが、

⬆肉体から幽体が離れる「体外離脱／幽体離脱」のイメージ。

体外離脱により知るはずのない情報を得ることもある。

とくに死を宣告された人が経験する体外離脱は「臨死体験／近似死体験」の初期段階である。肉体を離れた幽体は長い空間をさまよう「トンネル体験」をし、その先にある明るい世界に出る。美しい世界には、この世とあの世の境界、いわゆる「三途の川」があり、だいたい、そこですでに亡くなっている親族が出てきて追い返され、これがきっかけで息を吹き返す。

三途の川を渡ったら、そこはきれいなお花が咲き誇る平野が続き、長く伸びた一本道を進むと、やがてひとつの扉が見えてくる。扉のそばには門番がいて、最後の尋問がある。人生に悔いはないか、と。納得して、扉の中に入ると、そこは死後の世界である。もはや生き返ることはない。

以上が第1次臨死体験である。おそらく幻覚だ。死ぬ間際に恐怖をやわらげるために備わっている脳の機能だ。一種の夢であり、現実の世界ではない。が、興味深いことに、細部は違うのだが、体外離脱やトンネル体験、三途の川、お花畑、そして最後の扉といったモチーフは世界共通で、体験者の信条や宗教とは無関係である。臨死体験には、ひとつの「型」が存在するのだ。

だが、これとは別に第2次臨死体験がある。体外離脱した後、現実世界に戻ってくることがある。死体となった自分の肉体を見下ろした後、病室を離れて、外へ行くこともできる。行きたい場所に瞬時に行ける。思った瞬間、幽体は時空を超えるのだ。彗星探検家の木内鶴彦《きうちつるひこ》氏は臨死体験をしたとき、親族のことを思い浮かべたら、突如、車の中に瞬間移動していた。隣の座席には危篤の知らせを受けて病院に向かっている親族がいたという。

もともと技術者だった木内氏は瞬間移動できるということは、時空を超えることだと理解した。空間を移動できるなら、時間を遡ることも可能だ、と。幽体である木内氏は古代文明の謎を知るために、過去に飛んだ。すると、月が地球に接近し、内部から水があふれだして、それが宇宙空間に放出。大量の水は地球に降り注いで大洪水が発生し、古代文明が滅んだ場面を目にしたという。

木内氏の体験で興味深いのが憑依である。幽体となった木内氏は生きている人間の体に入ることができたというのだ。憑依すると、視界が相手の肉眼で見たものになる。そればかりか、生きている人間を動かすことができたというのだ。過去にタイムスリップした木内氏は、当時、肉体をもっていた人間に憑依し、神社の柱に自分の名前である「つる」という文字を描いた。生き返った後、木内氏は、その神社へ行ってみたところ、しっかりと柱に「つる」という文字が記されていたという。

木内氏は幼い自分にも会っている。あるとき木内少年は岩が落下してきて、あやうくケガをしそうになった際、どこからか「あぶない」という声を聴いた。驚くことに、それは臨死体験で時空を超えた自分だったのだ。

これは非常に注目すべき事例である。たとえば、臨死体験をして、数時間前の自分に会ったとしよう。このとき生きている自分が幽体である自分の姿を見ることができたとしたら、それは、まさに「ドッペルゲンガー：自己像幻視」である。顔はもちろん、年齢から服装まで同じ。さぞ驚くに違いないが、古来、ドッペルゲンガーは不吉とされてきた。もうひとりの自分を見ると、死期が近いと。ドッペルゲンガーの正体が臨死体験をしている自分の幽体だとすれば、その理由も納得がいく。

もし、霊能者が臨死体験中の木内氏を「霊視」したら、おそらく「幽霊」だと思うに違いない。人によっては「生霊」だと呼ぶだろう。幽霊とは死んだ人の霊のことだ。人間には「肉体」のほかに「幽体」がある。肉体に幽体が重なっており、死ぬと離れる。肉体が物質であるように、幽体も希薄な物質である。はっきりいえば、物質の第４状態「プラズマ」である。ゆえに形がある。形があるので霊能者には見える。

一般に幽体は肉眼では見えない。が、幽体のエネルギーレベルが高まり、物質としてのプラズマの密度が大きくなると、だれでも見ることができる状態になる。可視光線を反射して、物体として知覚される。これが「霊体」である。電磁波と相互作用するので写真にも写る。これが心霊写真である。

幽体と霊体はエネルギーレベルの違いである。プラズマの密度が極端に大きくなると、霊体は物質化する。見た目は生きている人間とまったく変わらない姿になることもあるのだ。こうなると、物理的な現象も引き起こす。モノを動かしたり、音声を発したりする。いわゆる「ポルターガイスト：騒霊現象」だ。ポルターガイスト現象では、しばしば電子機器に異常が発生するが、その原因はプラズマによる高周波が原因である。

幽霊に関する話題では、しばしば「霊」と「魂」が混同される。「霊魂」という言葉があるが、両者は、まったく違う概念である。「霊体」という言葉はあるが、「魂体」という言葉はない（神智学の用語で使用されることがあるが、これは正確な訳語ではない）。魂には体がない。形がない。いい換えると、物質ではない。

よく見ると「魂」という字には「ム」がある。諸説あるが、この「ム」は鼻を横から見た象形文字である。正面から見た象形文字は「自」である。ここに鼻孔と鼻唇溝を加えた象形文字が「鼻」である。古今東西、自分のことを表現するとき、人差し指を鼻に向ける。鼻は自我の象徴である。つまり「魂」とは自我のことなのだ。

自我がなくなった状態、これが「たまげる」だ。たまげたとは「魂が消えた」ことを意味する。瞬間、意識がなくなっても、体は存在する。

とかく宗教者は「魂とは純粋な光です」などと語るが、まったくもって間違っている。文学的な比喩ならばいいが、哲学的な意味で答えになっていない。確かに霊はプラズマの体をもち、光を放つこともあるが、魂は自我であるがゆえ、光とはなりえない。

おそらく怪談でいう「人魂」のイメージがあるためだろう。魂を光の球体として思い浮かべる人が多いが、人魂は「ボールライトニング：球電」である。自然現象としての火の玉、つまりはプラズマ現象である。

とかくオカルト業界は偽物や勘違いした輩が多い世界である。あやしい宗教者や霊能者がいたら、一度、聞いてみればいい。霊と魂の違いは何か、と。その答えをもって、相手が本質を理解しているかを見定めることができるだろう。

そして、誤解されていることが、もうひとつ。「意識」だ。長らく哲学的に意識と自我は同一視されてきた。が、心理学や精神分析の研究が進んだことで、両者は明確に違う概念であることがわかってきた。

とくに認知科学の発達によって、どうやって脳が意識を生みだすのか、その仕組みがわかってきた。脳がもつニューラルネットワークが生みだす「クオリア：感覚質」のひとつが「私」という自我である。脳の中で無意識のうちに行われた自律分散演算の結果を受動的に受け入れ、それをあたかも自我が行ったことと解釈し、エピソード記憶をしているというのだ。つまり、自我とは幻想なのだ。自我がすべてを統括しているわけではない。すべての決定は無意識に行われ、あたかも支配者として生み出されたのが自我なのだ。

まさに、これこそお釈迦様の悟りである。すべてを悟った仏陀は自我について、ふたつの矛盾したことを述べている。「無我」と「非我」である。自我は存在しないと同時に、それは自我でもない。禅問答のようだが、ニューラルネットワークこそ自我を生みだす主体であり、生みだされた自我は幻想にすぎない。ニューラルネットワークは自我ではない「非我」であり、生みだされた自我は存在しない「無我」なのだ。

死後の世界と転生

人は死んだら、どうなるのか。これは人類にとって永遠のテーマでもある。多くの宗教は死後の世界を想定している。肉体は滅んでも霊魂は不滅であると。死んだとしても、自我は存続し、この世からあの世へと旅立つ。旅立たなければ、この地上に残って幽霊として存在し、土地に縛られれば「地縛霊」となり、徘徊するようになると「浮遊霊」となる。恨みをもって、生きている人間に危害を加えようすれば、それは「怨霊・御霊」だ。

徳を積んだ人は、やがて子孫を守る「守護霊」になるとも。人間の背後には多くの霊、すなわち「背後霊」がついているという説があり、もっとも中心となるのが「主護霊」で、技能や趣向性に影響を与えるのが「指導霊」である。こうした背後霊が生きている人間の生活に影響を与えていると説く霊能者もいる。

一方、あの世に行った霊は、どうなるのか。宗教によって死後の世界観は異なるが、大きく「天国」と「地獄」が用意されているといわれる。生きているときに徳を積んだ者は天国へ、罪を犯した者は地獄へ行く。どちらに行くかは「最後の審判」によって決められる。裁くのは絶対神ヤハウェ＝アラーやイエス・キリスト、閻魔大王といった神仏だとされる。

最後の審判を受けるまでの間に「冥界」を想定する宗教もある。神道でいう「黄泉《よみ》」だ。死んだ後、しばらく冥界で眠りにつく。順番が来れば、審判の結果次第で、次の世界である「霊界」へと行く。霊界にも階層があり、大きく4つ。天国である「太陽の栄光」と「月の栄光」と「星の栄光」、そして「地獄」である。

特殊な音楽を聴くことで体外離脱を可能にする「ヘミシンク」を開発したロバート・モンローによれば、幽体が行く世界について研究し、およそ49のレベルに分け、これらを「フォーカス」と呼んでいる。フォーカス1は覚醒状態で、フォーカス10は肉体が眠っているが、意識が覚醒している状態、フォーカス12で体外離脱、フォーカス21で非物質世界、フォーカス23は死後の世界、フォーカス24は想念世界。フォーカス23で「転生」、フォーカス34で地球外生命体、フォーカス42で銀河系、そしてフォーカス49で宇宙と一体となる世界と説明している。

⬆仏教では、人間は6つの世界＝「六道」を輪廻すると考えられている。

問題は転生である。ヒンドゥー教では人間は「サンサーラ：輪廻転生」を繰り返すと説く。仏教では「六道」、すなわち「天道」「人間道」「畜生道」「餓鬼道」「修羅道」「地獄道」を人間は輪廻すると考える。六道は欲望が渦巻く「欲界」で、欲望から離れた「色界」、そして物質的なものから超越した「無色界」があり、これらを「三界」と呼ぶ。

輪廻から自由になることを「解脱」という。悟りを得た釈迦は輪廻から解脱して覚者、すなわち「仏陀」となった。これを「涅槃」と呼ぶ。三界から自由になった無の境地だ。大乗仏教では仏が住んでいる「極楽浄土」を想定する。浄土はキリスト教でいう天国に概念は近い。

同じ転生であるが、輪廻と少々概念を異にするのが「リーインカーネーション：生まれ変わり」だ。死んだ後、再び赤ん坊として、この世に誕生することを意味する。場合によっては、人間以外の動物、逆に動物が人間として生まれ変わるという思想もある。生まれ変わる以前を「前世：前生」、今生は「現世：現生」、転生した先を「来世：来生」と呼ぶ。チベット密教の高層ダライ・ラマは転生を繰り返し、現在は14世を名乗っている。

転生現象は世界各地から報告されており、もっとも多いのが幼い子供が突然、前世を語りだすケースだ。一度も訪れたことがない街の様子や住民のことを事細かく語り、調べてみると、まったく、その通りだった。ときには自分が殺された状況を語り、実際に、その証言から犯人が判明したという事件もある。興味深いことに、前世において傷を負ったところにアザをもって生まれてくることがある。

前世の記憶をもつ子供たちは、もうひとつ「中間世：中間生」を語ることもある。死んだ後、大人であっても、いったん赤ん坊となり、天上界に住む。天上界には神様や天使がいる。空にある雲の上で、彼らは転生を待っている。証言によれば、上空から地上を眺め、母親となる人物を選らんでいるのだとか。気に入った女性が見つかると、順番で下界へと降りていき、お腹の中に入るのだという。

興味深いのは転生における垂直な世界観である。人間は天界から「生れ落ちて」、死んだら「昇天する」。もっとも、生きているときに悪いことをしたら、地獄へ「落ちる」。人間の死生観は、このように垂直方向に階層をもって語られる。

日本では人は死ぬと仏になるという。神道では神様として祀られることもある。ユダヤ教やキリスト教、イスラム教では、人間が神になることは絶対にないと説く。メシアになることはあっても、神とは違う。人間以上の存在である天使も神になることはない。ましてや、「堕天使」である悪魔が神を騙ることはあっても、神になることなどありえない。

しかし、オカルトの世界では違う。「アセンション：次元上昇」という概念があるのだ。人間はアセンションして天使となり、最終的に神となる。預言者エノクは大天使メタトロンとなった。大天使メタトロンは「小ヤハウェ」と位置付けられる。ヤハウェとは創造神のこと。つまり、神と並び称せられているのだ。

逆に、創造神ヤハウェもまた、イギリスの旧約聖書学会会長マーガレット・バーカー教授によれば、本来はイスラエルの守護天使であり、至高神エル・エルヨーンに次ぐ第2位の神であった。守護天使ヤハウェが受肉してイエス・キリストとなった。死から復活したイエス・キリストは永遠不滅の神となった。したがって、人間も死んだ後、やがて復活し、不死不滅の神になるという説もある。

また、前世が異星人だという人もいる。どうも社会になじめないのは、前世が異星人であり、その価値観で生きているからだという。彼らのことを「ワンダラー」、あるいは「スターシード」「スターピープル」と呼ぶ。現世において、何かにきっかけで異星人の魂と入れ替わった人の場合は「ウォークイン」である。はたして、彼らが交信している存在が本当に異星人かどうかは不明だが、このオカルトの世界、しばしば魔物によるなりすましがいるから注意が必要だ。

呪術と念力

超能力のもうひとつの側面が念力である。ＥＳＰに対するＰＫだ。ＰＫとは超心理学でいう「サイコキネシス」、少し古いいい方で「テレキネシス」のこと。念力は仏教用語だが、訳語としては「念動力」と表記することもある。念ずることによって、物理的な現象を引き起こす。ＥＳＰが主に情報を得る能力であるのに対して、外界に影響をもたらす、より能動的な超能力である。

物体に触れることなく、動かす。移動するのみならず、破壊などの物理的な変化、もしくは化学的な変化をもたらす。酸化のひとつである燃焼、すなわち発火現象を引き起こす能力は特別に「パイロキネシス」と呼ばれることもある。中国最高の超能力者のひとり、張宝勝は触れずして、モノを燃やすことができた。どんな偉い人間であろうと、気に入らないと、その持ち物であるスーツに火をつけた。

テーブルの上にあるモノを動かすだけならまだしも、宙に浮かばせることもある。まさにモンスターと呼ばれた中国の超能力者、厳新はテーブルにあったフォークやナイフを宙に浮かべ、見ている人の度肝を抜いた。モノを浮揚させることができれば、自分自身の体を宙に浮かべることも可能だ。これを「レビテーション：空中浮揚」と呼ぶ。

ヨーガの達人である成瀬《なるせ》雅春《まさはる》氏はクンダリーニ・ヨーガを極め、空中浮揚することに成功している。空中に浮かんだ状態の連続写真もあり、客観的な証拠もある。彼はインドにおいてはグルジーと呼ばれて尊敬を集めている。ちなみに、成瀬氏に憧れ、空中浮揚をしようと試みるも、それができずにトリックを使った某カルト教団の教祖がいたことをご存じの方もいるだろう。

物体に動かす距離を長くして、時間を短くすれば、それは「テレポート：瞬間移動」だ。人体の瞬間移動の場合、「テレポーテーション」と呼ぶこともあるが、意味は同じだ。物品に限って引き寄せることを「アポーツ」といったり、逆に遠くに移動させることを「アスポーツ」ということもある。時には、移動したまま、この世から消えてしまうこともある。

当然ながら、テレポートする際、現場は密室であることも。壁をすり抜けて、別な場所へ移動する。それこそ三次元空間から四次元空間を経て移動したとしか思えない。しかも、瞬間移動の速さが光速を超えるとしたら、それこそ時空を超えることになる。未来はもちろんだが、過去に行ける。現代物理学の常識からすれば、因果律が崩れることになり、もはや説明不能状態に陥る。保守的な科学者からすれば、こうした超常現象は断固として認められない。物理的にありえないと全否定するだろう。

日本において念力という言葉を一躍有名にしたのは、イスラエル人の超能力者ユリ・ゲラーだ。1974年、日本テレビのディレクターであった矢追純一《やおいじゅんいち》氏が日本に呼び、スペシャル番組で生放送したところ、一大センセーションを巻き起こした。テレパシーや透視などの超能力を発揮したが、なかでも圧巻は「スプーン曲げ」だ。

どこの家庭にもあるスプーン（最初の番組ではフォークだった）を手にし、軽くなでると、どんどん柔らかくなって曲がりだし、ついには切断してしまう。超心理学では「メタルベンディング」と呼ぶ。メタルとはいうものの、金属以外でも変形させることができる。ユリ・ゲラーの登場によって、日本では「超能力」という言葉が一般的になったといっても過言ではない。

⬆ふたりの超能力者。ユリ・ゲラー氏と清田益章《きよたますあき》氏。

テレビ番組に出演する際、ユリ・ゲラーは自身のみならず、お茶の間の人たちを巻き込んだ。今すぐスプーンを持ってテレビの前に集まってください。壊れた時計があったら、持ってきてください、と。みんなでいっしょに念じましょう。そうすれば奇跡が起こると。そう呼びかけた結果、生放送なので、全国でスプーンが曲がった、壊れた時計が動いたといった報告が相次いだ。当時の子供たちは翌日、学校で超能力の話題で持ちきりになった。超能力などあるわけがないと頭から否定する大人ではなく、心が純粋な子供だからこそ、スプーンを曲げることができたのだという指摘もある。

まさに、一夜にして全国で超能力少年少女が誕生したのだ。その中のひとり、今でも現役で超能力者を自称しているひとりが清田益章《きよたますあき》氏だ。清田氏はスプーン曲げのほか、イメージを印画紙に映し出す「ネングラフィー：念写」も得意とする。念写は、もともと日本発祥の超能力である。東京帝国大学の助教授であった福来友吉博士が千里眼の実験中に偶然に発見した超能力である。映画『リング』のモデルにもなった高橋貞子が封印されたターゲットを銀板に写しだしたことがきっかけで知られるようになった。

一般にスプーン曲げなどの念力は人体から発する未知のエネルギーが物体に作用した結果、引き起こされたと考えられている。某マジシャンが語ることで有名になった「ハンドパワー」だ。中国気功でいう「気」、インドでは「プラーナ」、研究家によっては「生体エネルギー」と総称することもある。人体から発する「バイオプラズマ」、さらには「オーラ」と同義だとする研究家もいる。

しかし、超能力者の清田氏によれば、まったくメカニズムは違うらしい。彼が強調するのはイメージである。念力の「念」という字は「今の力」と書く。「今」とは「過去」と「未来」の狭間。ここに精神を集中し、これから起こる現象を丁寧にイメージして、組み立てる。周囲の反応を含めて、今、見ている光景と一致したとき、現象は起こるというのだ。

これがハンドパワーではない証拠に、スプーンを並べて、手を触らずに曲げるとき、ハンドパワーならば近いスプーンから曲がるはずだが、実際は、そうではない。ターゲットとするスプーンだけを曲げることができる。条件さえ整えば、遠くに離れた、それこそ地球の裏側のスプーンを曲げることが可能だと述べる。これは古くから親交のあるユリ・ゲラーとまったく同じ意見であるというのだ。

もし、清田氏の言葉が正しければ、これは実に恐ろしいことを意味する。彼のスプーン曲げは、たんなる物理現象ではない。既知の物理法則を超えたもの。現代物理学が解明できていない宇宙誕生の秘密を解き明かす鍵になるかもしれない。なにしろ「今」という瞬間に集中し、これから起こる現象をイメージし、それが現実となるということは、だ。未来を創造していることになる。もっといえば宇宙創造なのだ。これこそオカルトの極致。誤解を恐れずにいえば、まさに創造神の御業に近づくことにほかならないのである。

実際、この世に存在しないモノを出現させる超能力もある。インドのサイババが得意とした「物質化現象」である。サイババは何もない空間からアムリタやビブーティ、仏像などを出現させたことで世界的に有名になった。トリック説もあるが、同じ物質化現象を引き起こすことができる人もいる。東南アジアの高僧は特殊な神聖儀式によって、神々の世界から物質を出現させる。日本では「天の扉開き」として知られており、同様の物質化現象を起こせる日本人祭司が何人かいる。

もっとも、彼らの言葉を借りれば、実際に現象を引き起こしているのは神々など霊的な存在であって、自分たちは神聖なる儀式を行っているだけだという。その意味では超能力というよりは、魔術に近い。

実際に会って取材してみると、超能力者には、ほぼ例外なく特殊な背後霊がいる。祖先霊や仙人、神仏、天使だったりするが、一説に、超常現象を引き起こしているのは人間ではなく、憑依した霊的存在だともいう。魔術をタブーとするキリスト教では超常現象を引き起こすのは悪魔であると主張する。奇跡を起こせるのは創造神だけだというのだ。

超能力と人体

念力は物体のほか、生物にも影響を与える。念力によって人間の動きを封じたり、飛んでいる鳥を落とすことも可能だ。ロシアの超能力者ジュナ・ダビダシュビリはウサギの心臓を自由に止めることができた。

殺すだけではない。蘇生させる力をもつ超能力者もいる。中国の孫儲琳は揚げたピーナッツから芽を出すことができた。本人から聞いたところによれば、死んだエビを生き返らせることにも成功したという。

かのイエス・キリストはラザロという名の死者を祈りによって生き返らせた。また、病に苦しむ人々を癒した。『新約聖書』に記された奇跡の多くは病気の治療である。その意味で、イエス・キリストはギリシアのアスクレピオスのような治癒神でもである。

病気の原因は様々だが、悪霊や悪魔によって引き起こされるものもある。いわゆる「悪魔憑き」や「祟り」だ。イエスは精神に異常をきたした人物から悪魔を追いはらうことで癒した。キリスト教の聖職者は「悪魔祓い」を行う。神の御名によって憑依した霊を取り除くのだ。それを専門に行う「エクソシスト：悪魔祓師」もいる。

神道や仏教でも祈祷によって憑依した霊を祓うことが行われる。悪魔祓いの歴史は古く、現在でも、ほぼ全世界で行われている。一般に悪魔祓いは「呪術師：シャーマン」の役目だ。シャーマンが持つ特殊な能力と精霊や神々の力によって魔物に憑かれた人々を癒している。病を癒すという意味で、彼らは「ヒーラー」である。現代医学の手法とは異なる方法で「ヒーリング」を行うのだ。

西洋魔術でいう「魔女」も、本来はシャーマンだった。キリスト教以前の「ペーガン：異教」の呪術師なのだ。クリスチャンからすると、彼らは魔物を使役しているように見えたので悪魔に魂を売った女と呼ばれたにすぎない。ちなみに、男性であっても日本語では魔女と呼ばれる。どうしても魔女は呪術を行うイメージが強いので、あえて「魔女術」という言葉を使う人もいる。魔女術の目的はヒーリングである。ハーブなどを使った「アロマテラピー」は、その代表例だ。様々な「おまじない」や占い、儀式を通して、悩める人々を救うのが魔女の使命である。

文化人類学者のジェームズ・フレイザーによれば、呪術の基本は共感にあるという。「共感呪術」は大きく「感染呪術」と「類感呪術」から成る。感染呪術の基本は「接触」である。人間が持っているモノや衣服、飼っている動物が対象だ。これらを用いて呪いをかける。すると持ち主に影響を与えることができる。具体的に、対象となる相手の髪の毛を儀式で使うことによって呪う。呪われた人間は苦しみ、ときには死に至る。

一方の類感呪術の基本は「型」である。同じ形をしたモノを使って呪いをかける。人間であれば、人形を使う。対象となる人間の名前を書いた人間に呪いをかける。するとターゲットとなった人間は苦しみ、やはり死に至る。死者を甦らせた「ゾンビ」を使役することで知られるブードゥー教では呪う相手の髪の毛や持ち物を入れた人形を用意し、これに釘などを刺す。呪われた相手は釘で刺された部位に痛みを感じ、ついには死んでしまう。

日本でも古来「人形呪術」は、さかんに行われてきた。奈良時代の平城京跡からはたくさんの板状の「ヒトガタ：人形」が出土している。顔が描かれ、そこには名前が記されており、一部が破損している。明らかに呪術が行われた証拠だ。平安時代になると、板の人形ではなく、もっぱら「呪いの藁人形」が使用される。神社の御神木に相手の髪の毛や爪を入れた藁人形を五寸釘で打ちつける。世にいう「丑の刻参り」は、令和の世にあっても密かに行われているのだから、恐ろしい限りだ。

呪いの藁人形が本人の自己満足に終わればいいが、実際は、必ずしも、そうではない。呪術を行う人間の能力や技量にもよるが、効果が出るときもある。四国のある地域では「呪殺」を請け負う人がいるという噂もある。

実際のところ、藁人形に釘を打ちつけても、それが呪う相手の体に突き刺さるわけではない。あくまでも共感呪術として相手に影響を与える仕組みだ。が、なかには実際に相手の体の中に釘をテレポートさせることができる呪術者もいる。主に東南アジアの呪術師に多い。呪われた相手は突如、体の不調を訴えて病院に行き、そこでレントゲン写真を撮影してもらう。すると、そこには釘の影がはっきりと映っている。ひどい場合には100本にも及ぶ釘が体内にある。

皮膚の下にある場合は、メスで切って釘を引き抜くことができるが、心臓の近くなどにある場合、手術で取り除くこともできない。実際に体験した人に取材したことがある。彼の場合、性器に入れられた。釘を引き抜く際には、あまりの激痛に気絶したという。

こうした呪いを防ぐため、呪術師たちは全身に見えない刺青を入れる。皮膚と同じ色で呪文を描くのだ。まさに「耳なし芳一」状態だ。恐るべき話だが、こうした呪殺を請け負う呪術師は数多くいる。ときには呪術師同士の戦いにもなるという。まさに「サイキックバトル」である。

釘を相手の体内にテレポートさせるという意味で、彼らは超能力者であり、呪術師であるが、実際のところ、魔術師でもある。神々や精霊、ときには魔物も使役するからだ。物理的な超常現象には、必ずといって霊的な存在が関わってくる。その意味で、魔術と呪術は混然一体となっているのが実情である。

ところで、東南アジアの呪術師は何も呪殺を専門にやっているわけではない。相手に危害を加える呪いをかける呪術師は、それと同等のヒーリングも行う。気功のような「手かざし」のほか、実際にメスを使って手術を行うこともある。満足に病院に行くことができない貧しい人々にとって呪術師は唯一頼れる医師でもあるのだ。

呪術による外科手術は「心霊手術」と呼ばれる。心霊手術師としては、フィリピンのトニー・アグパオアやブラジルのアリゴー、本名ジョゼー・ペードロ・デ・フレイタスが有名だ。フィリピンの心霊手術は１９８０年代の日本で大きな話題となり、治療を目的としたツアーが組まれこともある。もっとも、その多くは動物の臓器などを使ったトリックで、社会問題になった。

一方のアリゴーはトリックの痕跡はいっさい見つからなかったが、素人が錆びたナイフで麻酔なしで手術をする行為は、さすがに医療法的に問題とされ、一度逮捕されて収監された。しかし、ブラジル大統領をはじめとして、アリゴーによって救われた人々の嘆願によって釈放された。

彼によれば、心霊手術の能力は、すべて霊によるもの。第1次世界大戦中に死亡したドイツの医者フリッツが憑依して治療を行うのだという。霊の力を借りて超常現象を引き起こすという意味でフリッツは魔術師と呼べるかもしれない。アリゴーの死後、フリッツの霊は他の心霊手術師に憑依し、今も治療を続けているという。

錬金術とヨーガ

歴史的に魔術の一分野で語られるのが「錬金術」である。物質の変容を行い、卑金属から黄金を作りだすことを目的としていた。様々な物質を調合し、溶解や燃焼、合成していく過程で、多くの発見があった。主に中世のイスラム圏で発達し、これが現代科学の「化学」として昇華した。

だが、錬金術における本当の目的は黄金ではなく、「賢者の石」を作りだすことにあった。賢者の石は鉛を黄金に変えるばかりではなく、それ自体が不老不死の仙薬である。正体は不明だが、一説に水銀のことではないかという。

硫化水銀は中国では「辰砂《しんしゃ》：丹《に》」と呼ばれた。道教では丹を飲めば不老不死になると考えられ、これを作りだすことを「錬丹術」と呼んだ。実際に丹を服用することで、腐敗しないように肉体改造を行った道士もいた。仏教の僧侶も、丹を飲みながら入定し、即身仏を目指した。

東北にある寺院で祀られているミイラは、そうした即身仏である。

いうまでもなく、硫化銀に不老不死の効果はない。賢者の石は幻覚をもたらす薬ではないかという説もある。イランの「ハオマ」、インドでいう「ソーマ」は毒キノコであるベニテングダケが主成分である。アジアのシャーマンは、しばしばソーマを服用してトランス状態となり、神々と交信する。

南米における「アヤワスカ」も同様だ。幻覚による神秘体験を通じて、霊界と交信する。作家のグラハム・ハンコックはシャーマンの調査過程で、実際にアヤワスカを服用した結果、亡くなった父親と会話した。よほどリアルだったのだろう。これにより、彼は霊的な世界が存在することを確信したという。

薬物の摂取による神秘体験はアメリカのヒッピー文化で流行した。とくにカウンターカルチャーを標榜する若者たちは、伝統的な価値観を超克する思想をアジアに求めた。「ニューエイジ・ムーブメント」だ。こぞってインドに行き、そこで「グル：導師」を捜した。神秘家バグワン・ラジニーシも、そのひとり。やがてラジニーシを教祖と崇める人々は狂信的な「カルト」を組織。反社会的な集団として大問題となった。オカルトがもっている危険な側面である。

ヒッピー文化が隆盛だったころ、アメリカで流行したニューエイジのひとつが「TM：超越瞑想」である。インドのマハリシ・マヘーシュ・ヨーギーが提唱した瞑想法で、心の中で「マントラ：真言」を唱えることを特徴とする。超越瞑想を実践することで、潜在能力が開発され、純粋意識の状態となる。最終的に自分の中の神なる存在に気づくことで、幸福を実感するようになるという。

瞑想による潜在意識の開発は「自己啓発」の世界でも注目されている。ポジティブな思考を続け、成功した姿をリアルにイメージすることで願望が実現する。書店のビジネス書のコーナーには「成功哲学」と題した本が数多く並んでいる。古くはナポレオン・ヒルやアンドリュー・カーネギーの成功哲学、そして「ジョセフ・マーフィーの成功法則」が有名で、日本では藤本憲幸氏の「想念術」がある。最近では「引き寄せの法則」という名称で同様のメソッドが紹介されている。

いずれも、強く思ったことはいいことでも悪いことでも潜在意識は現実化させてしまう性質を利用し、いかに自己実現を達成させるかを説く。目的のために現在の心の状態があると説く「アドラー心理学」に近い。

もっとも本質的な部分は仏教でも解かれており、経典では潜在意識のことを「阿頼耶識《あらやしき》」と称し、万有の縁起であると説く。極論をいえば、この世は潜在意識が作りだしたものだというわけだ。

阿頼耶識は仏教のなかでも「瑜伽行唯識《ゆがぎょうゆいしき》学派」の思想である。「瑜伽」とは「ヨーガ」のことである。真言密教には「瑜伽経」という経典があるが、サンスクリット語では「ヨーガ・スートラ」である。いい換えれば、仏教における密教とはヨーガのことだといっても過言ではない。三鈷杵《さんこしょ》を手にした弘法大師空海の手がねじれて描かれているのは、アクロバッティングなヨーガの身体的鍛錬を表現しているのである。

ヨーガではインド哲学特有の身体論を展開する。曰く、人体には目に見えない生命エネルギーというべき「プラーナ」がある。プラーナとは道教でいう「気」である。気は流れる。プラーナの通る道を「ナディ：気脈」と呼ぶ。ナディは「粗大身」、すなわち肉体と重なった「微細身」にある。微細身は先述した幽体、もしくは霊体のことである。

ナディの源は尾骨にある。そこから脊髄に沿って垂直に伸びるナディが「スシュムナー」、左側を螺旋状に上昇するのが「イダー」、右側を螺旋状に上昇するのが「ピンガラー」である。3本のナディは脊髄で7つの交点をもつ。交点にはナディを束ねる「チャクラ：輪」がある。

具体的に、下位から順番に①「ムラダーラ・チャクラ」、②「スワディーナ・チャクラ」、③「マニピューラ・チャクラ」、④「アナハタ・チャクラ」、⑤「ビシュター・チャクラ」、⑥「アジナ・チャクラ」、⑦「サハスラーラ・チャクラ」と呼ばれる。

尾骨にあるムラダーラ・チャクラに封印されている神聖なエネルギーのことを「クンダリニー」と呼ぶ。象徴的には3回転半のとぐろをまいた「蛇」で表現される。クンダリニーは性的なエネルギー「シャクティ」とも呼ばれ、これが覚醒すると、ナディを上昇していく。途中、閉じられたチャクラが開くと、眠っていた能力が開花する。世にいう「チャクラが開く」のだ。高次元のチャクラが開くことにより、潜在能力が次々と開花していく。

シャクティは女性原理であり、最終的に肉体の頭部の上に位置する王冠のサハスラーラ・チャクラが開くとき、男性原理と和合し、人は「サマディ：三昧」の境地に至る。ヒンドゥー教では男性原理を「シヴァ」、女性原理を「パールバティ」という神々で表現する。人体は男女で左右が反転しており、先に示したイダ

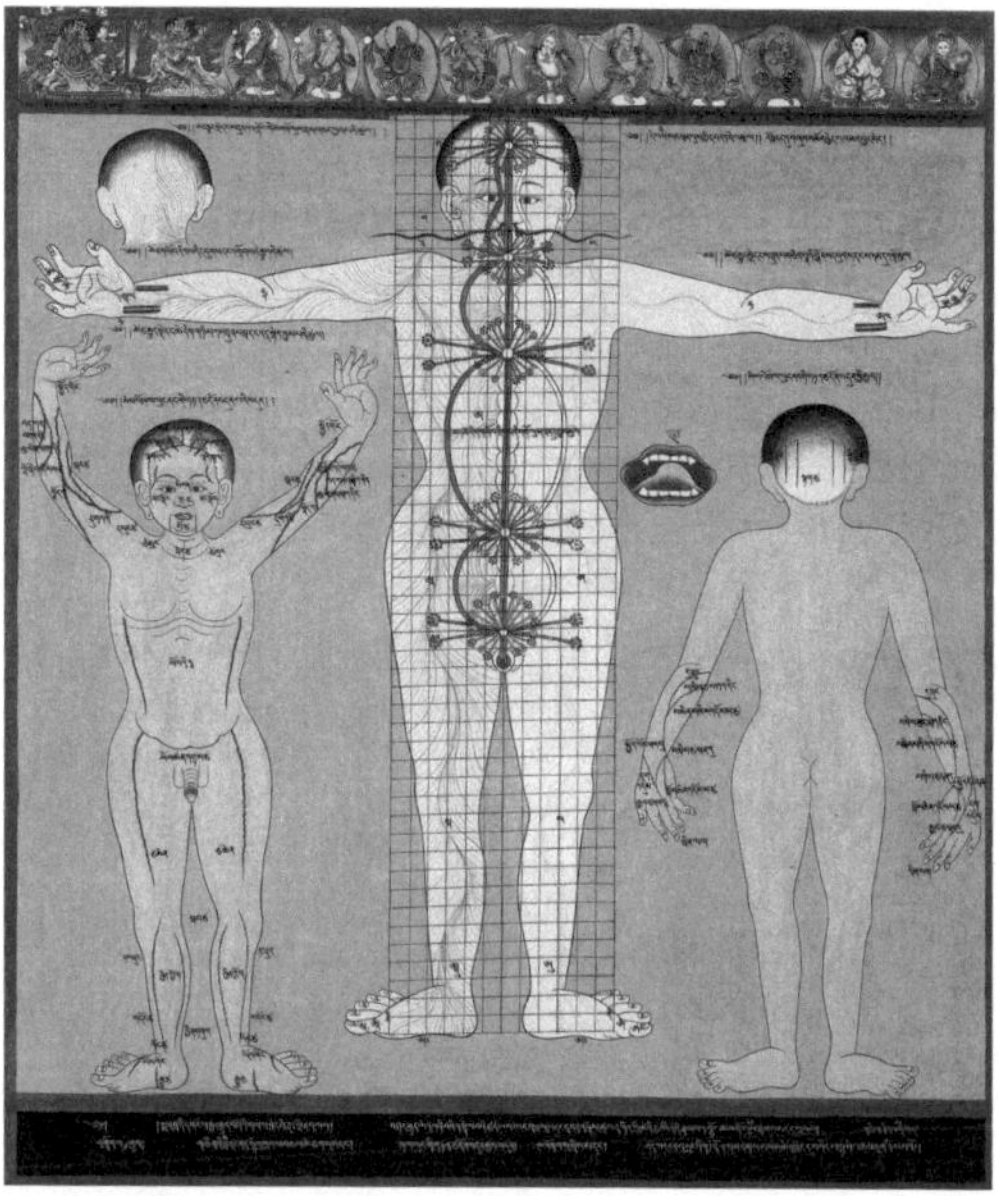

⬆スシュムナー、イダー、ピンガラー、3本のナディは7つの交点をもち、それを束ねるのがチャクラだ。

ーとピンガラーの位置も女性の体では逆になる。

しばしば、額のアジナ・チャクラは開いているけど、胸のアナハタ・チャクラは閉じているという言葉を口にする人がいるが、本来、チャクラとはクンダリニーが上昇する過程で開くものである。仮に開いていたとしても、クンダリニーが到達していない状態で能力が開花するわけがない。

思い込みならいいが、ともすると闇に落ちかねない。ひと度、クンダリニーが目覚めると、そのエネルギーをコントロールするには危険が伴う。クンダリニー・ヨーガを極めんとする方は、くれぐれも慎重に。できることならば、適切な指導者に従うべきだ。バランスを崩すと肉体はもちろん、精神に異常をきたすことにもなりかねない。

ヨーガの神秘思想は近代ヨーロッパでは「神智学」として体系化される。古代インド哲学における身体論をもとに、①肉体を中心に②エーテル体、③アストラル体、④メンタル体、⑤コザール体、⑥コスモス体が重層的に存在すると説く。研究家によっては、この先に⑦ハイヤーセルフを位置づける。ごくごく大雑把にいえば、肉体からメンタル体は物質的な次元で、コザール体以上は非物質的な魂の次元であるという。

日本では今日、伝統的ヨーガが健康ブームもあいまって、インドではなく、本場ニューヨーク仕込みの「ホットヨーガ」がもてはやされるようになり、神智学の身体論も、ポップオカルトともいうべき「スピリチュアル」の世界では、ごく普通に語られるようになった。はたして、どこまでヨーガの本質を理解しているのかは疑問だが、日本人は、すでに真言密教という形でヨーガを受容していることも事実である。

ところで、東洋では古くからヨーガの思想は中国に伝わっている。主に仏教を通じて入ってきたと思われるが、道教と結びつき、いわゆる「神仙道」として体系化。「気功」の身体論として一般化していく。インドのナディは「経絡」だ。肉体をいくら分析しても経絡は見つからないが、確かに存在する。その証拠が経絡の節目「ツボ：経穴」である。ツボを押せば痛みがある。「鍼灸」などで刺激すれば、滞った気の流れがよくなり、肉体の疲労が改善される。

また、気功では気を練ることが重視される。クンダリニーの上昇は「小周天《しょうしゅうてん》」と呼ばれ、尾骨から頭頂へ。そこから身体の前面を通して下降させ、再び尾骨へと戻す。さらには立った状態の足先にまで広げることを「大周天《だいしゅうてん》」と呼ぶ。とくに気功ではお腹の「丹田」で気を練ることが重要だ。まさに丹である。言葉を換えれば、神仙道の身体論も錬丹術なのである。

物質の化学変化を探求し、身体の変容を目指した錬金術は興味深いことに、洋の東西を問わず、一周回って同じ着地点に収まる。オカルトの世界では、これを自らの尻尾を食わえた蛇「ウロボロスの蛇」として象徴する。最初にして最後、アルファにしてオメガ、まさに「永劫回帰」の思想である。これは全世界共通、人類共通の根源的思想といっても過言ではない。

風水とパワースポット

呪術には「雛形」という概念がある。類感呪術でいう型の思想だ。対象となる物体に対してスケールの異なる同じ形をした物体が存在し、両者は同じ性質をもつと考える。たとえば世界大陸だ。それぞれの大陸の形と山脈や河川などの地形が、そのまま縮小された形で存在するのが日本列島だ。北海道が北米大陸、東北が南米大陸、関東から中国地方までの本州がユーラシア大陸、九州はアフリカ大陸、四国はオーストラリア大陸、そしてインド亜大陸が伊豆半島だ。まさに日本列島は世界大陸の雛形になっているのだ。

同様に、その日本列島は龍に見立てることもある。北海道を頭とした龍、逆に九州を頭にした龍である。同様に、中国地方から九州、それと並ぶ四国を両足に見立てて、北海道を頭部とする人体と見る思想もある。

大地を人体に見立てて、聖地を選定する呪術もある。インドではカイラス山をシヴァのリンガとして崇拝する。カイラス山だけではない。ヒンドゥー教の世界では、カンボジアのプノン・クーレンのように、ご当地の聖山をシヴァ・リンガに見立てる。

男性原理のシヴァ・リンガに対する女性原理はパールヴァティ・ヨーニで、これらは一体である。母なる大地という言葉があるように、地球上の生物は大地から生まれた。当然ながら、大地は母なる神の女体であると考えられた。とくに子供が生まれる子宮と産道、そして女性器として聖地は設計、デザインされてきた。

中国の「風水」でも、大地を人体を見なす。人体には気が流れる経絡があるように、大地にも「龍脈」がある。龍脈は山脈となって地上に現れる。人体における経穴は「龍穴」だ。気があふれ出す龍穴は、まさに女陰である。人間が住むには、もっとも理想的な土地である。それゆえ、古来、中国では龍穴に王宮を建設した。

ただし、ただ山々に囲まれた龍穴の地形があればいいということではない。風と水と書いて風水だ。人体には気のほか、血液や体液が流れ、循環している。大地も、同様。風通しがよく、河川があり、池や海などを臨む土地が理想的である。風水では、これを「龍・穴・砂・水」と表現し、すべての条件がそろった土地を「四神相応」と呼ぶ。

四神とは中国における4つの星座のこと。具体的に、北の「玄武」、東の「青龍」、南の「朱雀」、そして西の「白虎」だ。それぞれ、玄武は山、青龍は砂、朱雀は湖沼、白虎は砂を意味する。砂とは山脈のことだが、青龍を河川、白虎は街道とみなすこともある。日本の京都、つまりは平安京も四神相応の都だ。風水によって建設されている。

日本の神道では神社を女体に見立てている。神社のことを「お宮」と呼ぶが、これは子宮のことである。拝殿に向かう参道は産道であり、入り口にある鳥居は両足を表現している。拝殿に掲げられた大きな注連縄《しめなわ》は陰毛であり、吊り下げられた綱は男根、そこにつけられた鈴は亀頭、もしくは睾丸だ。参拝者は綱を揺らして鈴を鳴らした後、お金を賽銭箱に投げ入れるが、これは男根を勃起させ、出てきた精子が女陰に入る光景を再現している。つまりは性交だ。

かくして、めでたく受精が完了し、生命が誕生する。新しい命とは、参拝者本人にほかならない。参拝者は拝殿にある鏡に向かって祈る。鏡に写っているのは自分の姿である。このとき、我欲があると願いごとは成就しない。自分のためではなく、他者の幸福を祈ることが大切だ。自分が写っているのは「鏡：カガミ」であり、「我：ガ」がなくなると、「神：カミ」になる。

いい換えると、神社の参拝は世俗の人間が我欲を捨てて祈ることで、神となって生まれ変わる儀式。儀式とは、死と再生である。参拝が終わり、神社を後にしたとき、まったく別の人間に生まれ変わっているというわけだ。その意味で、神社は一種の魔術装置ともいえる。

もちろん、神社がある場所は聖地であるがゆえ、世にいう「パワースポット」である。パワースポットという言葉は超能力者の清田益章氏の造語である。和製英語なので、海外では通じない。もっとも、あまりにも日本人がパワースポットという言葉を使うようになったので、理解する外国人も増えてきたが。

清田氏によると、彼が中学生のころ、ひどく疲れていたときがあった。気晴らしに近所の河川敷を歩いていると、突如、体に力がみなぎる感覚がした。が、すぐに消えた。おかしいと思って、来たところへ戻ってみると、再びパワーを感じた。ちょうど直径7メートルぐらいの円形の場所だけ、体が反応する。まるでスポットライトが当たっているようなイメージだったので、パワースポットと呼んだのが始まりだったそうである。

後日、周辺の古地図を調べてみると、そこには社があった。河川敷の造成で移転したようで、近所にある神社の元宮がパワースポットだったのである。昔の人は大地がもつ力を知っていたのだろう。そうした龍穴に神社を建設していたのである。

神社のみならず、お寺も、そうだろう。かつては神仏習合していたわけで、そうした宗教施設はパワースポットなのだ。もっとも、すべてがパワースポットとは限らない。移転したり、地形が破壊されているケースもある。また、万人にとっていい場所であるとも限らない。人によっては逆に体調を崩してしまう「ダークスポット」もあるからだ。

龍脈の思想はヨーロッパにもある。キリスト教以前の古代遺跡は龍脈上に作られた。とくに「メガリス:巨石遺構」は顕著だ。「ストーンヘンジ」をはじめ、「ストーンサークル」や「メンヒル」「ドルメン」、「アリニュマン」、さらには「マウンド遺構」などは、みな直線状に並んでいる。

考古学者のアルフレッド・ワトキンスは巨石遺構が直線状に並ぶことに気づき、それらの地名に共通する「レイ」という言葉から、直線のことを「レイライン」と名づけた。レイラインは昔の街道や用水路などとは無関係に走っている。大地のエネルギーともいうべき直線状の龍脈があり、要所要所にある龍穴に巨石が配置されたのだ。

興味深いことに、そうした巨石遺構、とくにマウンド遺構には、必ずといっていいほど古い教会がある。キリスト教が異教を征服するために、あえて教会を建設したのだ。ヨーロッパやアメリカにおける古い教会の下には、しばしばキリスト教以前に信仰されていた異教の神殿が眠っている。レイラインの場合、建てられた教会には判で押したように大天使ミカエル伝説がある。そうしたレイラインのことを特別に「セイントマイケルライン」と呼ぶこともある。

なぜ大天使ミカエルなのか。理由は『新約聖書』にある。「ヨハネの黙示録」には悪魔サタンの化身である赤龍と戦う大天使ミカエルのことが記されている。キリスト教徒にとって異教の神殿はサタンの会堂である。征服するべきものであり、その守護天使として大天使ミカエルを掲げたのである。興味深いことに、ここでも龍が出てくる。異教の神殿は、まさに龍脈上の龍穴に建てられている。もちろん、これは偶然ではない。

占星術

かつて「心霊主義」と翻訳された「スピリチュアリズム」は、今や「スピリチュアル」という名称で女性を中心に大流行している。パワースポットめぐりや神社のおみくじ、御朱印、ヒーリング、そしてメインは「占い」だ。占いの歴史は古い。人類発祥の時代からある。

占術は能力というよりは、手法である。もちろん、占術師の才能や技能は重要なのだが、基本的にシステムである。体系化されている。やり方を勉強すれば、だれでも占うことはできる。もっとも、それが当たるかどうかは別だが。

高い的中率を誇る占い師は、超能力や霊能力を使っているケースも少なくない。占いは補助的なもので、相談者が納得する形で実演しているという人もいる。テレビドラマ「トリック」の中で占い師が「占いでお持て成し」というセリフを口にした回があった。これは「裏ないで表なし」という掛詞になっており、裏表のないまっとうな占術ですよと暗にいっているわけだ。

古代の占いは天下国家の運命を予言し、いかに運営するかを判断した。中国では動物の骨を焼いて、そこに入るヒビの形をもって判断する「鹿卜《ろくぼく》」や「亀卜《きぼく》」が行われた。「卜」という字自体、そもそも骨に入ったヒビの象形だ。古代日本では専門の「卜部」が祭祀のために占いを一手に引き受けていた。

個人の運命を占うことが一般的になったのは、時代が下ってからのこと。現代にいたっては恋愛や願望成就など、個人的な相談がほとんど。ために、占い師はすぐれた占術師であると同時に、心理学的なカウンセラーの技量も必要とされる時代である。

占術の根底にあるのは「万物照応」なる思想である。森羅万象、すべてはつながっており、

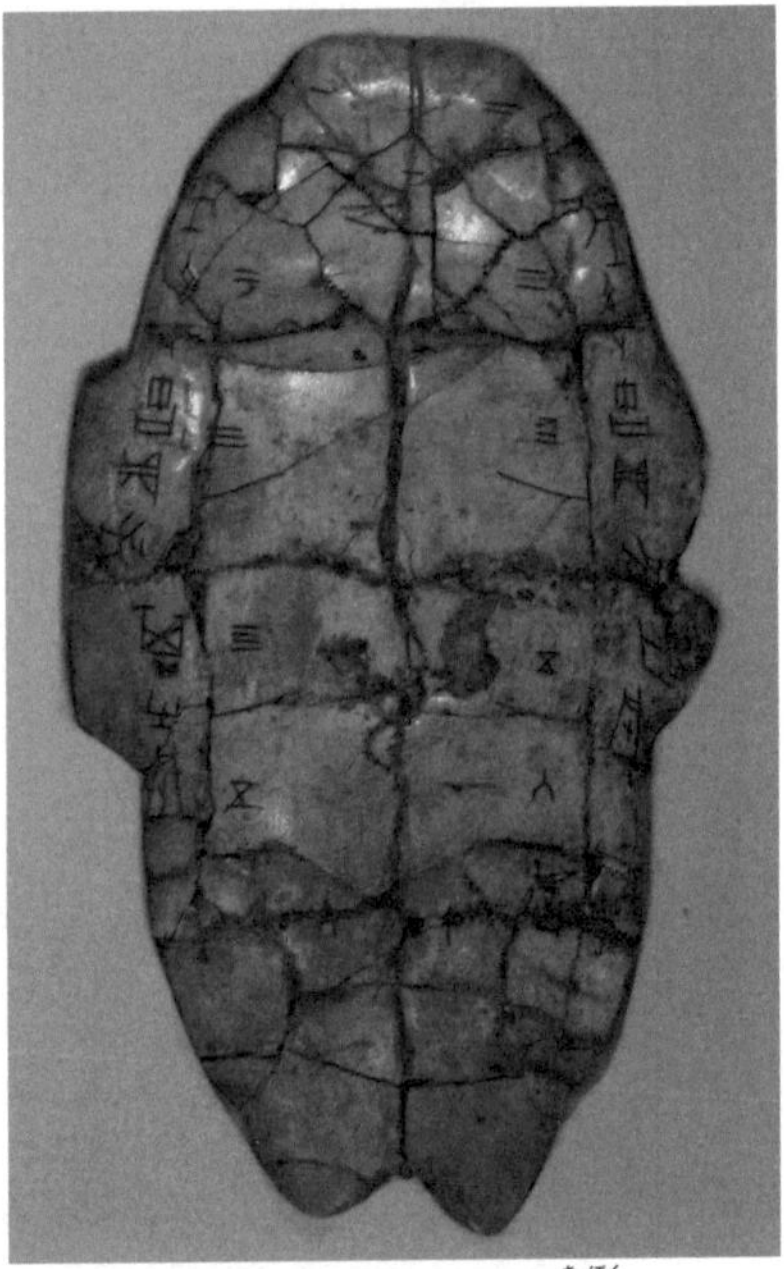

⬆亀《き》卜《ぼく》の甲羅を焼いたひびで占う「亀《き》卜《ぼく》」。

影響し合っている。宇宙と国家、そして人間は一体である。よって、国家や人間の運勢も、どこかに形として現れる。目に見える形にして、運勢の行く末を見通すのが占いなのである。

典型例が「占星術」である。星の運行を読み解くことで現状を知り、未来を予測する。国家や人間の運勢は星の動きに連動している。一歩踏み込んで、星の動きこそ、国家や人間の運命に影響を与えているのだ。占星術師は独自の天体配置図「ホロスコープ」描き、占う人間の誕生日を割り出し、占う日時と比較する。太陽と月、惑星が、背景となる宇宙の星座といかなる配置になっているかを分析し、そこに意味を読み取る。

西洋占星術の場合、太陽と月、水星、金星、火星、木星、土星の動きを見る。占星術が昇華した「天文学」の発展により、惑星の数は増えて、天王星や海王星、冥王星を入れてホロスコープを作るのが、今では一般的である。太陽の軌道である「黄道」には12の星座がある。「黄道十二星座」は、それぞれ「牡羊座」「牡牛座」「双子座」「蟹座」「獅子座」「乙女座」「天秤座」「蠍座」「射手座」「山羊座」「水瓶座」「魚座」である。これらをもとに、黄道を12等分したのが「黄道十二宮」である。起点となるのは黄道と天の「赤道」の交点、すなわち「春分点」である。

↑占星術は星の動きが与える影響を読み解き、未来を予測する。これに用いるのが「ホロスコープ」だ。

地球の歳差運動により、春分点はずれていく。時代を遡っていくと、春分点が牡羊座にあったのは今から4000年前。シュメールの古代バビロニア帝国の時代である。このころに西洋占星術の原型が体系化された。

一方、東洋占星術の起源はイ

ンドにある。インドでは黄道のみならず、月の軌道である「白道」も考慮する。同様に、白道上には27の星座がある。これをもとに割り出されたのが「白道二十七宿」である。これに西洋占星術の黄道十二宮を組み合わせたのが今日のインド占星術だ。太陽や月、五惑星のほか、黄道と白道の交点である「ラーフ：ドラゴンヘッド」と「ケートゥ：ドラゴンテール」を仮想惑星とみなす。ラーフとケートゥは日食と月食の計算に用いられるほか、不吉な星として忌み嫌われている。

一時、日本でも話題になった「アガスティアの葉」も、基本はインド占星術である。南インドで発達した「ナディ占星術」によって人間の一生を解読する。ヤシの葉のカルテには占う人の過去はもちろん、現在と未来が記されている。アガスティアとは聖仙の名前で、多くの予言を残したとされる。アガスティアの葉で自分の運命を知ることもまた、すべてあらかじめ予言されているという。

インド占星術は仏教に取り入れられて「宿曜道《すくようどう》」と呼ばれるようになる。日本にも密教の経典として「宿曜経」が伝来し、陰陽道における「天文道」と「暦道」のもとになったとされている。

ただし、東アジアにおいては「白道二十七宿」ではなく「白道二十八宿」を用いるのが一般的だ。学説によれば、もともと中国で発祥した二十八宿がインドに伝来する際、神聖なる牛の名をもつ牛宿がはずされて、二十七宿になったという。だが、その結果、実際の月の運行とズレが生じる事態となり、日本では牛宿を復活させた二十八宿をもとにした独自の大和暦が作られた。

東洋の暦法は「十干十二支」が基本だ。十干とは「甲《こう》乙《おつ》丙《へい》丁《てい》戊《ぼ》己《き》庚《こう》辛《しん》壬《じん》癸《き》」、十二支は「子《ね》丑《うし》寅《とら》卯《う》辰《たつ》巳《み》午《うま》未《ひつじ》申《さる》酉《とり》戌《いぬ》亥《い》」である。これをもとに占うのが「六壬神課《りくじんしんか》」で、かの陰陽師・安倍《あべ》晴明《せいめい》も得意とした。道士や陰陽師は十干十二支と方位を示す専用の「式盤《しきばん》」を使って占いを行う。式盤に示された「八門」をもって判断する「奇門遁甲《きもんとんこう》」は、『三国志』で活躍した諸葛《しょかつ》孔《こう》明《めい》が駆使したという。

また、太極から生じた陰陽、それに五大元素である「五行」、すなわち「木火土金水」をもって森羅万象を分析する「陰陽五行思想」がある。五行は互いを生じさせる「五行相生」と互いの優劣を示す「五行相克」の関係があり、これに占星術を加えたのが「九星気学」である。さらに、生まれた年月日時を干支で示して占うのが「四柱推命」。「三才」、すなわち「天地人」を重視するのが「算命学」だ。

これらに対して、天空の星、とくに北極星や北斗七星、南斗六星を重視した太陰太陽暦の占術が「紫微斗数《しびとすう》」である。紫微とは北極星、斗とは北斗七星と南斗六星のことである。生まれたときの年月日時をもって運勢を割り出す方法は四柱推命と同じである。

万物照応の思想ゆえ、占星術からは「手相術」が発展する。日本で知られる手相占いは、意外なことに西洋占星術が基本。掌の部位を太陽丘や木星丘と呼ぶのは、そのためである。現れた手のしわである生命線や頭脳線、感情線、運命線などを形状や長さ、深さなどで運勢を読み解く。

アジアではインドが起源で、これが中国を経て、日本にも伝来する。東洋手相術では占星術ではなく、易をベースにしているのが特徴である。もっとも、占いの基本は「相」である。掌に浮き出た模様や絵、図形をもとに意味を読み解く。掌だけではない。足の裏も手相と同様、様々な運命を読み取る。お釈迦様の「仏足石」に「ダルマチャクラ：法輪」が描かれるのも、古代インドの「足相術」による思想だ。

手足の次は顔だ。顔は表情や人格が現れる。それゆえ、古来、様々な解説書が書かれてきた。よく占いは統計学だといわれるが、顔の相を見る「顔相術」や「面相術」「黒子術」、さらに実際の振舞なども考慮して総合的に判断する「観相術」は、その視点で研究されてきた分野だといっていいだろう。もっとも、顔に他人の顔や住んでいる家などが浮かび、それを読み取る「人相術」になると、もはや超能力の世界ではある。

体の特徴から気質を読み取ることは、ある意味、医術でもある。外見から病気を診断することは、実際に行われている。気質から嗜好性、体質、さらには性格まで見抜くとなると、かなりの達人である。占いの世界では、人間の運勢は、すべて体に現れていると考える。それこそ、体形から肌の状態、そして陰毛に至るまで、あらゆるものが占いの手掛かりになるのだ。

なかでも「血液型占い」は根強い人気がある。血液型という概念は現代になってからのものだ。O、A、B、AB型、それぞれに特徴的な性格があり、相性がある。覚えるのも簡単で、だれにでも当てはまる。占い結果も、思い当たるフシがあると、けっこう会話が盛り上がる。

医学的には根拠がないものだと指摘されるが、白血球の型などを含めて統計的に分析すれば、特定の病気にかかる傾向やリスクを知ることができるのではないかと考える研究家もいる。ちなみに、旧日本軍では血液型占いを重視し、これによって人事を決定していた。当時の大日本帝国はオカルト帝国でもあったのである。

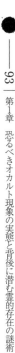

数秘術と易

キリスト教では魔術は厳しく禁じられる。交霊術や呪術、占いを行った者は地獄に落ちるとまでいう。オカルトは危険であるから、けっして近づいてはならない。少なくとも一般の衆生からは遠ざけるべきである。オカルトに手を染めることは、悪魔の魂を売るようなものである。『旧約聖書』は何度も厳しく戒めている。

その一方で、ユダヤ教の大祭司は「ウリム」と「トンミム」という石をもって占いを行っていた。ウリムは凶で、トンミムは吉。神の意志を知るために、吉凶占いをしていたのである。いわば、サイコロのようなものだ。これが転じて、ウリムとトンミムを眼鏡のレンズに見立て、大祭司は天界の光景など、神が示したビジョンを見ていたとされる。

サイコロは身近な占いの道具である。古くはシュメール文明の遺跡からも出土するもっともポピュラーな占いアイテムだ。偶然性を期待すること自体が神の意志を伺う託宣であり、占いの本質だといっても過言ではない。危険視されるオカルトは一般から隠される反面、だれもが親しんだゲームや遊戯として、今日に至るまで脈々と続いている。

たとえば、カード。子供たちが集めているカードも、もとは「タロット」や「トランプ」「オラクルカード」が原型だ。形状は少々違うが麻雀もまた、れっきとした占いアイテムである。麻雀を通じて運勢を占っているのだ。

タロットは英語で「TAROT」と表記するが、これを逆に綴ると「TORAT」で、「トーラー」と読める。「トーラー：TORAH」はユダヤ教における律法で、『旧約聖書』における冒頭5つの書物、世にいう「モーセ五書」を意味する。具体的には「創世記」「出エジプト記」「レビ記」「民数記」「申命記」である。

このうち「創世記」に対応するのが『新約聖書』の「ヨハネの黙示録」だ。『聖書』全体の始まりと終わりの書である。「ヨハネの黙示録」は全部で22章から成る。タロットカードは「大アルカナ」と「小アルカナ」に大きく分けられるが、前者の枚数は22枚。しかも、大アルカナの絵柄は、すべて「ヨハネの黙示録」に登場する光景だ。これは偶然ではない。意図的に制作されている。

対する小アルカナはトランプである。起源をめぐっては諸説があるが、同じ占いアイテムであることには変わりはない。小アルカナは全部で56枚。４つの種類「ワンド」「カップ」「ソード」「ペンタクル」があり、四代元素「火水風地」に対応する。ひとつの種類に1～10の数、ペイジ、ナイト、クイーン、キングのカードが計14枚ある。

トランプは小アルカナにおけるペイジがなく、

⬆昔からおなじみの占いアイテムのひとつ、タロットカード。

4つの種類は「クラブ」「ハート」「スペード」「ダイヤ」となっている。特徴なのは「ジョーカー」があることだ。しかも2枚。ゲームをする場合、ジョーカーは1枚だけ使用する。なぜジョーカーは2枚あるのか。なくしたときの予備ではない。ちゃんとした意味がある。

トランプのカードは全部で54枚。ひとつの種類に1～10の数、ジャック、クイーン、キングのカード計13枚ある。このうちジャックを11、クイーンを12、キングを13として数え、すべての数を合計してみてほしい。1＋2＋3＋4＋5＋6＋7＋8＋9＋10＋11＋12＋13＝86。4種類あるので、91×4＝364。これにジョーカーを1として足すと、364＋1＝365。そう1年の日数、365日に一致する。

ただし、4年に一度、閏年のときには1日多い366日になる。そのためにジョーカーがもう一枚あるのだ。つまり、トランプの数は1年の日数を意味しているのだ。365日、ないし366日を占うようにトランプは設計されているのである。

数は占いの基本である。「数」という字には英語でいうナンバーという意味のほかに、「運命」という意味がある。数奇なめぐり合わせという表現があるが、このときの数はナンバーではなく、運命のこと。奇妙な運命のめぐり合わせという意味だ。先の紫微斗数の数も同様、北極星と北斗七星によって運命を読むという意味である。「六星占術」で知られる細木数子氏の名前も、運命を読む占術師として「数」という字を入れたに違いない。

数を扱う占術には「ゲマトリア：数秘術」がある。アルファベットの文字を数に対応させて、名前を変換する。合計数は「命数」や「運命数」などと呼ばれることがある。同様に、誕生日の年月日を8桁の数字に変換し、各桁の数を一桁になるまで足していく。たとえば、2023年12月3日であれば、20231203として、これを2＋0＋2＋3＋1＋2＋0＋3＝13、さらに1＋3＝4。最後の4が命数だ。

これは、いったい何をいっているのか、おわかりだろうか。おそらく小学校の算数の時間に習っているはずだ。割り算のあまりである。9で割ったあまりを出す簡便法なのだ。9時までしかない時計盤をイメージしてもらえばいい。すべての数を1～9の数に変換しているのである。

ただし「カバラ数秘術」の場合、11と22は特別な数なので、この時点で計算をやめて、それらを命数と考える。計算方法に関しては、使う数秘術によって異なる場合がある。生まれた年と月日を分けて計算する。曜日を換算するなど、占術家によって独自の手法があり、割り出した数の呼び方は、それぞれなので注意が必要である。

なぜ、数は運命を意味するのか。これは非常に哲学的な問いである。宇宙の原理、法則のようなものだ。因果律を超えた世界である。精神分析家ジークムント・フロイトは「顕在意識」とは異なる「無意識」を発見し、カール・グスタフ・ユングは個人を超えた「集合的無意識」

を見出した。フロイトは夢には個人のトラウマが投影されているとして、独自の分析手法「夢判断」を確立した。オカルトでいう「夢占い」が学術的な分野として昇華したといういい方もできるだろう。

これに対して、ユングは夢には個人を超えた集合的無意識が投影されている可能性を指摘してきた。分析にあたって、彼は「アーキタイプ：元型」という概念を生み出した。具体的に「自我」と裏の「影」、男性が抱く乙女の「アニマ」と女性が抱く男の「アニムス」、理性の「老賢者」と生命原理の「グレートマザー」などがある。世界各地の神話に共通性があるのは、こうしたアーキタイプが投影されていると考えた。

さらに、ユングはアーキタイプを占星術や錬金術にも適用し、オカルトを独自に研究。ついに因果律を超えた意味ある偶然の一致に注目し、これを「シンクロニティ：共時性」と呼んだ。飛んでいた虫が突如、本に印刷された虫という字の上に落ちた。ふと知人の顔を思い浮かべた瞬間、当人から電話が掛かってきた。どう見ても偶然だが、そこには明らかに意味が見て取れる。これもアーキタイプがなせる業だというのだ。

共時性がもっとも現れるのが占いであり、なかでもユングが強い関心を寄せていたのは東洋占術の「易」である。易は宇宙の法則である。この世の始原は未分化の「太極」がある。太極の中に「陰陽」が生まれて「両儀」が生じる。陽の中に陽と陰が生まれて「太陽」と「少陽」、

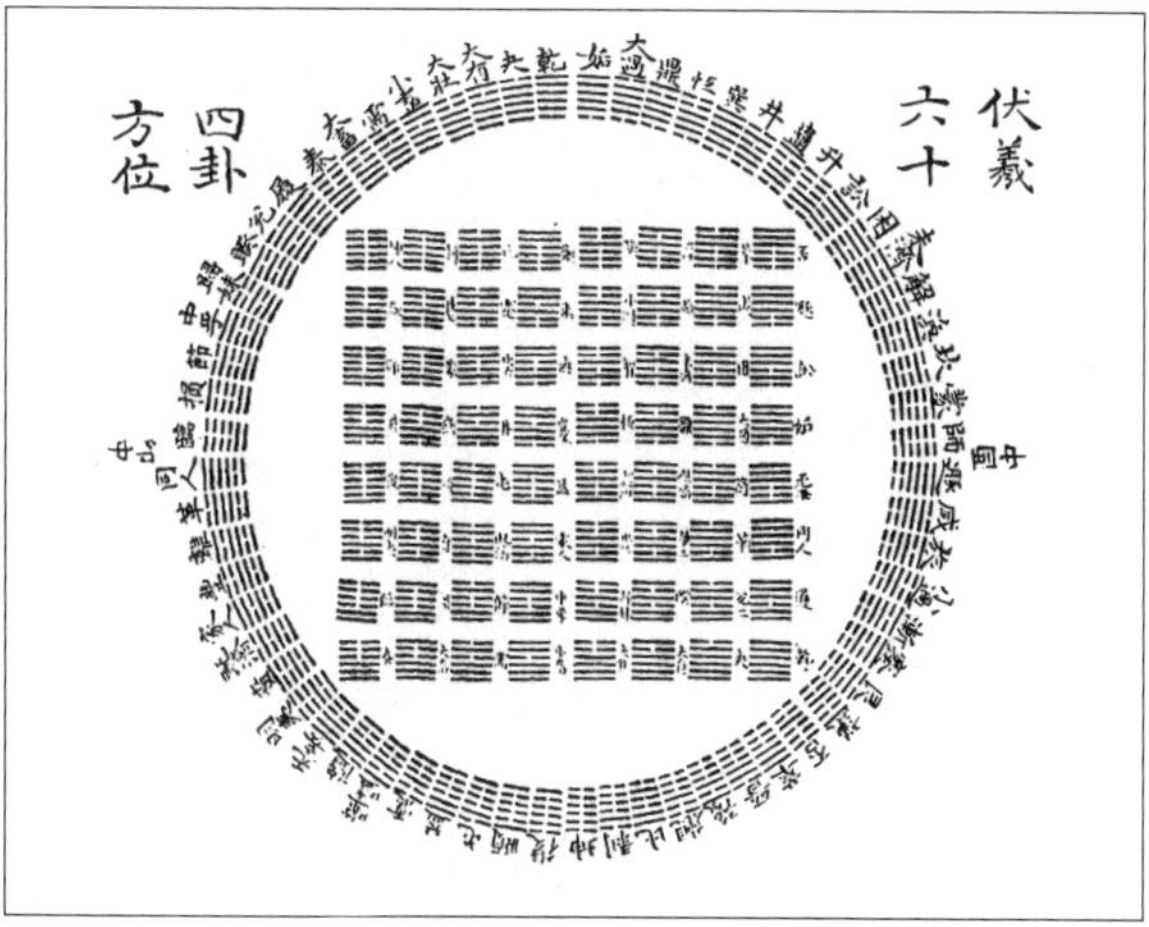

⬆64のパターンで表現された卦を読み解く「六十四卦」。

陰の中に陽と陰が生じて「少陰」と「太陰」、すなわち「四象」となる。さらに、四象の中に陽と陰が生まれて、最終的に「乾《けん》兌《だ》離《り》震《しん》巽《そん》坎《かん》艮《ごん》坤《こん》」という「八卦」ができる。これらは「天沢火雷風水山地」で示される。

易では、この八卦を上下にふたつ重ねることで「六十四卦」を導き出す。これで完成である。森羅万象は64パターンの卦で表現され、これらは互いに変化しつづける。変化する兆しは「変爻」として示され、次の卦を読む。また、上下の卦を入れ替えたり、天地をひっくり返すことで事象を表現したり、裏の意味を読み解くこともある。

例えば、「山沢損」と「風雷益」は天地逆さまの関係にある。「風雷益」の卦を道教寺院に掲げておけば、これは祭神である神々が生きている人間のために働いて願いを叶えてくれることを意味する。神々にとっては「山沢損」であるが、損して得を取れという意味で、結果として理想的な状態になることを示しているのだ。

易は占いにも使えるが、それ以上に深い思想なのだ。宇宙の法則であると同時に、これは生命原理でもある。生物の体は細胞でできており、その中には遺伝子がある。DNAは4つの塩基から成る。それぞれ化学的にアデニン、グアニン、シトシン、そしてチミンである。塩基配列は、これらの中から3つ選ぶことで、ひとつのアミノ酸ができる。パターンは4×4×4＝64と、まさに六十四卦と一致するのである。

偶然だろうか。いや、これは意味のある偶然である。シンクロニシティだ。ユングよろしく、すべては易というアーキタイプに還元されるのだ。アーキタイプの向こうには、いったい何があるのか。宇宙はアーキタイプによってデザインされているとしたら、どうだろう。偉大なる存在によって発案され、綿密に設計された後、宇宙は実際にエネルギーと物質をもって創造された。オカルトは、まさに「神」の存在証明なのだ。次章から、オカルトの根幹にある絶対神の奥義「カッバーラ」を見ていく。

第2章

呪術の根本原理「名前」と命の原理「数と言葉と文字」

名前と呪術

あらゆる呪術の本質は何か。もし、そう問われたならば、答えはひとこと。「名前」である。名前がすべてだ。最初に名前があった。「名前」という言葉があるのに、「名後」はない。なぜなら、この世の始まりに、すでに名前があったからだ。

夢枕獏《ゆめまくらばく》氏の小説『陰陽師』を原作とした岡野玲子《おかのれいこ》氏の同名の漫画には、こんな一コマがある。楽人の源博雅《みなもとのひろまさ》が友人である陰陽師の安倍晴明《あべのせいめい》に、この世でもっとも短い呪は何かと問う。これに対して、安倍晴明は、こう語る。

「名だよ。ものの根本的な在様を縛るというのは名だぞ」

実に至言である。名前がなければ呪うことができない。どんなにすごい呪術であろうとも、対象である人間がだれかがわからなければ影響を与えることはできない。世の占い師たちが本名と生年月日を隠すのは、まさに、これが理由だ。

古来、日本人は多くの名前を称してきた。幼年から元服、大人になっても、しばしば名前を変えた。天皇から下賜される名前、将軍から与えられる名前など、いくつもの名前をもっていた。名前を変えることによって、それまでの呪縛を解いていったのだ。

その一方で、本名は隠す。本名を明かすことは、相手に魂をゆだねることである。『源氏物語』に見るように、女性が自分の名前を他人に教えることは、相手に想いを受け入れたことを意味した。

男性も、本名を知られることを極度に恐れた。逆に、相手を支配するためには、名前を知る必要があった。ゆえ、決闘のシーンでは、必ず相手の名前を聞く。戦国時代でも、戦いは、みな名乗りから始まる。一通り、名乗ったうえで、改めて命を懸けた殺し合いを開始したのである。

神道の神もまた、いくつもの名前をもつ。たとえば物部氏の祖神「ニギハヤヒ命：饒速日命《にぎはやひのみこと》」は「天照国照彦《あまてるくにてるひこ》天《あめの》火《ほ》明《あかり》櫛玉《くしたま》饒速日命《にぎはやひのみこと》」と称す。ここにある「天照」「国照彦」「天火明」「櫛玉」「饒速日命」は、それぞれ独立した「天照大神《あまてらすおおみかみ》」「国照彦スサノオ命」「天火明命」「櫛甕玉《くしみかたま》大物主命」「饒速日命」という神々になる。さらに、これらの神々にも別名がある、どんどん増殖していく。別名の数だけ別のペルソナの神々が存在するが、実は同一神なのだ。

元《もと》伊《い》勢《せ》籠《この》神社の海部《あまべ》光彦《みつひこ》宮司は神道の神々とペルソナについて「多次元同時存在の法則」という表現をしている。

神話は史実ではない。神々は分身を作り、独立した存在としてドラマを紡いでいく。多次元に別名として存在するが、その本質はひとつ。多くの神々が存在たらしめているのは、まさに「名前」なのである。

神道では人間も死後、神様として祀られる。神様として改めて名前が与えられる。徳川家康であれば、東照大権現《とうしょうだいごんげん》である。豊臣秀吉は豊国大明神《とよくにだいみょうじん》だ。仏教でも、死後、戒名が与えられる。死者として新たな存在になったからだ。

また、伝統芸能の世界では、名前を襲名する。歌舞伎の世界であれば、芸を認められた堀越《ほりこし》寶世《たかとし》氏が市川新之助《いちかわしんのすけ》を襲名した後、市川海老蔵《えびぞう》を経て、現在は市川團十郎《だんじゅうろう》を名乗っている。市川團十郎は13代目である。世には13人の市川團十郎が存在したことになる。13人、それぞれ別人ではあるが、市川團十郎というペルソナではひとつなのである。

これは天皇も同じだ。大嘗祭《だいじょうさい》を経て、天皇霊を宿すことによって、初めて天皇となる。初代・神武天皇から第126代・今上天皇に至るまで、みな「天皇陛下」としては一柱の「現人神《あらひとがみ》」なのである。

プロローグで述べたように、神道の最高神である天照大神の正体はイエス・キリストである。大嘗祭では天皇は天照大神と食事をするが、これはイエス・キリストとの最後の晩餐を再現したものである。天皇霊という名の聖霊を宿すことにより、天皇は大祭司コーヘン・ハ・ガドールという預言者になるのだ。

神の名前

この世を創造した絶対神には名前があるのか。ユダヤ教において、創造神の名前を口にすることはタブーだ。「十戒」のひとつに、神の名前をみだりに唱えてはならないとあるからだ。ユダヤ教徒たちは、代わりに「アドナイ：主」という普通名詞を使っている。あまりにも徹底したがゆえ、本来の名前を忘れてしまったほどである。

読み方は忘れてはしまったが、創造神の名前は『旧約聖書』に記されている。燃える柴に創造神が顕現したとき、大預言者モーセは名前を直接、訊ねている。他の人々に説明するためにも、あなた様の御名前を教えてください、と。

これに対して創造神は自らを指して「ありてある者」だと称した。ヘブライ語で「ありてある者」とは「エヘイエイ・エシェル・エヘイエイ：ＥＨＹＨ　ＥＳＨＲ　ＥＨＹＨ」といい、この「エヘイエイ：ＥＨＹＨ」は文法的に一人称であり、他人が呼ぶ場合には三人称にする必要がある。これが「ＹＨＹＨ」で、神聖なる固有名詞として転訛した結果、「ＹＨＷＨ」となった。これを「テトラグラマトン：神聖四文字」と呼ぶ。

ＹＨＷＨをユダヤ教徒たちは「アドナイ：ＡＤＮＹ」と読み替えてきた。その結果、正式な発音を忘れてしまった。中世ヨーロッパにおいて、キリスト教徒たちは何とか本来の発音を復

⬆「YHWH」の「神聖四文字」。

元しようとして、苦肉の策として、YHWHにアドナイの母音を組み込んだ。結果、作られたのが「エホバ：YEHOWAH／JEHOVAH」である。

しかし、これは間違いだった。そもそも苦し紛れの造語である。

現在では、他の言語などの比較によって「ヤハウェ：YAHWEH」であることがわかっている。実際には「ヤーウェ」、もしくは「ヤーヴェ」に近い発音だったらしい。

したがって、創造神の名前はヤハウェだったことになるが、ここでひとつ気になることがある。意味である。ヤハウェとは「ありてある者」という意味である。哲学者マルティン・ハイデッガーの実存主義が断言するように、「ある」ことは証明できない。「AがBである」はわかるが、「Aがある」とは実証できないのだ。

少し見方を変えると、「ありてある者」とは「あるからあるのだ」、哲学的問答で、よく引き合いに出される「バカボンのパパはパパだからパパなのだ」という循環論法のように見えなくもない。

いったい創造神は何をいいたかったのだろうか。名前を聞かれたら、ただ「エヘイエイ：ある」だけでもよかったはず。回りくどい表現をしたのは、なぜか。

あまり難しく考える必要はない。要は、はぐらかしたのだ。面倒くさいと思ったかどうかはわからないが、明らかに名前を教えることに難を示している。いってしまえば、名前を教えたくなかったのだ。だとすれば、本名は別にあるはずだ。ただ、それは明らかにされていない。本名はあくまでも秘密なのだ。

神の名前は神聖ゆえに、みだりに口にしてはいけない。YHWHだけでも発音することは憚れたのに、ましてや本名は文字にもできない。そもそも、名前そのものが創造神だと考えられるようになる。ヘブライ語で名前は「シェム：SHEM」といい、これに定冠詞を付けた「ザ・名前」、すなわち「ハ・シェム：HSHEM」は、ずばり創造神を意味するのである。

無名という名前

創造神の本名は隠されている。仮に本名があるとすれば、これは実におそろしいことを意味する。創造神の本名を名づけたのは、いったいだれなのか。創造神を創造した別の創造神がいるのか。この世のすべての名前の名づけ元、創造神の名前さえも名づけた存在があるとでもいうのか。本名は隠されたとして、それは本当に名前なのか。ひょっとして、そもそも創造神には名前などないのではないか。

同じく『旧約聖書』を聖典とするイスラム教では、創造神ヤハウェを唯一神「アラー：アッラーフ」と呼ぶ。アラビア語で神を意味する「イラーフ」に定冠詞「アル」を付けた「ザ・神」が「アル・イラーフ」、すなわちアラーだ。

イラーフはヘブライ語の「エロハ：ＥＬＨ」、もしくは「エル：ＥＬ」のこと。尊敬複数形では「エロヒム：ＥＬＨＹＭ」と表記される。

おわかりのように、これは神の固有名詞ではない。定冠詞を付けて固有名詞扱いをしているが、本名ではない。厳格な唯一神教であるイスラム教からすれば、創造神に本名などない。あっても人間には不可知であるというわけだ。

イスラム教の影響を受けて、ヒンドゥー教から派生したシーク教では多神教でありながらも、唯一神を認めている。多神教を突き詰めた汎神論が一周回って唯一神に回帰した形である。シーク教の教義では唯一神を「イク・オン・カール・サト・ナーム：唯一の者なる神、その名は真理である」と呼ぶ。

ユダヤ教のヤハウェに近い。神の名前であるが、本名ではない。名前は真理であるとしながら、本名を示していない。唯一神にして、世界の創造神には名前をつけることができない。名前がない存在を呼ぶために、あえてイク・オン・カール・サト・ナームと唱えているだけなのだ。

創造神の名前を名づけた存在がいるとすれば、それは創造神以上の存在である。究極の唯一神を掲げている以上、創造神の名づけ親を想定することは自己矛盾であり、タブーなのだ。自分で自分を名づけることはできない。

まさにワンネスの思想だ。名づける以上は、自分を客観視しなくてはならない。客観視した時点で、もはや唯一神ではない。ましてや被創造物である人間が創造神に名前をつけることなどありえないのだ。

あえて創造神の本名を名づけるとしたら、それは「無名」だ。卑近な表現を許してもらえるなら、それは「名無しの権兵衛」である。名がない以上、呪いのかかることはない。すべての呪術から解放された唯一の存在になる。

中国道教において「無名」とは太極のことである。陰陽が未分化の状態である太極には名前すらない。名前のない太極にあえてつけた名前が「無名」だ。無名は名前がないという意味であるから、それは、もはや名前ではない。名前でない名前が無名なのだ。

契約と名前

俗世間では、名前を捨てるといった表現がある。主に肩書を外す意味で用いられる。有名になる。名を上げる。さらには、名誉という言葉もある。こうした世間的に広く認知された名前をなくすことはできる。芸名やペンネーム、通名などは、いくらでも変更することも、捨てることもできる。

ならば、本名を捨てたら、どうなるのか。日本では本名は戸籍に記されている。出生したら、名前を役所に届けなくてはならない。本名は、そう簡単に変更できない。変更するためには裁判所の許可がいる。宗教者などは宗派の決まりにしたがって、仏門に入ると名前を変えることがある。そのときも、家庭裁判所に変更願いを届けて、合理的な理由があると判断されて許可が出たら、その変更許可書をもって役場に改名届けを出す必要があるのだ。それだけ本名は重要なのだ。

仮名はいいとして、本名には効力がある。本人確認にもっとも必要なのは本名である。本名を書類に書く機会は多々あるが、とかく契約の場面では必須だ。ここで偽名を使おうものなら、大変なことになる。

ユダヤ教も、その本質は契約である。創造神ヤハウェとイスラエル民族が契約をした。創造神ヤハウェのみを崇拝し、戒律を守る代わりに、イスラエル民族を祝福してもらう。全イスラエル人の全権を担って、シナイ山で創造神ヤハウェとの契約に臨んだのが大預言者モーセである。『旧約聖書』には記されていないが、契約が行われた以上、創造神ヤハウェは本名に関して秘密を明かした可能性がある。

現代社会において、契約書に記される本名は、契約書本人と同一視されるが、厳密にいうと、これにも裏がある。本名と本人は違う。本名は名前であり、本人には肉体がある。名前をつけられた存在である。では、契約したのは本名か、それとも本人か。もちろん契約の意志を示したのは本人だが、契約書に記されているのは名前である。契約したのは名前なのだ。

よって、もし仮に契約が不履行になった場合、債務を負うのは本人ではなく、本名だということになる。極端な話、本名を差し出せばいい。契約したのは本名だから、相手に本名を差し出し、自由にしてもらってかまわない、と。実際にやる人はいないだろうが、理屈は通る。本人は本名を使えなくなるが、債務を負うことはない。芸能人が事務所をやめた後、芸名を使えなくなるようなものだ。

名前に関しては、もうひとつ、やっかいなことがある。記憶喪失である。自分の名前を突如、思い出せなくなってしまう障害がある。見知らぬ街にひとり、どうして、ここにいるのか。自分が何者なのか、さっぱり思い出せない。警察も、保護したはいいが、そこからが大変である。

事情を聴くにも、名前がわからない。身元を示すものがいっさいないとなると、どうにもならない。身柄を保護しても、どう呼んでいいのか。仕方なく、仮の名前をつけることになるのだが、本名がわからない以上は戸籍も不明で、納税などの国民の義務さえ負わせることができない。

便宜上、仮の名前をつけたとしても、これが問題になることもある。名前には意味があるからだ。ごくごくふつうな無難な名前ならいいだろうと思うかもしれないが、名前は呪術である。名前とは、とかくやっかいなもの。新型コロナウイルスが流行したときも、発生源と目される地名から武漢風邪、武漢ウイルスと呼んだが、これに中国政府が反発。結局、ウイルスの種類と発生した年号をもって「COVID－19」と呼ぶことが決められた。

負のイメージがあると、これがまたややこしい。かつて子供に「悪魔」と名づけようとした親がいた。役所に受理されず、それを不服とした親によって裁判沙汰になったが、結局、敗訴した。

犯罪を犯した容疑者が有罪判決を受けて、刑務所に収監されると、ここでは本名の代わりに番号で呼ばれる。本名が判明することによって、不利益を被ることが予想されるからだ。いわば、名前から記号へと変換されているわけである。

番号は数字である。0～9の数字である。現代は、まさに情報化社会。パソコンにスマホ、個人情報に至るまで、すべて数字である。文字でさえも、パソコンのなかでは0と1のバイナリーコードに変換されて計算処理されている。

だが、ここでも名前が鍵になる。せっかく作ったデータも、名前をつけなければ、保存できない。同じ名前で保存しようとすると、上書きされてしまう。先のデータは存在を消されてしまうのだ。名前をつけて、それを決定する。情報処理の本質は名前にあるといっても過言ではないのだ。

これから人工知能ＡＩが社会を支配していく。量子コンピューターが完成し、近い将来、超ＡＩが誕生するだろう。想像を絶する世界だが、そこでも鍵となるのは、やはり名前なのだ。すべてに正しい答えを出す超ＡＩが誕生したら、聞いてみればいい。すべての名前の名づけ元は何か、と。

名前と命

名前とは、いったい何か。名前を考えるにあたって、手掛かりとなる言葉がある。「命名」である。名前をつけるという意味である。生まれたばかりの赤ん坊に初めて名前をつけるとき、命名すると表現する。名前をつけるとは、命を与えること。生きとし生ける者にとって、もっとも大切なものが命である。

では、その命とは、いったい何か。命は地球よりも重いといった人がかつていたそうだが、もちろん、これは比喩だ。命に質量はない。だれもが大切に思うがゆえ、命だけは、命の次に大事なもの、命に代えてでも、といった表現がある。かくも大事な命とは、いったい何かという問いに対して、まともに答えられる人は意外に少ない。いや、ほとんどが勘違い。まったくもって知らないどころか、完全に間違っている。

そこで、試しに問うてみよう。命がなくなったら、どうなる。こう聞かれたら、10人が10人、死ぬと答えるだろう。その通りだ。死ぬことを命を落とす、もしくは命を失うという表現をする。

では、命という字を含む熟語として「亡命」は、どうだろう。命を亡くすと書く。意味は外国へ籍を移すことで、当人は死んではいない。同様に「命日」は、どうか。命の日である。命を得たという意味では、まさに生まれた日であろう。ところが、実際の意味は、死んだ日である。死んだのに、命の日とは、いったいどういうことなのか。さしずめ、タレントの厚切りジェイソンなら、「ホワイ・ジャパニーズ・ピーポー!?」と叫び、疑問を投げつけるであろう。

逆に生まれた日は何というか。そう、「誕生日」である。毎年、生まれた月日である誕生日をお祝いする。が、不思議だとは思わないだろうか。生まれた日ならば「生日」でいいはずだ。「生年月日」という言葉もある。頭についた「誕」は不要なはず。なのに、わざわざ誕生日という言葉を使うのか。『漢和辞典』で調べてみるといい。意外なことがわかるはずだ。「誕」という字には「嘘」「偽り」という意味がある。誕生日とは「偽りの生日」なのだ。よって、誕生日に、本人は生まれていないことになる。

ここで、視点を変えてみよう。「白」とは何かをいくら考えても、なかなかうまい言葉が出てこないが、反対の「黒」を思えば、具体的なイメージが湧いてくる。つまり、反対の言葉を考えてみるのだ。

すなわち「命」の反対語は何か。命がなくなった状態を考えればいいので、すぐに思いつくのは「死」だ。命があれば生きているが、なければ死ぬ。確かに、その通りだ。

そこで、だ。次に熟語を考えてみる。「死」を含んだ「死体」という言葉の反対語は何だろう。「死」の反対語は「命」なので、機械的に当てると「命体」か。

残念ながら「命体」という言葉はない。「生命体」という言葉はあるが、ここには「生」なる字が含まれている。正しくは「生体」である。「死体」の反対語は「生体」である。「生体肝移植」などといった専門用語として使われる。ということは、結論として「命」の反対語は「死」ではないことがわかる。そもそも「命」には反対語が存在しないのである。

整理しよう。英語の「ライフ」に対応するのは「生」である。「命」という字には英語の「ライフ」とは別の意味がある。それは、いったい何か。

ここで謎を解く鍵となるのが「名前」である。「命名」や「亡命」「命日」は、すべて名前に関係している。命名とは、名前を名づけること。亡命とは、それまで所属していた国から戸籍がなくなること。戸籍に記されているのは名前である。命日は死んだ日であり、このとき戒名がつけられる。死んだ人間として新しい名前がつけられる。つまり、「命」には「名前をつけるはたらき」の意味があるのだ。

神道では神々の名前に「命」がつくことがある。月読命《つくよみのみこと》や須佐之男命《すさのおのみこと》、大国主命《おおくにぬしのみこと》など、最後に「命」がつく。同じ「みこと」と呼んで、神格の高い神については、国常立尊《くにのとこたちのみこと》や高皇産霊《たかみむすびの》尊《みこと》、伊弉諾尊《いざなぎのみこと》といった「尊」という字が当てられることもある。いずれも、名前をつけるはたらきをもった存在であることを示している。

この世に生まれた最初の人間であるアダムは、創造神ヤハウェによって生ける存在になったとき、最初に行ったのが命名である。

「人が呼ぶと、それはすべて生き物の名となった。人はあらゆる家畜、空の鳥、野のあらゆる獣に名を付けた」（「創世記」第2章19〜20節）

人祖アダムは神道におけるイザナギ命であり、妻のエバはイザナミ命である。地球上の生物

⬆最初の人間アダムは、最初にあらゆる生物の名前をつけることを行った。

に名前をつけたのはアダム、すなわちイザナギ命である。名前をつけたということが、この世における「命」の始まりであり、かつ呪術の始原なのである。

　アダム＝イザナギ命はライフとしての命、すなわち生の太祖であると同時に、名前をつけるはたらきとしての命の太祖でもあるのだ。語源的に、イザナギ命の「イザナ」とは「誘う」という意味であると解釈される。

　人を誘うために必要なもの。それは名前である。イザナギの「ナ」は「名」である。妻であるイザナミも、しかり。アダムの妻であるエバはアダムによって最初に名づけられた人である。命によって名づけられた人であるがゆえ、ライフである生を宿すことにもなったのだ。

数と文字と言葉

不可解なこと、不思議なことを「謎」と称す。「謎」とは「ナゾ」、すなわち「名素」である。謎を解くとは、名の素を解き明かすことにほかならない。「命」とは「名前をつけるはたらき」であり、字を分解すれば「人・一・卩・口」になる。名づける主体を「人」とすれば、「名前」は「一・卩・口」に対応する。

字義的に「一」は「数」、「卩」は「印」、そして「口」は「言葉」である。印は記号であり、文字のこと。口から音声として発せられるのが言葉である。つまり、名前は「数」と「文字」と「言葉」によって成り立っていることがわかる。考えてみてほしい。これら3つの要素によって、すべての名前はできている。

しかも、それぞれの要素は互いに結びついている。言葉は音声だが、これを記号として表せば文字になる。数という概念も字にすれば数字となる。音声は音波であり、振動数。字には画数がある。言葉と文字と数は密接な関係を保つことで、最終的に名前を構成するのである。

先に見たように、日本の神道では神様の名前に「命」、もしくは「尊」をつける。いずれも読みは「みこと」である。本来の意味は「御事《みこと》」であると当時に「三事《みこと》」、つまりは命における3つの要素を示している。

これは神道と密接な関係にあるキリスト教においても本質的に同じである。先述した『新約聖書』の一節を思い出してほしい。「ヨハネによる福音書」の冒頭に、この世の始まりに言葉があったと記されている。きわめて重要な部分なので、新共同訳の『聖書』から引用する。

「初めに言《ことば》があった。言は神と共にあった。言は神であった。この言は、初めに神と共にあった。万物は言によって成った。成ったもので、言によらずに成ったものは名に一つなかった。言の内に命があった」(「ヨハネによる福音書」第1章1〜4節)

ここにある「言」が「言葉」である。「言葉」は「神」である。日本古来の「言霊《ことだま》」のことだ。「コトダマ」には「言魂」と「言霊」があり、ここでは後者である。「霊」には形がある。それは「人」の形である。なぜなら、創造神は「神の似姿」として人間を創造したからだ。

「神は御自分にかたどって人を創造された。神にかたどって創造された」(「創世記」第1章27節)

言葉なる神は別な神と共にあったというのだから、この時点で神はひとりではない。ヘブライ語で神を意味する言葉は「エル」だが、男性名詞複数形は「エロヒム」である。ヘブライ語の文法には尊敬複数形があり、実際はひとりだが、尊敬の意を示すために、あえて複数形で表現する。この場合は動詞が単数形になっている。

ところが、同じ「創世記」には、こんな表現がある。禁断の木の実を口にしたアダムとエバを指して、創造神は、こう述べている。

「人は我々の一人のように、善悪を知る者となった」(「創世記」第3章22節)

創造神は「我々」と称している。ご丁寧に「我々の一人」とある。唯一神以外に、ほかの神がいるがごとき表現である。これについて、神はひとりであるが、善悪を知る者として想定しているのが天使であるという解釈もある。

しかし、これにも無理がある。『旧約聖書』には複数形で示された神、すなわちエロヒムに対する動詞が単数形ではなくて、複数形で表現している箇所がある。明らかに、神はひとりではなく、複数存在するのだ。

絶対三神

整理しよう。この世の初めに神がいた。神とともに言葉なる神がいた。言葉なる神の内に命があった。ここでいう命とは英語のライフではない。名前をつけるはたらきのことである。名前をつける対象は「人」であり、最初に名づけられた人であるアダムが万物の名前をつけた。

したがって、命という字に含まれる3つの要素のうち、言葉は神であったということは、残る文字と数もまた、神であったことになる。言葉の神は「言霊」であり、文字の神は「文字霊」であり、そして数の神は「数霊」である。そう、神はひとりではない。3人いる。『聖書』の絶対神は3人、つまり「絶対三神」である。

⬆『聖書』の「絶対三神」。絶対神は3人いる。

ユダヤ教が一神教になったのにはわけがある。かつて古代イスラエル王国が南北に分裂したとき、南朝ユダ王国において宗教改革が行われた。

紀元前7世紀のことである。時のヨシヤ王はエルサレム神殿から異教の偶像を徹底的に排斥した。神殿を清めたということで評価が高い王であるが、実際は真逆だ。一神教へ強制的に教義を変えたことで、様々な軋轢と歪みをもたらした。結果、これが後のバビロン捕囚を招くことになる。もし、ヨシヤ王の宗教改革が正しければ、南朝ユダ王国は滅亡しなかったはずだ。今日、聖書学において、『旧約聖書』における当時の記述が改竄されていることが判明している。

本来のユダヤ教は唯一神教ではない。絶対神は3人いたのだ。その証拠がイスラエルの三種の神器である。創造神ヤハウェの祭壇である契約の聖櫃《せいひつ》アークには3つの神器、すなわち「モーセの十戒石板」と「アロンの杖」と「マナの壺」が収められていた。これらは絶対三神の象徴である。

ヨシヤ王が行った強引な宗教改革は、それまでのユダヤ教、あえていうならばイスラエル教に歪みをもたらした。新バビロニア王国によって南朝ユダ王国が滅亡したとき、異国に捕囚されたイスラエル人たちはアイデンティティを保つために、多神教に対する唯一神教を強調し、これに固執した。

当然ながら、本来のイスラエル教を知っている人々たちの反動が生まれる。これがグノーシス主義を生む。創造神ヤハウェは本来の神ではない。愚かな創造神「デミウルゴス」であり、本当の神は別にいる、と。本来の神を至高の存在「エル・エルヨーン：EL　ALYWN」と称した。エル・エルヨーンは『旧約聖書』にも登場する神の名前である。

かくして、すべてを明らかにするために生まれたのがイエス・キリストである。イエスは絶対三神の存在を明らかにし、これを原始キリスト教徒たちは「御父と御子と聖霊」と呼んだ。

ここで多くの方は「三位一体説」を思い浮かべるだろう。絶対神はひとりだが、そこには普遍的な存在であえる神ヤハウェと人間として肉体をもって生まれた神「イエス・キリスト：ヨシュア・ハ・メシア：YHWSHA　HMSHCH」、そして肉体を伴わない「聖霊：ルーハ・ハ・カディシュ：RWCH　HKDWSH」という3つの独立したペルソナがある。あくまでも絶対神は唯一神である。これが「三位一体神」だ。よって、契約の聖櫃アークという唯一神のなかに、イスラエル三種神器が3つのペルソナを象徴し、三位一体を表現しているのだと解釈することも可能だ。

実際、契約の聖櫃アークの「契約」は創造神ヤハウェとイスラエル人が結んだ古い契約「旧約」である。これに対してイエス・キリストとイスラエル人が結んだ新しい契約「新約」にも聖櫃はある。いわば「ヤハウェの旧約の聖櫃アーク」と並ぶ「イエスの新約の聖櫃アーク」である。

イエスの聖櫃は『新約聖書』には「宝箱」と表現されている。イエスが誕生したとき、それを天空の未知なる星を見て知った「東方の博士」たちは、はるばるベツレヘムにやってきて、幼子だったメシアを礼拝した。祝福のしるしとして持参したのが3つの宝物、「黄金と乳香と没薬」である。これらはひとつの宝箱＝聖櫃に入っていた。いうまでもなく、この3つの宝物が御父と御子と聖霊なる絶対三神を象徴している。

哲学的な表現をすれば「命」という字における「数と文字と言葉」である。神道の呪術的な対応では、御父エル・エルヨーンが数、御子イエス・キリストが文字、そして聖霊ルーハが言葉であり、それぞれ数霊と文字霊と言霊に相当する。

クリスチャンの方ならご存じであろう。『新約聖書』には、イエス・キリストに対する冒涜は許されるが、聖霊に対する冒涜は許されないと記されている。これは聖霊＝ルーハは言葉の神であり、恐るべき言霊となるからだ。まさに呪術だ。冒涜をすれば、言葉という呪術をもって神の呪いを受けることになるのだ。

それが事実だとして、問題は、ここ。三位一体説である。はたして三位一体説は正しいのか。呪術的な道理からすれば、どうもしっくりこない。正直、無理やり感があるのだ。唯一神に拘泥しすぎるあまり、本質を見失っている。呪術を極めれば、自ずと三位一体が虚構であることが見えてくる。

だが、これは極めて危険な思想だ。カトリックをはじめとするキリスト教会が社会の権威及び権力を握っていた時代、三位一体に異を唱えることは異端であり、下手したら処刑される。

有史以来の哲学的な思索を深める者にとって、叡智は隠されるべきもの。表向き神学を肯定しながらも、裏ではまったく違う思想を継承してきた。ときには危険なオカルトというレッテルを貼られながも、秘教の地下水脈は魔術の中に生きてきた。幾多の神秘思想はあれど、その根幹にあるのはユダヤ教神秘主義「カバラ」である。

次章では、カバラの本質について紹介していく。ただし、世にいうスピリチュアルなカバラではない。オカルト思想の一分野として否定するつもりはないが、ここから展開するのは「人間とは何か」という命題の解答に直結する秘教である。

これまでカバラについては幾多の書物が書かれ、それを紹介した本もあまたあるが、この日本及び神道という視点から分析し、かつ本質に迫った思想は、ほとんどないといっていいだろう。これは現代のカバリストもしかり。

もしカバラの真理を手にしたならば、預言者がいて当然である。絶対三神からの叡智を授かった預言者がいたならば、この世の真理をどう語るのか。最低限、預言者ならば自覚しているはずの「道標」を示した。上から目線で申し訳ないが、自称預言者たちへの試金石になるといっても過言ではない。

第3章

ユダヤ教神秘主義カッバーラと奥義「生命の樹」のオカルト

ユダヤ教神秘主義カッバーラ

西洋魔術の根底にあるのは『聖書』である。キリスト教以前の異教を起源とする魔術も、その根は同じ。西欧のみならず、東洋もしかり。いや、全世界の魔術の根底には『聖書』がある。といっても、これはカトリックやロシア正教、プロテスタントの神学や教義のことではない。もっと深い根底にある思想、世にいう「カバラ」である。

ユダヤ教神秘主義と呼ばれるカバラはヘブライ語で「ＫＢＬＨ」と表記する。日本語では発音から「カバラー」や「カッバーラ」「カッバーラー」とも。本書は世俗のカバラと一線を画す意味で「カッバーラ」という表記で統一する。

カッバーラの意味は「受け取るもの」で、現代のユダヤ人社会では一般的に領収書のことを指す。神秘主義において受け取る対象は言葉である。絶対神の言葉を受けることをカッバーラといい、受け取った者を預言者「ナービー：ＮＢＹＡ」と呼ぶ。

預言者は絶対神から一方的に叡智を託される。本人の意思とは無関係である。ある意味、沖縄のシャーマンであるユタやカミンチュウが、その役目を強制的に担わされる状況に近い。問答無用である。拒否すれば、死が待っている。

突如、精神的におかしくなり、神懸かり状態に陥る。沖縄の人の言葉を借りれば「カミダーリ」になる。カミダーリ状態で亡くなった人もいる。追い詰められ、すべてを受け入れて、初めてユタやカミンチュウに召される。預言者も、しかり。覚悟を問われるが、預言者なのだ。ちょっと霊感があるといったレベルとは次元が違うのだ。

創造神ヤハウェから言葉を託されるとき、預言者は聖霊ルーハ・ハ・カディシュの力によって、この世の真理を悟る。本人の意思とは別に、一瞬でデータがダウンロードされるようなものだ。神の霊に満たされた預言者はカッバーラの「叡智」を手にするのだ。歴代の預言者たちは、それを代々受け継いできた。

叡智とは「知恵」と「知識」のこと。知恵なき知識は意味がない。ともすれば、害悪をもたらす。人類の歴史の中で、知識を求めるがあまり、知恵をおろそかにし、やがて闇に落ちた人間は数多くいる。カッバーラは徹頭徹尾、その危険性を警告している。奢ることなかれ。創造神の御前では、常に身を低くせよ。創造神に慈悲によってのみ、カッバーラの叡智は一方的にもたらされることを忘れてはならない。

ユダヤ教はもちろん、キリスト教は、現代において預言者はいないと説く。イスラム教にいたっては、ムハンマドが最後の預言者である。よって、もし仮に預言者を自称する者がいれば、即、偽預言者の烙印が押される。カトリックのローマ法王、ロシア正教の大司教、そしてプロテスタントの牧師は神の代理人であったとしても、預言者ではない。

預言者なき時代にあって継承されてきた叡智がカッバーラである。西洋魔術のほとんどはカッバーラの知識の断片をもとに体系化された。本物の預言者が存在しない以上、あくまでも儀式を通して魔術を実践してきた。それゆえ『聖書』に記された超常現象である「奇跡」を起こすことは、きわめて難しい。仮に物理的な超常現象を引き起こしたところで、それは悪魔の仕業だと糾弾されるのがオチである。

しかし、それでも創造神の叡智を探求する魔術師は後を絶たない。彼らのことを「カバリスト：カッバーリスト」と呼ぶ。カッバーリストはユダヤ教やキリスト教、そしてイスラム教の顕教とは別の密教を探求し、失われた叡智を復元しようと試みてきた。知識はもちろん、深い瞑想や修行によって、創造神との対話を試み、宇宙の真理を知ろうと努力を重ねてきた。

↑『形成の書：セファル・ハ・イエツェラー』。

結果、カッバーリストたちは探求の成果を書物という形で残した。『聖書』に登場する預言者に仮託されてまとめられた『形成の書：セファル・ハ・イエツェラー：SFR HYTZYRH』や『光輝の書：セフ

ספר הזוהר
פה מנטובה

ספר
הבהיר
נדפס פה
אמשטרדם

⬆（右）『光輝の書：セファル・ハ・ゾハル』、（左）『光明の書：セファル・ハ・バヒル』。いずれもカッバーリスト探究の成果。

ァル・ハ・ゾハル：SFR HZHR』、『光明の書：セファル・ハ・バヒル：SFR HBHYR』が知られる。内容は極めて難解である一方で、深遠なる叡智は単純な象徴として表現される。多義的な象徴を読み解くことがカッバーラ研究だといっても過言ではない。

カッバーラを完全に理解すれば、創造神の御業に近づく。究極的には、この宇宙を絶対神が創造したように、同じ現象を起こすことができる。被創造物であるはずの人間が創造者たる絶対神に近づく。

ユダヤ教では、絶対神ヤハウェと人間の間には創造主と被創造物という厳然たる関係が事実としてあり、その間は超えられない。ゆえに、奥義を極めたカッバーリストや預言者であっても、慎重に「神に近づく」や「神のようになる」、ぎりぎり許されたとしても「神と合一する」といった表現をする。

しかし、あえて直言すれば、極限にあるのは「神になる」だ。日本の神道よろしく、人は死んで神になることができる。これがカッバーラが秘教であり、かつ密教である理由にほかならない。畏れ多くて口にしないが、カッバーリストの本心は、そこにある。

月並みないい方ではあるが、禁断の一線を超えなければ、見えない世界がある。勇者だけが見える景色がある。もちろん、それには危険が伴う。これまで、いかに多くの求道者が闇に落ちてきたことか。最後までへりくだった者だけが、絶対神の慈悲によって栄光を授かる。これがカッバーラである。それ以上でも、それ以下でもない。

創造の御業

創造神ヤハウェの御業は『旧約聖書』に記されている。この世の創造は「創世記」の冒頭にある。創造にあたって絶対三神は、どう関わったのか。すべてが書かれている。

ただ問題は、簡潔すぎて、ふつうに読んだだけでは、まったくわからない。深読みをしなければならないのだ。行間のみならず、その文字まで。原典にあるヘブライ語をもって解釈しなければならない。およそユダヤ教徒がキリスト教徒やイスラム教徒たちよりも優位であるかのようにふるまい、ときには見下したような物いいをするのには、ここに理由があるのだ。重要な部分なので、少し長いが引用しよう。

「初めに、神は天地を創造された。地は混沌であった。闇が深淵の面にあり、神の霊が水の面を動いていた。神は言われた。

『光あれ』

こうして、光があった。神は光を見て、良しとされた。神は光と闇を分け、光を昼と呼び、闇を夜と呼ばれた。夕べがあり、朝があった。第一の日である」（「創世記」第1章1～5節）

⬆『聖書』天地創造の場面。「光」が生じたことに、カッバーリストは深い意味を読んだ。

そのまま読んだだけなら、神が天地を創造したとき、最初にカオスがあり、深淵と水があった。深淵には闇があり、神の霊は水面にあった。やがて、光が生じ、闇と区別された。こうして地球に昼と夜ができたという描写だ。ビジュアル的にも、なんとなくイメージはできる。

しかし、カッバーリストは、ここに深い意味を読む。昼と夜とあるので、太陽の光だと思ってしまうが、太陽が創造されたのは第4日目である。第4日目に太陽と月、そして星々が創造されたのだ。

したがって、初日の光は太陽や月、星々が放つ光ではなく、まさに光そのものだ。物理的な表現をすれば、可視光線。電磁波がビッグバンで生じた。この世における4つの力である重力と電磁力、原子の核力である強い力と弱い力が分化。電磁気が空間に満ちたことを意味しているのではないかと思ってしまうが、もちろんカッバーラでは、そのような表現はしない。

あくまでもベースは『聖書』である。『新約聖書』において光なる存在とは何か。いうまでもない。自ら「世の光」と称したイエス・キリストである。つまり、光あれとは、光の神としてイエスが召命されたことを意味する。召命したのは御父エル・エルヨーンである。

しかも、このとき聖霊ルーハも神の霊として存在した。この世の初めにあった言葉としての神、すなわち言霊だ。天地創造の初めに絶対三神が存在したのである。いや、この世の創造以前から絶対三神は「ある」のだ。

冒頭の「初めに、神は天地を創造された」という文章はヘブライ語で「ベーレーシット・バーラー・エロヒム・エト・ハ・シャマイム・ベエット・ハ・アレッツ：BRYASHYT BRYA ELOHYM AT HSHMYM WAT HARYZ」と表記する。「初めに」という意味の「ベーレーシット：BRYASHYT」の最初の文字は「B」である。ヘブライ語アルファベットで2番目の文字「B：ベート」だ。1番目の文字「A：アレフ」ではない。創造主はアレフであり、被創造物はベートである。そこには大きな隔たりがあるとカッバーラでは説く。この世は、すべてベート以降、創造された世界であり、神々の世界であるアレフではない。

逆説的にいえば、この世の前がある。神々の世界が存在する。この世において、創造の御業は無から有が生じたように見えるが、神々の世界からすれば有から有が生じたのだ。非物質的な世界から物質が生じた。アインシュタインの特殊相対性理論のごとく、エネルギーが質量に変換され、物質が生まれたのだ。宇宙が創造されたという意味では、まさに時間と空間、すなわち時空が誕生したことになる。

では、この宇宙が創造される以前にも別の宇宙が存在したのか。誤解を恐れずにいえば、その通り。この世の宇宙とは別に、あの世の宇宙が存在する。神々が住まう時空があるのだ。別の宇宙に存在する神々が創造の御業をもって、この宇宙を誕生させたのだ。

カッバーラでは新しい宇宙の創造を3段階で説く。かなり難しい概念で、カッバーリストに

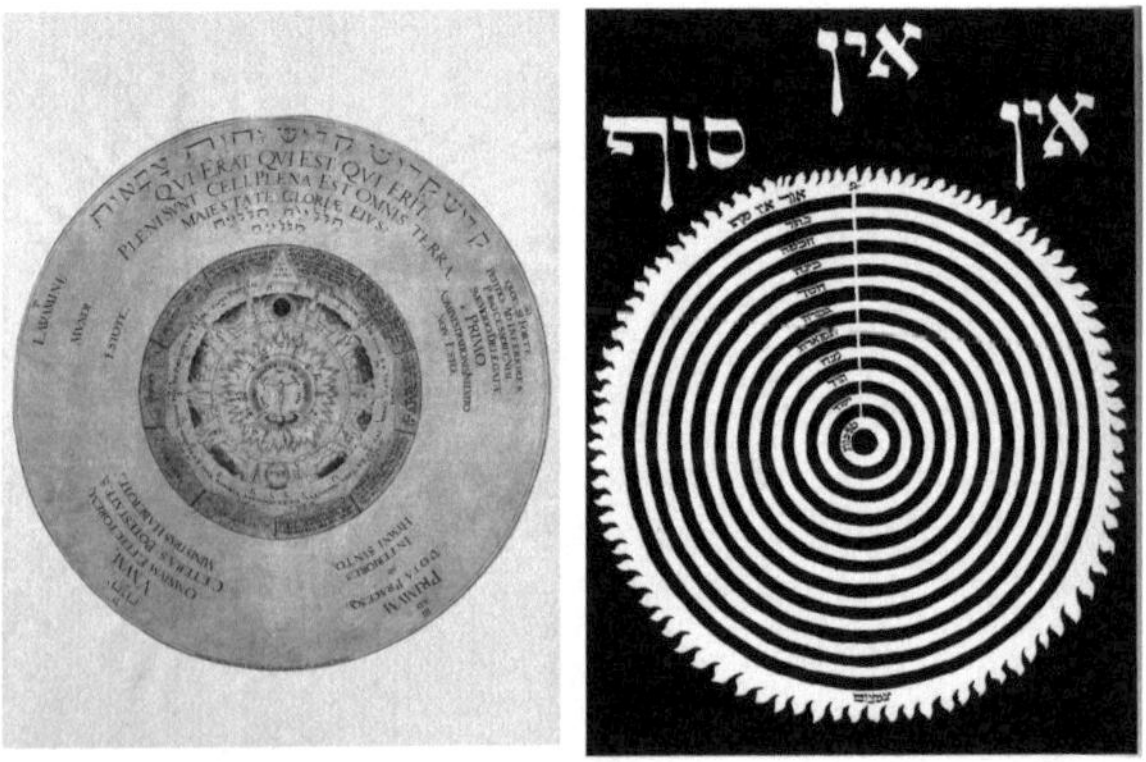

⬆新しい宇宙の創造の（右）第２段階「エイン・ソフ」と、（左）第３段階「エイン・ソフ・オール」

よって解釈も様々なので、ここでは先に見た「命」の3つの要素「数・文字・言葉」をもって説明しよう。適宜、科学的な事象をトレースしてみる。

まず、第1段階は「エイン：AYN」で「無」を意味し、数字で示せば「0」である。第2段階は「エイン・ソフ：AYN SWF」で「無限」、数字は「∞」。第3段階は「エイン・ソフ・オール：AYN SWF AWR」で「無限光」、数字は「1」である。無限と冠されているが、光は実在するエネルギーである。質量はないので、非物質的存在だといっていいだろう。

第1段階から第2段階、そして第3段階へ移行するためには、絶対神による「ツィムツム：TZMTZYM」が必要となる。意味は「収縮」である。無である状態から、いきなり無限大へと拡大したのはいいが、その着地点を定めるために収縮が必要なのだ。このツィムツムこそ、世界創造の重要な鍵になるといっても過言ではない。

カッバーラの秘教的物語では、唯一の存在である神が自分自身を認識するために必要な行為がツィムツムだと語られる。スピリチュアルでいうワンネスが内包する自己矛盾を超克するのが目的だ。

カッバーラと現代宇宙論

ちょっとイメージするのが難しいので、視点を変えてみよう。まずは、それぞれの段階に示した数に注目してほしい。「無＝0」と「無限＝∞」が抽象概念であるのに対して、「1」は実在を示す数である。

しかも、これらは整数における特異点である。互いに「0×∞＝1」という関係にある。無を無限に拡張すれば、実在を示す根本数1になる。逆に無限を無に落とし込めようとすれば、最終的に1になる。そうイメージできなくもない。

だが、この数式は正しくない。数学的には成立しない。イデアの概念である数学において、ありえない等式だ。専門的には不定形となる。数学の授業で「0で割ってはいけない」と教えられたことを覚えているだろう。

しかし、形而上では成立しなくても、形而下では成立する。ここだ。数学は物理学において自然界を記述するため、必要に応じて発展してきた。微分や積分も、アイザック・ニュートンの運動方程式や万有引力を記述するために考えだされたアイディアである。物理数学の世界では超関数や行列、テンソル解析も、みな物理学という形而下の要請によって考え出されたものだ。

物理学の鉄則、その一。数式に無限が出てきたら、その理論は間違っている。自然界は有限である。数式に無限大、物理的には発散と呼ぶ状態になることが予想されたならば、理論は破綻している。数学的に面積のない「点」は定義できても、物理学においてはありえない。直線と直線の交点でさえ、量子力学では致命的な欠陥になるがゆえ、素粒子を0次元の点ではなく1次元の線としてとらえる「超弦理論：超ひも理論」が提唱されているのは、そのためだ。

もう、お気づきかと思うが、カッバーラは形而上はもちろんのこと、形而下を含む。両者を結ぶ概念なのだ。先に示した「0×∞＝1」も、極限として成立するという言い方は数学でも許される。

割り算で示そう。「1÷N」という式において、代数Nを無限大＝∞に近づければ、答えは0に近づく。逆に、代数Nを無＝0に近づければ、答えは∞に近づく。あくまでも答えは極限値であるが、有限の自然界では見かけ上、それが成立したように見える。

見えるだけではなく、実際に成立してしまうのが「量子論」である。イデアである数式として明確に示すことができる。少し専門的になるが、無限の井戸型ポテンシャルの中に素粒子を閉じ込める。要は、絶対に出られない箱の中に素粒子を閉じ込めたとしよう。古典物理学ではありえないが、現代物理学たる量子論において、素粒子が外に出てくる確率はゼロではない。存在が頑強な障壁を幽霊のように染み出してくるのだ。

量子論からすれば、この宇宙もまた、別の宇宙からとてつもないポテンシャルの壁をすり抜けて誕生した。この宇宙以前に、別の宇宙があり、そこから生まれた。親宇宙があり、子宇宙があり、そして孫宇宙がある。かの天才物理学者スティーヴン・ホーキング博士はベビーユニバースという概念を提唱した。最近ではユニバースならぬ、マルチバースという宇宙論も提唱されている。

おそるべきことに、最新宇宙論の概念をいみじくもカッバーラは先取りしているかのようだ。預言者たちは創造神ヤハウェによって教授された知識として、この世界を理解していた。量子論という概念や高等数学はなかったが、叡智を与えられ、すべてを直感的に理解していたのだろう。

流出アツィルトと収縮ツィムツム

カッバーラでは第3段階の「エイン・ソフ・オール」から、いよいよ天地創造の次元に至る。

これをヘブライ語で「アツィルト：ATZYLWT」と呼ぶ。意味は「流出」で、数字で表現すれば「複素数：実数＋虚数」だろうか。あの世からエネルギーが流出して、この世で物質として実体化する。

量子論が適用できるミクロ世界と人間が日常的に目にするマクロ世界の間には1次元の境界がある。「プランク定数：6・6×10のマイナス34乗」をもとにした「プランク長：1・6×10のマイナス35乗」だ。この長さ以下の世界は不可知である。最新宇宙論からすれば、この長さをもって空間を素粒子とみなすことができる。ごくごく大雑把な言い方をすれば、プランク長こそ、あの世とこの世の境である。

絶対的な境界線であるプランク長を超越すれば、あの世からこの世に移動できる。どんなに深いポテンシャルの壁であろうとも、量子論では確率の波動関数が染み出る。一説にブラックホールという特異点がA宇宙からB宇宙へのトンネル、世にいうワームホールを形成しているという。これが正しければ、この宇宙は親となる別の宇宙からエネルギーが染み出した結果、インフレーションからビッグバンという過程を経て誕生したことになる。今日のマルチバース宇宙論である。

言葉こそ違うが、表現しているのは同じだ。神々が存在する宇宙の始まりは「エイン：無」であったが、そこからビッグバンが起こり、時空が膨張した。無限に広がる宇宙、すなわち

「エイン・ソフ：無限」だ。膨張過程で、根源的な力が4つに分かれた。そのひとつ電磁気力によって光が生じた。まさに「光あれ」だ。カッバーラでは「エイン・ソフ・オール：無限光」に至った。

宇宙進化の過程における冷却とは膨張の逆、エネルギーレベルが低下することである。これが「ツィムツム：収縮」だ。物質が生まれ、重力が生じる。巨大な質量をもった天体は恒星となって輝くものの、やがて燃え尽きてブラックホールとなる。ブラックホールは周囲のエネルギーと物質を引き寄せ、ついには時空の特異点となる。まさにツィムツムの極致である。

特異点の先にあるのはホワイトホール。時空の虫食い穴たるワームホールを経て、まったく別の宇宙を生みだす。膨大なエネルギーが別宇宙に流れ込む。これこそカッバーラの「アツィルト：流出」である。流出したエネルギーもまた、冷却という収縮を経て物質を生みだし、これが夜空の星々を形成し、最終的に、この地球をも生みだした。そう考えることができるのだ。その相似性は驚くべきものがある。

しかし、ここでひとつ。忘れてはならないことがある。カッバーラは思想である。形而上の概念であって、形而下を記述し、証明するものではない。現代宇宙論にトレースできるからといって、それがすべてではない。ビッグバン宇宙論といえども、はたして、どこまで正しいのかわからない。あくまでも、ひとつの「型」としてカッバーラが適用できるという試論である。

真実の宇宙論は、もっと深淵である。本書では深くは踏み込まないが、すでに最新理論たるプラズマ宇宙論をカッバーラによって読み解く研究も密かに行われている。詳細は、いずれ機会があれば紹介したい。

創造の4段階

神々の世界は、ある意味、不可知である。例え話はできるが、真理そのものではない。この世の始まり、いや始まり以前における創造の3段階は形而上があるがゆえ、幾多の思想をもって語られる。これが絶対正しいと思い込む自体、危険なことである。

一方で、神の世界から流出した世界、つまりは、この世において展開された事象に関しては、被造物である人間の研究対象たりえる。絶対三神の創造の御業を具体的に理解できる段階となるのだ。

無限光であるエイン・ソフ・オールから流出したもの。それは光である。眩しいばかりの光が流出する光景は「雷の閃光」として表現され、これを「カヴ：KB」と呼ぶ。文学的に、よく雷に打たれたような状態になると表現するが、まさしく、その通り。道教の修行には、実際に雷に打たれる行法もある。雷に打たれると、ほとんどの人は即死するが、なかには生き残る人もいる。電気が流れた位置にもよるだろうが、不思議なことに特異な才能を開花させたり、超能力者になるケースもある。

この世の始まりにおいても、電撃があった。創造された光が雷となって地上に落ちた。稲妻と表現するように、カヴはジグザクに蛇行しながら、落雷した。とてつもない衝撃によって宇宙が目覚めたとでも表現しようか。カヴによって、いよいよ本格的な創造が始まった。

この世における「広義の意味での創造」は4段階。①「流出：アツィルト：ATZYLWT」、②「創造：ベリアー：BRYYR」、③「形成：イェツィラー：YTZRH」、④「活動：アッシャー：ASHYH」である。

ごくごく簡単にいえば、これはモノ造りの作業工程だ。何かを製造するには、必ず手順がある。造りたいと思ったからといって、すぐ目の前に完成品が現れるわけではない。ちゃんと作業工程が示されているのだ。このあたりカッバーラは極めて現実的である。

あの世の世界は形而上であり、哲学的な思考だが、この世の世界は形而下である。具体的にモノを作りだすわけだから、科学である。物理学でいえば理論物理学から実験物理学、工学、技術、建築といったテクノロジーの世界である。

具体的な例で示そう。例えば自動車だ。自動車を製造しようとする。そのためには、まず最初の段階として、自動車がほしい、こんな乗り物があったらしいなという動機、必要性が大前提となる。極めて主観的な欲求である。神が創造を思い立った状況。これが①「アツィルト：

流出」である。

ほしいものがイメージできたら、次は設計に入る。具体的に、どんな形や色、大きさ、材質、性能など、様々な要素を思い描き、これをもとに設計図を描く。スポーツカーなのか、セダンなのか、それともトラックなのか。排気量や馬力、出せる速度など、必要なデータを集め、デザインしていく。こうした詳細なブループリントを作ることが②「ベリアー：創造」である。製図を描かずとも、頭の中で思い描くことも、すべてベリアーである。絶対神は、この世を創造するにあたって、完璧な設計をしたのだ。

設計図ができたら、いよいよ具体的なモノ造りに入る。材料を調達し、加工する。ひとつひとつの部品を作り、それらを組み立てる。車体だけではない。電気系統から燃料、内装に至るまで、思い描いた車に必要なものを集めて製造する。これが③「イェツィラー：形成」である。

アダムは2回創造された

ヘブライ語の「イェツィラー」は「形成」のほかに「創造」と翻訳されることがある。この場合、カッバーラにおいては、ふたつの創造があることになる。すなわち「ベリアー」と「イェツィラー」である。同じ創造でも、前者は設計で、後者は製造である。モノ造りには必要な工程であり、どちらも創造＝クリエイトな作業である。

ついつい見過ごされがちなのだが、この世を創造するにあたって絶対神はふたつの工程を経ている。言葉を換えれば、創造は2回行われているのだ。具体的に「創世記」を開いて、読んでみてほしい。注目は最初の人間「アダム：ADM」だ。

第1章27節には「神はご自分にかたどって人を創造された」とある。新共同訳の「人」はヘブライ語では「ADM」だ。続いて、第2章7節では「主なる神は、土（アダマ）の塵で人（アダム）を形づくり」とある。第1章の段階で天地創造は完了している。第2章の冒頭では、すべてよしとされて、創造神は休んだ。安息日を経た後、もう一度、人間を創造しているのだ。

これはいったい何を意味するのか。聖書学的には、そもそも「創世記」は複数のテキストから成っており、別々の創造神話を入れたがために、あたかも人間の創造が2回あったかのように読めると解釈する。

しかし、カッバーリストは違う。最初に創造された人間は霊的なアダムであり、次に創造されたのはアダムの肉体であると考える。絶対神の姿に似せたとは、そのように設計された。肉体ではなく、霊体としてデザインされ、プログラミングされた。これをもとに物質である肉体を製造したというわけだ。

第1章で霊は物質であると述べた。霊体という言葉があるように、霊には物質としての体がある。設計というと、どうしても図面を想定しがちだが、今どき、すべてはコンピューター上の3次元立体映像として造られる。データはあるが、形がある。画面のディスプレイだけではない、ホログラフィのような映像もある。空像という意味では、まさに、これは幽霊にイメージは近い。つまり、人間は霊体的創造②「ベリアー」と肉体的創造③「イェツィラー」によって誕生したのだ。

さて、こうして最後は④「アッシャー：活動」だ。自動車でいえば、すべての製造工程が完了して、納車された状態だ。いよいよ自動車に乗ってドライブを楽しもうとするならば、必要な燃料やバッテリーを用意して、最後にエンジンをかける。すべてが完璧であるならば、エンジンがかかり、快適なドライビングとなるわけだ。

天地創造で生まれた生物たちも、最終的に活動しだすのだが、人間アダムについては、先に引用した「創世記」第2章7節の続きに、こう記されている。「その鼻に命の息を吹き入れられた。人はこうして生きる者になった」と。これが、まさに④「アッシャー：活動」である。

ここで注目してほしいのが「鼻」である。創造神ヤハウェはアダムの鼻に「命の息」を吹き入れたとある。ここでいう「息」とは呼吸である。呼吸を開始したことで、肉体の生命活動が始まったと読める。

だが、どうして「鼻」なのだろう。呼吸という意味なら「口」でもいいはずだ。実際、人工呼吸をするときは「マウス・トゥー・マウス」だ。仮死状態の人間を生き返らせる際、空気を体内に送り込むために、わざわざ鼻を選ばないだろう。鼻づまりでもしていたら、元も子もない。どうして創造神ヤハウェは鼻に息を吹き込んだのか。

ポイントは「命」だ。先述したように、命には、ふたつの意味がある。ひとつは「生」、英語のライフである。もうひとつは「名前をつけるはたらき」だ。『新共同訳聖書』では鼻に空気としての息を吹き込んだという表現になっているが、本来は創造神ヤハウェが名前をつけたのだ。

⬆アダムの鼻に「命の息」を吹き入れる創造神ヤハウェ＝イエス・キリスト。

第1章において指摘したように、日本語でエゴのことを「自我」と表記する。自我に含まれる「自」は鼻を正面から見た象形文字である。創造神が鼻に命の息を吹き込んだとは、アダムと命名したことによって、自我が芽生えたことを意味している。自我に目覚めたからこそ、アダムは創造神ヤハウェと同様、身の周りのモノや生き物たちに名前をつけはじめたのだ。「創世記」第2章20節には「人はあらゆる家畜、空の鳥、野のあらゆる獣に名をつけた」とある。アダムは創造神ヤハウェに代わって命名者となったのである。

セフィロトとメルカバー

この世における創造はエイン・ソフ・オールから流出した一筋の光、すなわちカヴによって始まった。雷の閃光と表現されるように、カヴはジグザグに走った。天から地上に至る過程で、10個の節目に分かれた。球体として表現される節目を単数形で「セフィラー：ＳＦＹＲＨ」、複数形で「セフィロト：ＳＦＹＲＷＴ」と呼ぶ。セフィロトは全部で10個だが、もうひとつ隠されたセフィラーがあり、実際は11個ある。

具体的なセフィロトの名称は、それぞれ①「王冠：ケテル：ＫＴＲ」、②「知恵：コクマー：ＣＨＫＭＨ」、③「理解：ビナー：ＢＹＮＨ」、○「知識：ダアト：ＤＡＴ」、④「慈悲：ケセド：ＣＨＳＤ」、⑤「峻厳：ゲブラー：ＧＢＷＲＨ」、⑥「美：ティファレト：ＴＦＡＲＴ」、⑦「永遠：ネツァク：ＮＴＺＣＨ」、⑧「威厳：ホド：ＨＷＤ」、⑨「基礎：イエソド：ＹＳＷＤ」、⑩「王国：マルクト：ＭＬＫＷＴ」である。

これらは一部重複しながら、大きく4つのグループに分けられ、それぞれ世界を形成してい

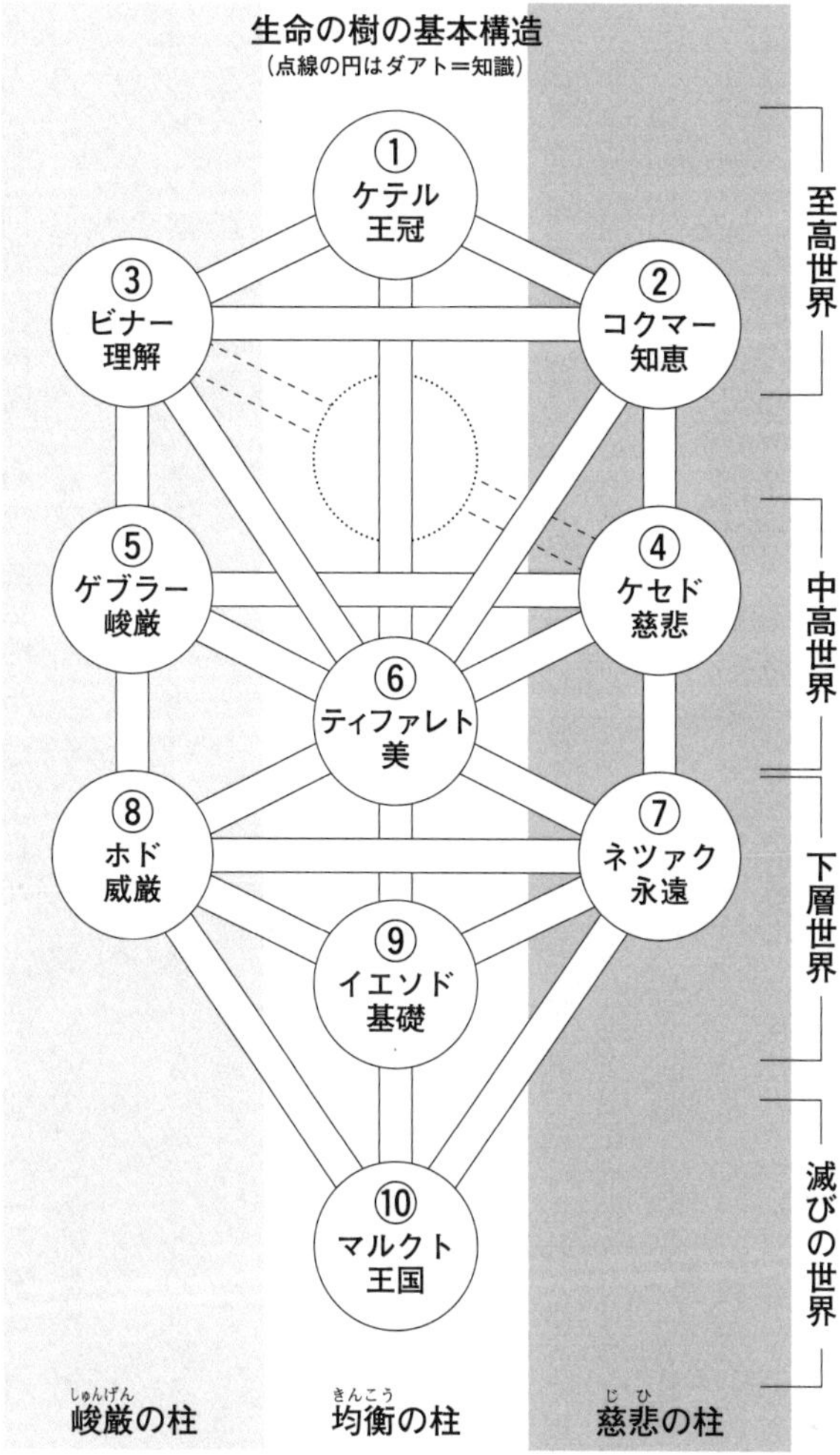

⬆10個のセフィロトは、一部で重複しながら、４つの世界を形成。

る。先に見た創造の4段階である。具体的に、「流出世界：①・②・③・○」、「創造世界：①・②・③・○・④・⑤・⑥」、「形成世界：○・④・⑤・⑥・⑦・⑧・⑨」、「活動世界：⑥・⑦・⑧・⑨・⑩」である。

さらに、ダアトを除いた10個のセフィロトは、互いに重複をしない形で4つの世界を形成している。これを「ヒエラルキー」と呼ぶ。ヒエラルキーは『新約聖書』に記された「三栄光」と「地獄」に対応する。すなわち「至高世界：太陽の栄光：①・②・③」、「中高世界：月の栄光：④・⑤・⑥」、「下層世界：星の栄光：⑦・⑧・⑨」、「滅びの世界：地獄：⑩」だ。

実際の図形を見てもらうとおわかりかと思うが、三栄光の世界は、それぞれ三角形を構成している。隠されたセフィラ○ダアトを挟んで、太陽の栄光が上向きの三角形で、月の栄光が下向きの三角形、それに続く下向きの三角形が星の栄光である。

このうち、太陽の栄光の三角形はカッバーラでは、しばしば単独で掲げられ、中心に創造神ヤハウェの左目が描かれる。有名なのは、アメリカの1ドル札の裏側に描かれたピラミッドである。頂上に光る三角形が浮かび、絶対神の左目がある。「万物を見通す目」という意味で「プロヴィデンスの目」、もしくは「ピラミッド・アイ」と呼ばれる。

陰暴論では、しばしば秘密結社フリーメーソンが崇拝する大魔王サタンの目だとも噂されるが、本来は創造神ヤハウェの目であり、目の代わりにテトラグラマトン「ＹＨＷＨ」や短縮形である「Y」、さらには3つ重ねた「YYY」を描くこともある。

ヒエラルキーは階層であり、上位に行くほど創造神に近づき、下位になるほど世俗的になり、最後は地獄に至る。当然ながら、この世に生まれた人間は⑩マルクトがある最下層から上昇する道を歩むことになる。ヒエラルキーを上がっていくことを「アセンション」と呼ぶ。

預言者エゼキエルはヒエラルキーの4つの世界を創造神ヤハウェの玉座「メルカバー：MRKBH」に控える「4つの顔をもつ天使」として幻視した。4つの顔とは、①人間、②獅子、③鷲、④牛である。

さらに、別の場面で同じ天使を幻視するのだが、そのときは4つの顔に変化があった。①天使、②人間、③獅子、④鷲だった。これはアセンションによってヒエラルキーが上位に移動したことを示している。よくスピリチュアル界隈では、魂の次元上昇などと称して、アセンションという言葉を使うが、カッバーラにおいてはメルカバーのヒエラルキー上昇のことを指す。

先述した「三栄光」は魂ではなく、体のことを表現している。復活したイエス・キリストの体について「コリントの信徒への手紙Ⅰ㊕」第15章40～41節には「天上の体の輝きと地上の体の輝きとは異なっています。太陽の輝き、月の輝き、星の輝きがあって、それぞれ違います」とある。

第1の創造ベリアーにおいてアダムは「霊体」として創造され、第2の創造イェツィラーで

⬆預言者エノクはアセンションし、大天使メタトロンになったという。

「肉体」が赤土から創られた。『旧約聖書』にはエリヤのように死なない体になった預言者がいる。エリヤは大預言者モーセとともに、ヘルモン山でイエス・キリストの前に姿を現している。彼らの体は死なない状態に変えられた「変身体」である。さらに、死から甦ったイエス・キリストの体は不死不滅の「復活体」である。

カッバーラの伝承では、預言者エリヤは生きたまま天に挙げられた後、天使「サンダルフォン」になった。同様に、創造神によってとられた預言者エノクは大天使「メタトロン」になったという。これは人間の体がアセンションすることによって、天使になることを意味している。

一般にユダヤ教に限らず、キリスト教やイスラム教では、人間と天使は違う存在だといわれる。天使は死ぬこともなく、性別もない。結婚することもなく、子供をもうけることもないと『新約聖書』にはある。が、これは顕教であって、密教たるカッバーラでは違う。天使には、大きく3つの状態がある。純粋に霊的な存在の天使と不老不死となった変身体の天使、そして復活体としての天使だ。

天使は神々が住む天界と地上を行き来している。天使を意味するヘブライ語「マラク：MLAK」は、まさに使者のこと。創造神ヤハウェの使いとなって地上に姿を現すのが天使であり、そのとき彼らは「梯子」を使って上り下りしていると『旧約聖書』にはある。預言者ヤコブが夢の中で見た梯子は、もちろん象徴である。実際は、メルカバーのヒエラルキーを上昇下降することを意味しているのだ。

奥義「生命の樹」

カッバーラにおいて、天と地を結ぶ「ヤコブの梯子」は樹木として表現されることもある。これがカッバーラの奥義「生命の樹：イエッツ・ハ・ハイイーム：ETZ HCHYM」である。叡智のすべてがひとつの象徴図形に凝縮されている。セフィロトが描かれていることから、別名「セフィロトの樹」とも呼ばれている。

お気づきだろうか。本書では、名前を「命の樹」ではなく、あえて「生命の樹」と表記して

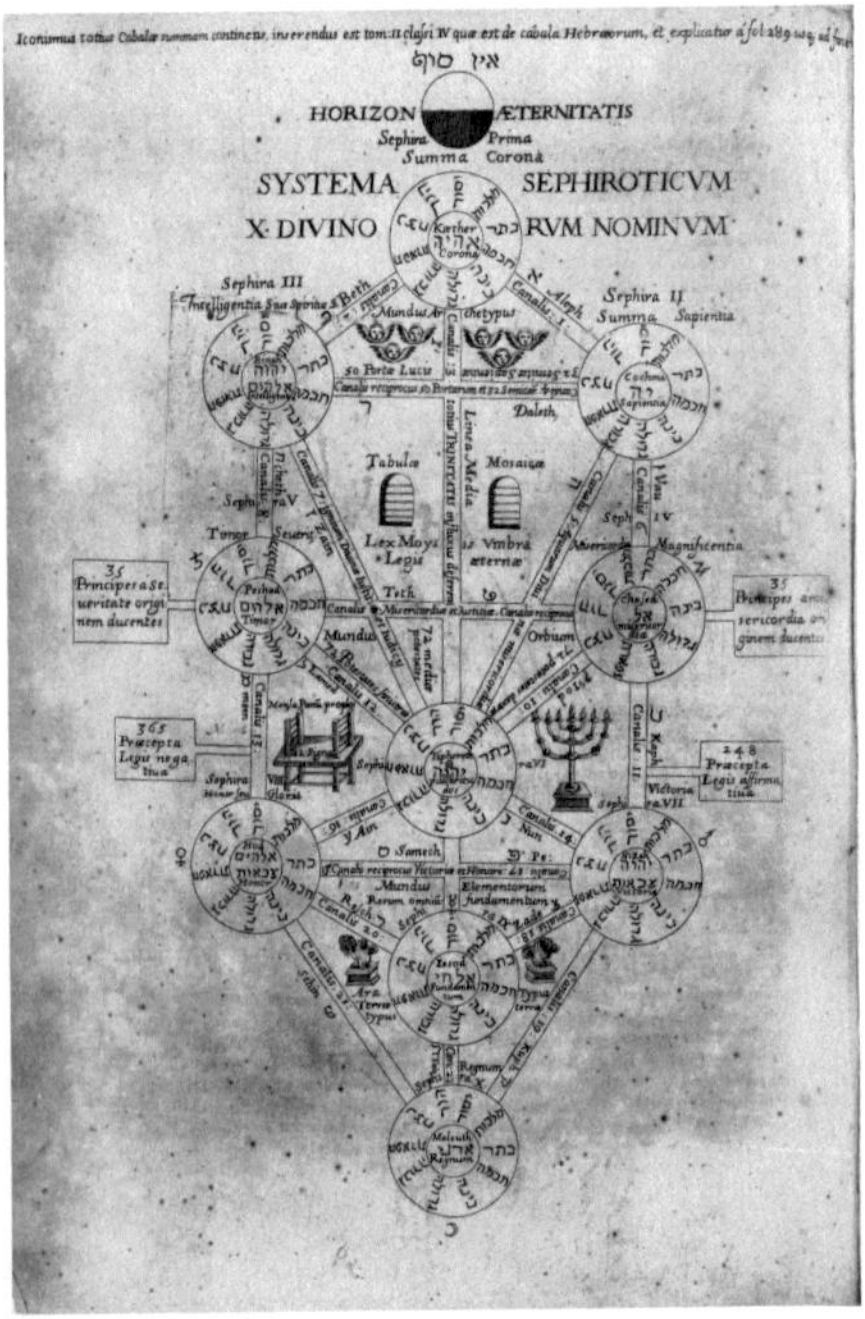

⬆カッバーラ奥義「生命の樹：イエッツ・ハ・ハイイーム」。別名「セフィロトの樹」。

いる。日本語の命に対応するヘブライ語は「CHYYM」のほかに「HWH」がある。『旧約聖書』ではアダムの妻エバの名前でもある。「創世記」第3章20節には「アダムは女をエバ（命）と名付けた」とある。エバとは英語の「ライフ」であり、日本語でいう「生」である。これに対して、ハイイームには「名前をつけるはたらき」としての「命」の意味も込められている。なので、「創世記」第3章20節を正確に翻訳するならば、「アダムは女をエバ（生）と名づけた」とするべきなのだが、こればかりは致し方ない。

とはいえ、極めて重要な点なので、最初に断っておく。本書では「命」なる文字がもつふたつの意味を強調する意味で、「イエッツ・ハ・ハイイーム」を「生命の樹」と表記することにしている。後々、これがカッバーラ呪術における肝になっているので、覚えておいてほしい。

さて、改めてカッバーラの奥義としての「生命の樹」について述べよう。大切なのは、これが象徴だということ。象徴には幾多の意味が込められる。ひとつやふたつではない。いくつもの意味がある。重層的、かつ多義的に。逆説的にいえば、それを扱う人が考え、欲するものが読み取れる。勝手な解釈もできる。好き勝手に、独自の思想で秘教を読み取ることができる。

もちろん、それがカッバーラの真実に到達するとは限らないのだが、本人が満足していれば、それでいいという言い方もできる。堂々巡りの迷宮に陥ることも、実は想定内。「生命の樹」は対峙する人間を映し出す。思想や知識、経験、モラル等、そのまま描き出す、それこそ鏡のようなもの。まさに「魔鏡」だ。ひとつ間違うと、その身を破滅しかねない。オカルトを扱う手前、くどいようだが、繰り返し注意喚起しておきたい。

決めつけや独断。独善的な思いに至ったときには、少し間を置いてほしい。別の見方もあるかもしれない。ユダヤ教徒はいう。神は完全だが、人間は不完全である。不完全な存在である人間が100パーセント正しい判断ができるはずがない。

絶対に間違いないと思っても、どこか1パーセントだけニュートラルな思考を残す。99パーセント正しいと思っても、1パーセントだけ判断を保留する。イエスに対するノーではない。

どっちでもない保留だ。判断を保留する余裕をもつこと。これが身を守ることにつながる。ユダヤ人が建設した国家、イスラエルの諜報機関、CIAやKGBをも凌ぐ世界最強のスパイ組織モサドの格言である。彼らの頭の中にはカッバーラがあるのだ。

少し大げさだったかもしれないが、改めて「生命の樹」について述べていく。カッバーリストたちがたどり着いた創造神ヤハウェの叡智は試行錯誤の末、ひとつの図形に集約することができた。「生命の樹」と呼ばれた抽象図形は極めてシンプル。文字通り、樹木の形に整理されている。

エイン、エイン・ソフ、エイン・ソフ・オールなる御業が行われた世界、すなわち神々が住む天界、あの世から、この世の宇宙に流出した光は輝きながら地上に達し、あらゆるものを創造した。創造には4つの段階があったが、すべては相似形。数学的にフラクタルな構造で展開し、ソフィスティケイト及び単純化した結果、それは「樹木」という表現に落ち着いた。

ただの樹木ではない。「生命の樹」である。「生命」は「生」と「命」、英語でいうライフと名前を名づけるはたらきを表現している。英語では、こうできない。ヘブライ語と日本語でしか理解できないネーミングである。

では、具体的に「生命の樹」の象徴図形を見ていこう。基本にあるのは天界のエイン・ソフである。ここから次のエイン・ソフ・オールの段階になったとき、天界から人間界へエネルギーの流出が起こり、雷の閃光カヴとしてジグザグに地上に落ちた。カヴの経路は11個のセフィロトを形成し、それらを結ぶ「小径：パス」を生みだした。パスの数は全部で22本。ヘブライ語のアルファベットの数と同じ。ゆえに、カッバーラの数秘術では、11と22という数を特別視し、これを合計した33を聖別する。

具体的に図形で示すとき、基本となるのはカヴのジグザグ構造だ。これを左右対称にして格子模様を作り、上下を線で結ぶ。すると、菱形が3つ。「田」という文字に似た格子状の図形に重なる。この段階でセフィロトは10個で、それらを結ぶパスは22本である。仮に、これを「原・生命の樹」としよう。

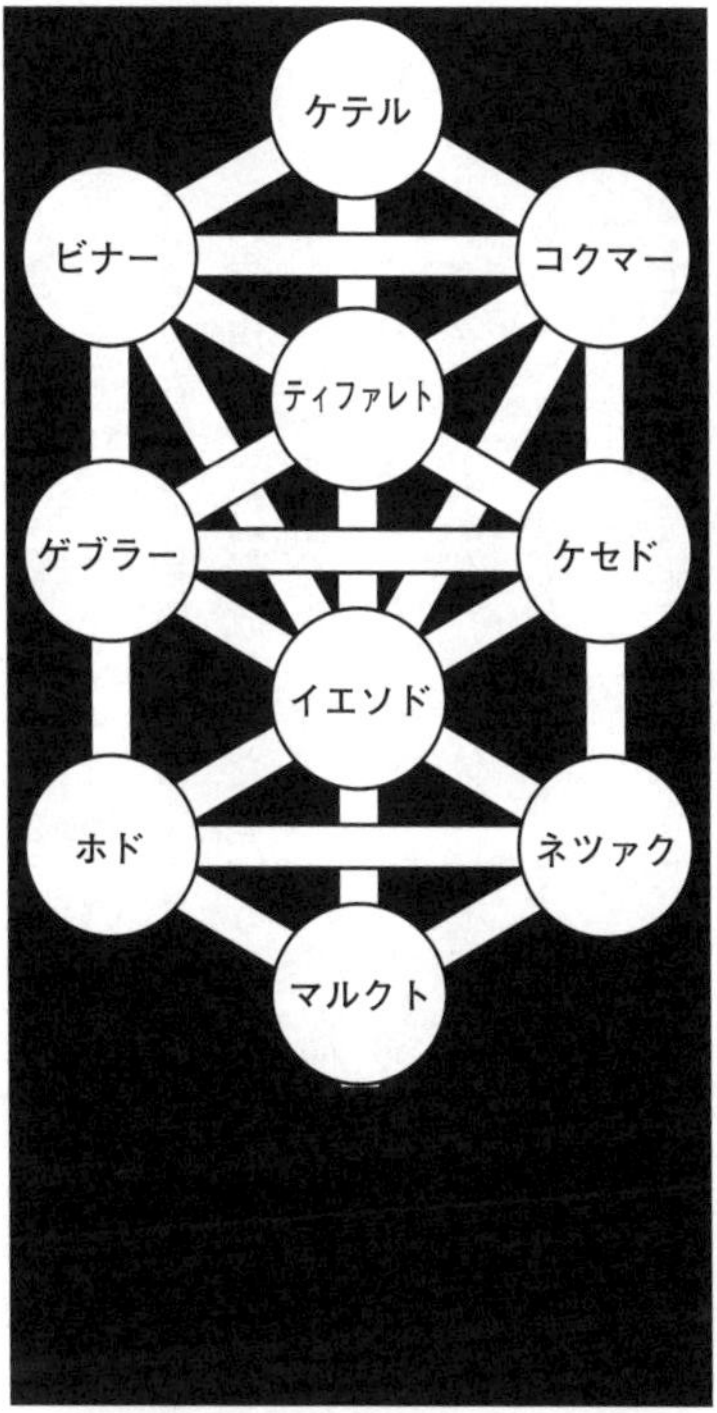

⬆10個のセフィロトが22本のパスで結ばれた「原・生命の樹」。

対称性が美しい「生命の樹Ⅰ」である。これで十分かと思いきや、そうではない。このままでは動きがない。創造というダイナミックな動きを生じさせるために、ここで変化が生じる。素粒子理論物理学でいう「対称性の破れ」のようなもの。今ある状態からトンネル効果によって、より安定した状態に移ることにより、対称性が破れる。自発的な対称性の破れによって、この宇宙の物質は形成されたという。「生命の樹」にも、それが反映されている。

左右対称を保ったまま、中央のラインが下に伸びる。細長い六角形から⑩マルクトがはみ出した形だ。これに引きずられる形で、その上にある⑨イエソドと⑥ティファレトが下にずれる。かつて⑥ティファレトが存在した位置にセフィラーはなくなり、そのまま空位状態となる。

と同時に、⑩マルクトには⑦ネツァクと⑧ホドを結ぶ2本のパスがあったが、これが消えて、代わりに②コクマーと⑤ゲブラー、③ビナーと④ケセドを結ぶパスが2本、新たに描かれる。同様に、これを便宜上「表・生命の樹」と呼ぼう。

表があれば、裏がある。「生命の樹Ⅱ」がダイナミックに変化した結果、⑥ティファレトがあった位置は空位となったが、それは表の話。裏では、もうひとつセフィラができていた。これが隠されたセフィラ〇ダアトだ。

〇ダアトを顕現させれば、そこには当然、パスが生じる。〇ダアトに直結するパスは2本。③ビナーから〇ダアト、そして〇ダアトから④ケセドに向かうパスだ。これによって、②コクマーから⑤ゲブラーを直結するパスと③ビナーから④ケセドに直結するパスの2本が消える。

これが「裏・生命の樹」、つまり「生命の樹Ⅲ」だ。
　さらに、ここから再び○ダアトを消す。新しく生じた○ダアトに直結する2本のパス、すなわち③ビナーから○ダアト、そして○ダアトから④ケセドに向かうパスを消す。ただし元の「表・生命の樹」に戻すのではなく、消えた2本のパスを⑦ネツァクから⑩マルクト、並びに⑧ホドから⑩マルクトをつなぐパスとして復活させる。これがもっとも知られた「生命の樹」、あえていうならば「真・生命の樹」（149ページ）だ。本書では、とくに断らない限り、この「真・生命の樹」を念頭に語っていく。

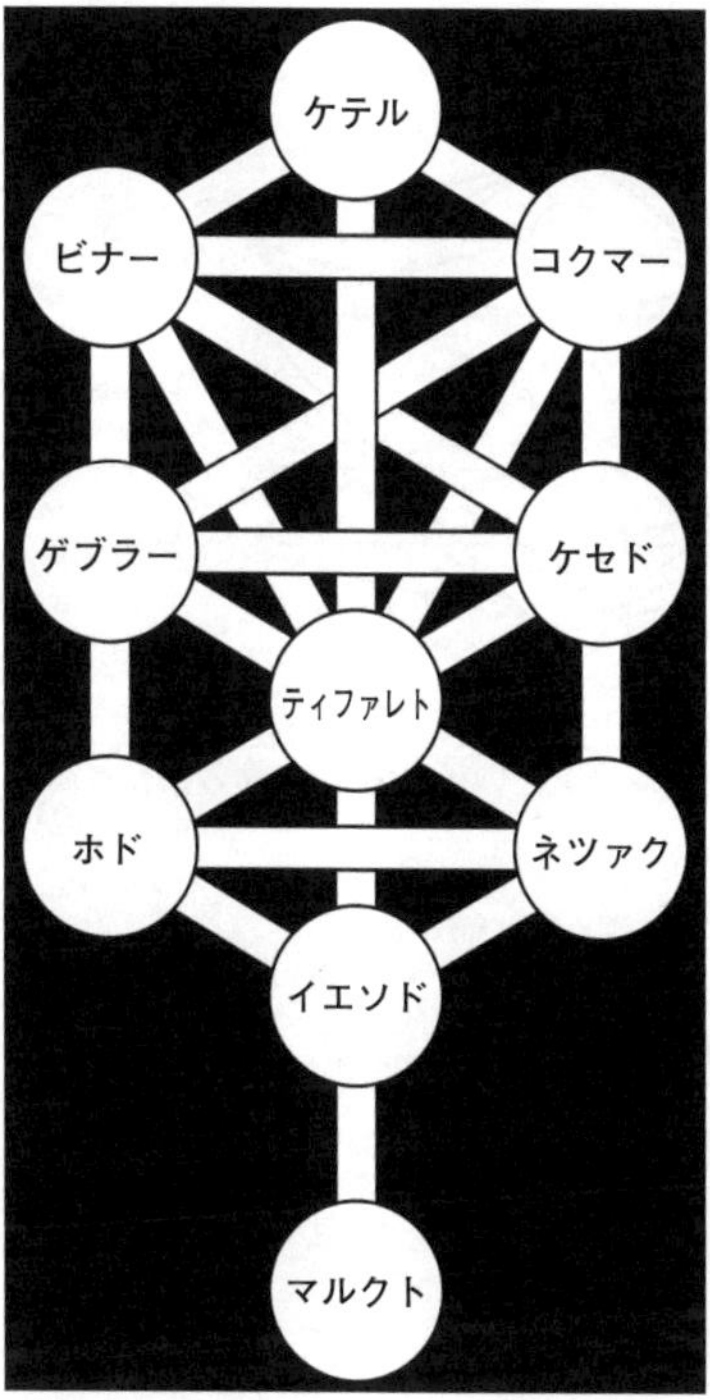

↑「表・生命の樹」。

　ところで、10個ないし11個のセフィロトとそれらを結ぶ22本のパスは、さながら脳神経のようでもある。ノイマン型コンピューターのような線形ではなく、量子コンピューターの

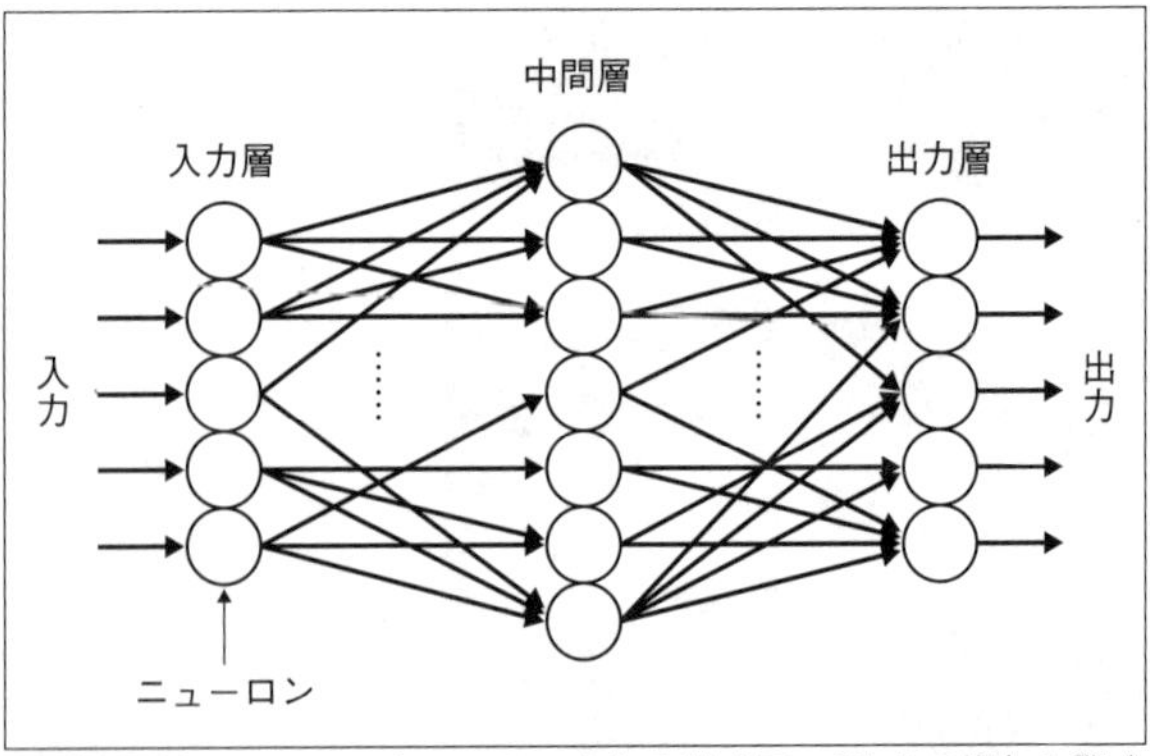

⬆「階層型ニューラルネットワーク」の模式図。「生命の樹」と驚くほどよく似ている。

ような非線形システムを描いているこのようだ。

奇しくも、これが「階層型ニューラルネットワーク」の模式図と、恐ろしいほどそっくり。

脳の「受動意識仮説」を提唱する前野隆司教授の著書『脳はなぜ心を作ったのか』に掲載された三層型「多層パーセプトロン」のモデルは、まさに「生命の樹」そのものだといっていい。

もちろん、これは偶然の一致などではない。ある意味、必然である。

「生命の樹」と「命」

カッバーラの奥義「生命の樹」の形をよく見ると、漢字の「命」に似ているとは思わないだろうか。先述したように「命」という文字を分解すると「人・一・卩・口」となる。このうち「一」は「数」で、「卩」は「文字」、そして「口」は「言葉」のこと。

この3つの要素をもって構成されるのが「名」である。「人」に「名」をつけるはたらきが「命」である。

これが偶然ではない証拠がある。カッバーラの三大聖典のひとつ『形成の書：セファル・ハ・イエツェラー』の冒頭に、こう記されている。

「神秘的な32の道に名前を刻んだ主『ヤー：YH』にして万軍の主『ヤハウェ：YHWH』、イスラエルの神『エロヒー：ELHY』、生命の神『エロヒム：ELHYM』、賢者の王であり慈悲と寛大な神、至高の存在、永遠なる神殿におられる全能の神『エル・シャダイ：EL SHDY』は3冊の『本：セファリーム：SFRYM』、すなわち神聖な『セファー：文字：SFR』と『セファール：数：SFR』と『シッファー：音：SFWR』によって世界を創造した」

32の道とは10個のセフィロトと22本のパスの合計であり、続くヤー、ヤハウェ、エロヒー、エロヒム、エル・シャダイは、みな創造神の名前である。絶対神ヤハウェによる世界創造の御業は「生命の樹」として象徴されることを最初に宣言しているのだが、注目は3冊の「本」である。単数形は「SFR」。続いて示されるヘブライ語は「SFR」と「SFR」と「SFW

R」で、明らかに韻を踏んでいる。語根が一致しているのだ。もちろん、これは偶然ではない。意図的に、そう記したのだ。

しかし、問題は内容だ。「セファリーム」を直訳すれば「本」だが、ここでは「要素」の意味で用いられている。要素を意味する言葉はほかにもあるが、あえて「セファリーム」という言葉をもってきたのは、もちろん韻を踏むためだ。

続くヘブライ語の「SFR」は「文字」のこと。次も「SFR」で「数」だ。表記としては、まったく同じ。文脈から読み分けているだけで、翻訳によっては、これらが入れ替わっていることもある。最後は、やはり語根を意識した「SFWR」は「音」のこと。英語版では意訳して「会話：コミュニケーション」だという。

いずれにせよ、全知全能の絶対神は「数」と「文字」と「言葉」をもって世界を創造し、そこに「名前」を刻んだ。もう少し意訳するならば、絶対神は「数」と「文字」と「言葉」による「名前」をつけることによって、この世のすべてを創造したのだ。それゆえ、ヘブライ語で定冠詞をつけた名前「ハ・シェム：HSHM」は絶対神を意味するのである。

そこで、改めて「命」という文字を見てほしい。上部の「人・一」が「△」に見えはしないだろうか。「生命の樹」における「至高世界：太陽の栄光」だ。秘教的シンボリズムでいう「プロヴィデンスの目」を囲む三角形である。「命」の音読みは「メイ」で、言霊的に「目囲」という字を当てることも可能だ。隠された目を囲むのが命という字だとも解釈できる。そもそも「メイ」は「名」でもある。

さらに注目すべきは「本」である。要素を表現するために「セファリーム：SFRYM」という単語を使っている。先述したように、これは韻を踏むためだが、日本語から見たら、どうだろう。

⬆ポントルモの『エマオの晩餐』。イエス・キリストの頭上にあるのが、「プロヴィデンスの目」だ。

「本」という字は「木・一」とは別に「大・十」と書く。似たような字に「本」がある。本来は違う字だが、「本」の異体字として書くこともある。日本最古の貨幣である「富本銭」の「本」は、わざと「本」と表記されている。

なぜか。不可解な表記には裏がある。表は「本」だが、裏は「本」。しかも「本」がもつ本来の意味「進む」とは別に、あえて「本」の異体字として書かれた意味は何か。謎＝名素を解く鍵は「十」である。

そう、これは「十字架」である。「十」の上に書かれる「大」とは、大の字に手足を広げた人体こと。よって「本」とは、十字架に磔《はりつけ》になった人体。十字架に磔になったイエス・キリストのことを意味しているのだ。

カッバーラの聖典『イェツィラー』では「3冊の本」と記している。「本」が「十字架」を意味するならば「3冊の本」は「3本の十字架」である。イエス・キリストが磔になったとき、ゴルゴタの丘に立てられた十字架は、全部で3本。イエスと同時に逮捕され、死刑を宣告された罪人を磔にするために、両脇に2本の十字架が追加された。

もちろん、これは偶然ではない。イエス・キリストが磔になった十字架こそ、まさに「生命の樹」、そのものなのだ。ゴルゴタの丘に3本の十字架が建てられたことにも、すべて、意味がある。

なぜなら、「使徒言行録」第5章30節には「あなたがたが木につけて殺したイエス」とある。いずれの十字架も木製だった。十字架を「樹」と読み替えるならば「3本の十字架」は「3本の樹」である。興味深いことに、カッバーラの奥義「生命の樹」を象徴図形として描くとき、しばしば1本ではなく3本の樹木として表現されるからだ。

生命の樹と十字架

ユダヤ教はイエスをキリスト＝メシアとは認めない。イスラム教は預言者のひとり。人間であるはずのイエスがキリストであるはずがない。ユダヤ教ではモーセやダビデ、ソロモンのようにイスラエル人を苦難から救い、導いてくれる人物を救世主、すなわちメシアと呼ぶ。カッバーラにおけるメシアニズムは、あくまでも人間であり、イスラエル人にとってのメシアなのだ。絶対神のひとり子を自称するイエスは神でもなければ、メシアでもない。神を冒涜する偽預言者だというのがユダヤ教の主張だ。

きわめてデリケートな問題なので、あえて名前を伏せるが、ある高名なユダヤ教の「教師：ラビ：RBY」はカッバーラを極めた結果、ひとつの結論に達し、それを遺言という形で残した。彼の弟子たちは、ラビの死後、封印されていた遺言書を読んで仰天した。そこには、イエスがメシアであることが書かれていた。『旧約聖書』をカッバーラの視点で分析すれば、イエスが神の子であることを否定できないというのだ。

実際、イエスの生涯を分析すれば、彼がカッバーリストであったことは間違いない。仮にユダヤ教徒がいうように、偽預言者であったとしても、カッバーラを深く理解していたはずだ。でなければ、キリスト教が発展するわけがない。イエスの言葉にはカッバーラの真理があった

⬆「青銅の蛇：ネフシュタン」を旗竿に掛けたモーセ。

からこそ、人類の歴史に大きな影響を与えることになったのだ。

　これは「生命の樹」を見れば、容易に理解できる。イエスをメシアと認めたラビも、わかっていたはずだ。キリスト教の神学に「予型論」という思想がある。『旧約聖書』の預言者たちの生涯やイスラエル人の歴史は、みなイエス・キリストの人生の雛形になっている。

　たとえば、モーセ。モーセが生まれたとき、メシアが誕生することを恐れたエジプトのファラオがイスラエル人の長子を殺したように、イエスが生まれたとき、ヘロデ王がユダヤ人の長子を殺した。モーセはイスラエル12支族を率いたが、イエスは12使徒を率いた。モーセは荒れ野で水を湧き出だせて人々を救ったが、イエスはヤコブの井戸において、サマリア人の女に永遠に乾くことがない生命の水を説いた。

また、荒れ野を彷徨っていたとき、多くのイスラエル人が毒蛇にかまれた。これを見たモーセは、創造神ヤハウェの預言に従って、職人に「青銅の蛇：ネフシュタン：NHWSHTN」を作らせ、これを旗竿に掛けた。ネフシュタンを振り仰いだ人々は癒され、病から救われた。

このとき用意された旗竿はT字形をしていた。そこに身をくねらせたネフシュタンを絡ませた。予型論からすれば、旗竿は十字架で、そこに掛けられたネフシュタンはイエス・キリストの雛形である。イスラエル人を癒した青銅の蛇は、治癒神にしてイスラエル人のメシアであるイエスを意味しているのだ。

⬆旗竿に掛けられたネフシュタンは、十字架に掛けられたイエス・キリストの雛形だ。

カッバーラにおいて、ネフシュタンは「生命の樹」に絡みついている。頭を上に向けて、3回転半巻きつく形で描かれる。ちょうどエイン・ソフ・オールから流出した雷の閃光カヴがジグザグに地上に落ちたように、「生命の樹」における10個のセフィロトを通過する経路をネフシュタンは示しているのだ。

カヴは光である。世の光であるイエス・キリストを象徴している。この世に天界から人々を救うために人間の肉体をともなって降誕したイエスは雷光であり、十字架という「生命の樹」に掛けられた青銅の蛇、ネフシュタンなのである。

全人類の罪を贖うためにイエス・キリストが掛けられた十字架は、まさに永遠の生命を約束する「生命の樹」である。しかも、両脇には、それぞれ別の十字架があり、全体で三本柱になっている。まさに、これは絶対三神を象徴しているのだ。

絶対三神

名前をつけるはたらきを示す文字「命」を構成する「一・卩・口」は、それぞれ「数・文字・言葉」を意味する。これらは霊でもある。すなわち「数霊・文字霊・言霊」だ。カッバーラにおいては絶対三神の象徴だ。それぞれ、御父＝数霊、御子＝文字霊、聖霊＝言霊である。「命」の形が「生命の樹」であるならば、それを構成する三本柱が絶対三神であることはいうまでもない。

キリスト教の神学では絶対三神のことを「御父と御子と聖霊」であると説く。御父は永遠なる全知全能の創造神ヤハウェであり、御子は人間として生まれた救世主イエス・キリスト、そして聖霊は肉体をもたないルーハ・ハ・カディシュである。絶対神は唯一の存在だが、3つの位階「神・人・霊」がある。これを「三位一体」と呼ぶ。

しかし、この三位一体説は根本から間違っている。原始キリスト教が誕生したとき、絶対三神をめぐって、様々な論争があり、最終的に会議によって正当だと認められたのが三位一体であり、それは預言によるものではない。あくまでも理屈である。政治的な背景もあった。教会を組織するにあたって真理ではなく、多数決で決められたのだ。

本来の絶対三神は違う。まず、問題は御父だ。御父は『旧約聖書』における創造神ヤハウェのことだとし、そのひとり子が御子イエス・キリストであるという点で間違っている。本当の御父は至高神であるエル・エルヨーンで、エロヒムとも呼ばれる。創造神ヤハウェは人間として受肉する前の霊体としてのイエス・キリストである。残る聖霊は知恵神コクマーだ。

これら3人の神は互いに独立した存在である。三位一体ではない。絶対三神がひとつの神会を構成しているのだ。これを「絶対三神唯一神会」と呼ぶ。絶対三神唯一神会を象徴してるのが「生命の樹」であり、三本柱構造にほかならない。中央の柱を「均衡の柱」、向かって右側の柱を「慈悲の柱」、そして左側の柱を「峻厳の柱」と呼ぶ。実際の配置で対応を示すと、こうなる。

○②慈悲の柱：御子：ヤハウェ＝イエス・キリスト
①均衡の柱：御父：エル・エルヨーン＝エロヒム
●③峻厳の柱：聖霊：コクマー＝ルーハ・ハ・コディシュ

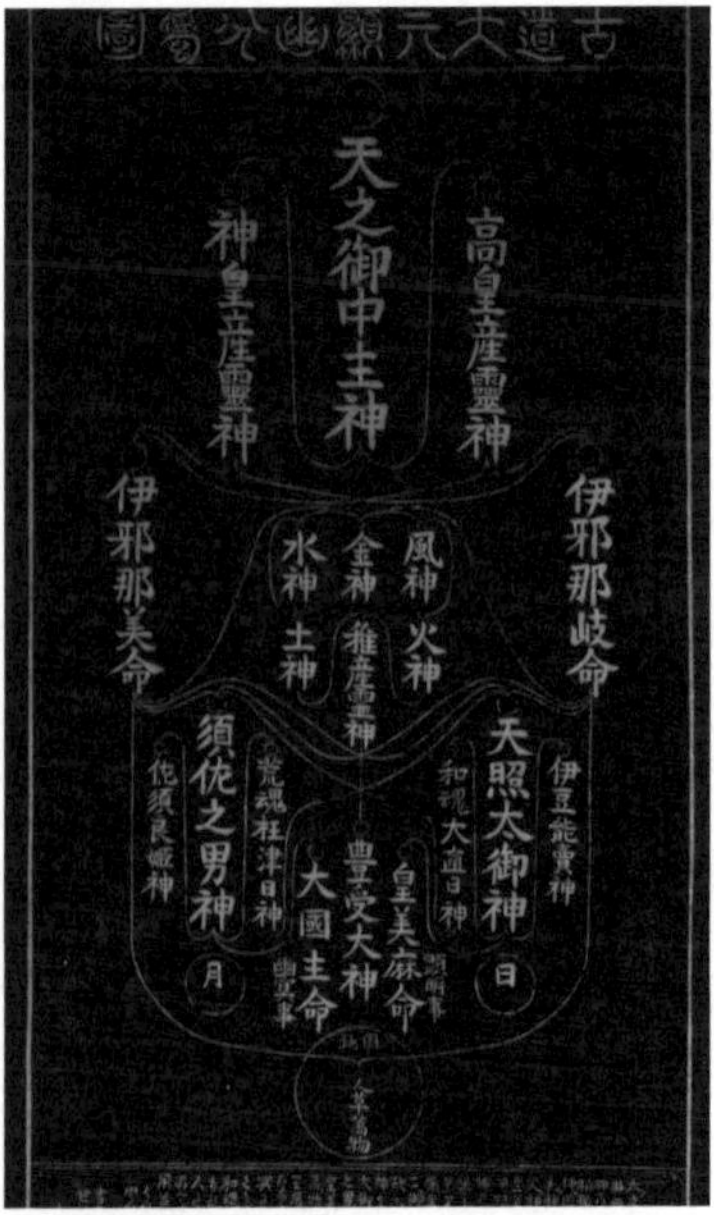

⬆『古事記』に記された「造化三神」も「生命の樹」を形成している。

もちろん、これは原始キリスト教を根源とする日本の神道も、まったく同じ。神道では神様を数えるときに一柱二柱三柱と称すように、柱は神の象徴。

京都の蚕《かいこ》ノ《の》社《やしろ》に建っている三本柱の鳥居、すなわち「三柱鳥居」は、まぎれもなく「生命の樹」であり、絶対三神唯一神会を表現している。神道において絶対三神は「造化三神」と呼ばれ、この世に初めて姿を現した三柱の神様である。『古事記』における名前は、それぞれ「天之御中主神《あめのみなかぬしのかみ》」と「高御産巣日神《たかみむすびのかみ》」と「神産巣日神《かみむすびのかみ》」である。

○②御子：ヤハウェ＝イエス・キリスト：高御産巣日神：文字霊
①御父：エル・エルヨーン＝エロヒム：天之御中主神：数霊
●③聖霊：コクマー＝ルーハ・ハ・コディシュ：神産巣日神：言霊

これがすべての基本真理である。森羅万象、すべてが「生命の樹」によって創造された。したがって、世の真理を探究すれば、必ず「生命の樹」に行き着く。そこには絶対三神がおり、唯一神会を構成している。神道において呪術の源は造化三神にあるのだ。

世界の「生命の樹」と絶対三神

創造神ヤハウェはイスラエル人の守護天使である。受肉する以前、イエス・キリストは霊体であり、天使名「インマヌエル」だ。「ヨハネによる福音書」第8章24節には「わたしは言ったのである。『わたしはある』ということを信じないならば」とある。イエスは自らを指して

「ある者」だと名乗った。ヘブライ語でいえば「エヘイエイ：ＥＨＹＨ」である。三人称単数形にして聖別すれば「ヤハウェ：ＹＨＷＨ」。つまり、イエス・キリストは創造神ヤハウェであることをはっきり断言しているのだ。畏れ多い創造神だと名乗ったがゆえ、許しがたい冒涜だと糾弾され、十字架に磔にされて殺されたのだ。

ユダヤ教徒は自分たちイスラエル人の罪を贖うべく、小羊を犠牲に捧げた。イエス・キリストは全人類の罪を背負って十字架に掛けられ、神の小羊として犠牲となった。イスラエル人だけではない。失われたイスラエル人を救うために地上に降誕したが、その贖いは全人類に対して行われた。

よって、カッバーラはイスラエル人のためだけにあるのではない。ユダヤ教の聖典『タルムード：ＴＬＭＷＤ』には、預言者はユダヤ人のみから出ると書かれているが、完全に間違っている。

ユダヤ人以外にも、創造神ヤハウェから一方的に選ばれて預言者になった人間がいる。その証拠が「生命の樹」である。世界中、至るところに「生命の樹」がある。姿形は様々だが、天と地を結ぶ神聖な「世界樹」が宗教の根幹に存在する。

ヒンドゥー教の「アシュバッタ」や仏教の「菩提樹」、道教の「扶桑」、神道の「榊」、北欧神話の「ユグドラシル」、バルト神話の「オーク」、マヤ神話の「セイバ」、ペルシア神話の「ガ

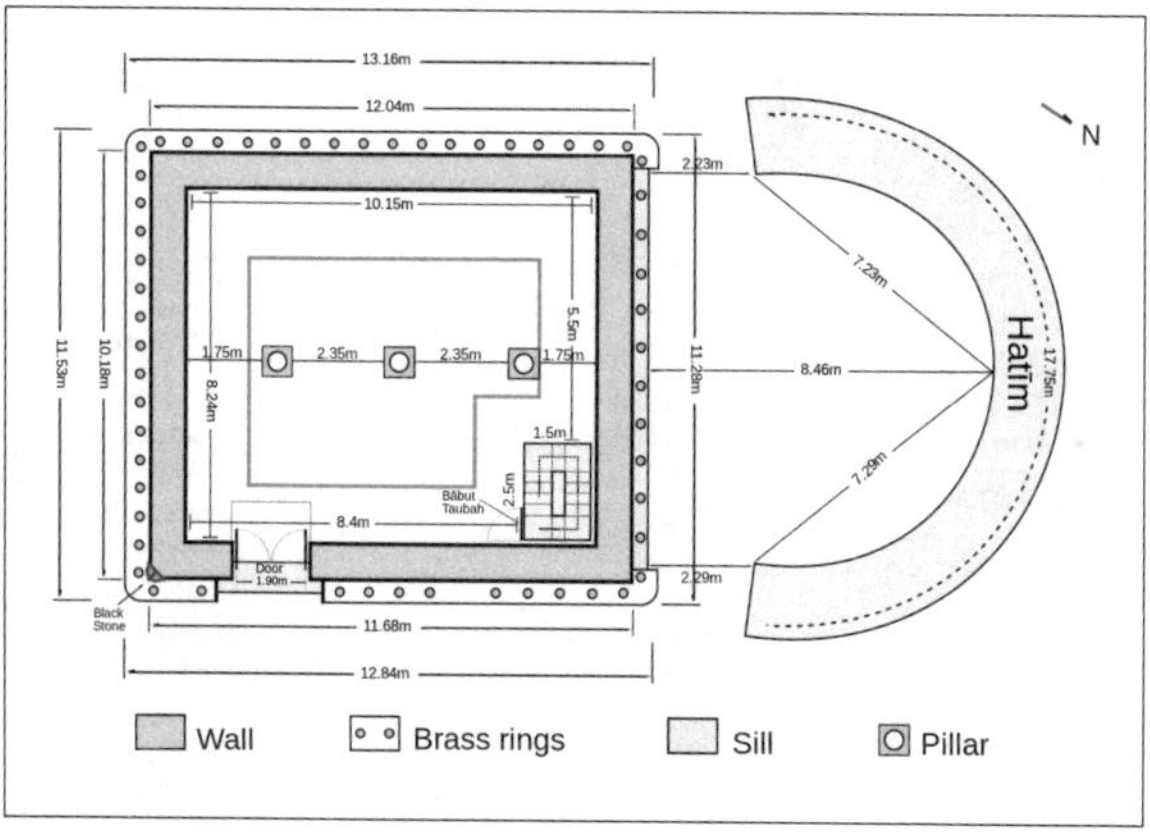

⬆カアバ神殿内部の図。3本の柱があることがわかる。

オケレマ」など、すべて神々と永遠の生命に関わる神聖な樹木だ。

同様に、「生命の樹」を構成する「三本柱」もある。唯一神アラーを崇拝するイスラム教でさえある。聖地メッカにある「カアバ神殿」の内部には3本の赤い色の柱が立っている。偶像崇拝を禁止するがゆえ、祭壇のようはものはなく、ただ三本柱だけがある。

イスラム教徒の前で、これが絶対三神を象徴すると口にはできないが、カッバーラを手にした預言者がいたことは間違いないだろう。

絶対三神の存在については、世界各地で古代から連綿と語り継がれてきた。

古代エジプト神話では、太陽三神として①アトゥム／②ラー／③ケプリ、三大神①オシリス／②ホルス／③イシス。シュメール神話の①アン／②

↑古代エジプトの三大神、オシリス、ホルス、イシス。

キ／③エンリル、ゾロアスター教の①アフラ・マズダー／②ミスラ／③フラワシ、ヒンドゥー教の①ブラフマー／②ヴィシュヌ／③シヴァ、道教の三清①太元＝至始天尊／②太上道君＝霊宝天尊／③太上老君＝道徳天尊、神道の三貴神①スサノオ命／②天照大神／③月読命、マヤ神話の①カクルハー・フラカン／②チピ・カクルハー／③ラサ・カクルハーなど。

とくに仏教では様々な三尊がある。釈迦三尊①釈迦如来／②文殊菩薩／③普賢菩薩、阿弥陀三尊①阿弥陀如来／②観音菩薩／③勢至菩薩、薬師三尊①薬師如来／②日光菩薩／③月光菩薩がある。

宗教や神話だけではない。カッバーラは宇宙の絶対真理である。驚くべきこと

➡道教の三清、太元＝至始天尊、太上道君＝霊宝天尊、太上道君＝道徳天尊。

⬇仏教の三尊の例。釈迦如来、阿弥陀如来、薬師如来（台湾・台北の指南宮）。

に、この宇宙を構成する物質もまた「生命の樹」によってデザインされている。物質は原子からできている。原子は①中性子と②陽子と③電子から成る。まさに、これが絶対三神と見事に対応するのである。

○②慈悲の柱：御子：ヤハウェ＝イエス・キリスト：陽子
①均衡の柱：御父：エル・エルヨーン＝エロヒム：中性子
●③峻厳の柱：聖霊：コクマー＝ルーハ・ハ・カディシュ：電子

カトリックやギリシア正教、プロテスタントの正統神学がいう三位一体説では、御父は普遍なる存在で姿形はなく、人間のような肉体をもっていないとされる。が、カッバーラでは違う。人間が絶対神の似姿として創造された以上、御父にも肉体はある。それは永遠不滅の復活体である。御子である創造神ヤハウェは霊体であったが、イエス・キリストとして受肉し、最終的に復活体となった。これに対して、聖霊であるコクマーは霊体のままである。肉体をもっていない。骨肉の体はもっていないが、霊は物質である。極めて精妙で希薄なプラズマ状態にある。

ひるがえって、原子を見てほしい。中性子と陽子の質量はほぼ同じだが、これらに対して電子の質量は約2000分の1しかない。しかも、電気的に中性子は、その名の通り中性である。

均衡の柱に位置する御父にふさわしい。陽子はプラスで、電子はマイナスの電荷をもち、これらの電気量は等しい。御子イエス・キリストが陽で、聖霊コクマーが陰で、「生命の樹」のバランスを保っているのだ。

陰陽二元論と最後の審判

古代日本にはイスラエル人が来ている。その証拠が『古事記』の冒頭に記された造化三神である。造化三神は絶対三神である。当然ながら、そこには預言者もいた。カッバーラの叡智を手にし、創造神ヤハウェ＝イエス・キリストによって選ばれた預言者が人々を導いてきた。日本におけるカッバーラは「迦波羅《かばら》」と呼ばれる。漢字では「伽波羅」や「迦婆羅」とも表記される。

仏教経典の中ではサンスクリット語の「カパーラ」のこと。カパーラとは瓦のほか、頭蓋骨を意味する。チベット密教では人間の頭蓋骨から器を作った。いわゆる「髑髏杯」である。いかにも呪物、呪具のようだが、字義は器である。瓦は建物の屋根にあり、頭蓋骨は人体の頭部である。「頂」は「戴」である。絶対神から一方的に与えられるカッバーラの叡智を表現しているのだ。

もっとも、迦波羅という文字を目にする機会は、ほとんどない。なぜなら、裏の名前であるからだ。表の名前は「陰陽道」である。安倍晴明で知られる陰陽道は神道はもちろん、仏教の密教に影響を与えた道教由来の信仰である。陰陽道の使い手のことを「陰陽師」というが、裏の陰陽道である迦波羅の使い手を「漢波羅《かんばら》」と呼ぶ。要は陰陽道にも陰陽があるというわけである。

確かにカッバーラは陰陽二元論である。森羅万象、すべては陰と陽。プラスとマイナス、光と闇、男と女……、すべては二元論で成り立っている。道教では、最初のワンネスを「太極」と呼び、それが陰陽に分かれたと説く。この太極と陰陽の構造が「生命の樹」にも反映されている。三本柱のうち、中央の「均衡の柱」が太極で、向かって右側の「慈悲の柱」が陽、左側の「峻厳の柱」が陰である。

絶対三神でいえば、御父エル・エルヨーンが太極で、御子ヤハウェが陽、聖霊コクマーが陰である。ヤハウェは受肉してイエス・キリストとなって、人々を救った。柱の名称のように慈悲深い神である。これに対して、聖霊は厳しい。イエスへの冒涜は許されるが、聖霊の冒涜は許されない。それほど厳格であるがゆえ、峻厳という柱名になっている。

人間は死ぬと、霊魂は死後の世界へと旅立ち、そこで最後の審判を受ける。だれもがみな、厳粛なる法廷に出席する。そこで、生前の行いによって裁かれるのだ。そのときの裁判官は御父エル・エルヨーンであり、弁護人は御子イエス・キリスト、そして検察官は聖霊コクマーである。峻厳なる聖霊コクマーは律法に従い、法廷に立った人間の罪を次々と指摘し、その罪状を突きつける。これに対して救い主であるイエス・キリストは仲保者となり、罪が軽くなるよう、弁護する。この人間は確かに罪を犯したが、その一方で徳も積んでいる。情状酌量の余地もあると、寄り添ってくれるのだ。

⬆ミケランジェロ『最後の審判』。玉座の左右に分けられる様子が描かれている。

最後の審判において、人間は善行と悪行を天秤にかけられ、最終的に量刑がいい渡される。天国に行けるか、それとも地獄へ落ちるか。ここで決まる。

『新約聖書』では、絶対神の教えに従った善人、並びに罪を悔い改めた者を「羊」、逆に反抗しつづけた罪人、並びに罪を悔い改めなかった者を「山羊」と呼び、玉座の左右に分けられると記されている。絶対神の右に集められた羊は祝福されて天国へ、左に集められた山羊は呪われて地獄へ落とされる。

このシステムは「生命の樹」の構造に反映されている。人間は最下層のセフィラ⑩マルクトから順に上昇し、最終的に①ケテルへと至る。①ケテルの上は無限光であるエイン・ソフ・オールの世界、つまりは天国だ。

だが、①ケテルまで無事に到達できるかは本人の生き方次第である。この世に生まれて経験を積み、人生を歩むことは「生命の樹」を登ること。途中、いいこともあれば、悪いこともある。善行をなす者もいれば、道を踏み外して罪を犯す者もいるだろう。

実は、各セフィロトには落とし穴がある。「球殻」である。単数形は「ケリッパ／クリファ：KLYFH」、複数形「ケリッポト／クリフォト：KLYFWT」である。閉じた貝殻として表現され、そこに入ったら、もう出てこられない。真っ逆さまに地獄へ至る。実行するのは聖霊コクマーの役目である。

アダム・カドモンと両性具有

創造神ヤハウェは自分の似姿として人間を創造した。最初に霊体を創造し、そこに肉体を形成した。創造は4段階で行われた。エイン・ソフ・オールから流出した「生命の樹」は、そのままアダムの体である。

➡人体として表現された「生命の樹」である、アダム・カドモン。

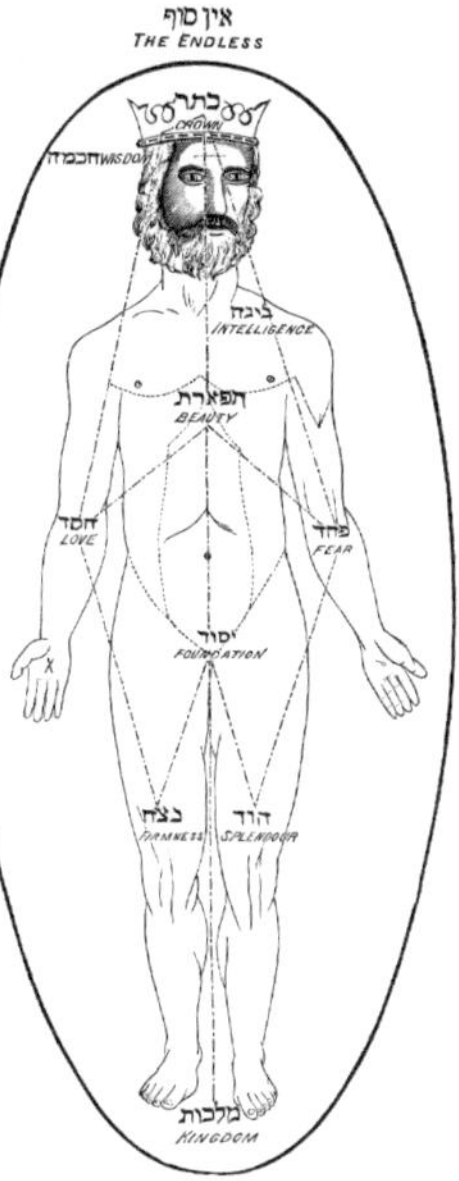

⬇両性具有の姿で描かれたアダム・カドモン。

カッバーラは人体として表現された「生命の樹」のことを「アダム・カドモン」と呼ぶ。

図像で表す場合には「生命の樹」を背負った男性の姿で描かれる。アダムが創造されたとき、まだ女性はいなかった。最初の女性であるエバはアダムの骨から創造された。赤土ではない。エバが創造される以前のアダムは男性であるが、同時に女性でもあったという説がある。

そのため、両性具有の姿でアダム・カドモンが描かれることもある。

しかし、創造は2回ある。最初

に創造された霊体の段階で、すでに男性と女性があった。神の似姿で男性と女性が創造されたということは、創造神もまた男と女が存在することを示している。ヘブライ語の文法上、聖霊の名前であるコクマーやルーハは、ともに女性名詞である。「生命の樹」においては、イエス・キリストが陽に対して、聖霊は陰。陰陽を男女として位置付けると、聖霊は女神ではないかという指摘もある。

イスラム教徒はキリスト教の三位一体説が、どうにも理解できなかった。御父と御子と聖霊を「ヤハウェとイエス・キリストとマリア」だと考えた。これを知ったクリスチャンたちは、彼らの無知を笑った。今でも誤解していると指摘する人もいる。

だが、間違った三位一体説を正統神学として考えるキリスト教たちに、イスラム教徒を笑う資格などない。イスラム教徒が聖霊をイエスの母であるマリアだと考えたのは、息子をもった父と母の核家族を想像したのみならず、カッバーラの「生命の樹」を念頭に置いていたからだ。

実際、カトリックやギリシア正教では、聖母マリアに対する崇敬が高まり、事実上の女神として崇拝されることになる。これは目に見えない聖霊の代替である。聖母マリア信仰は聖霊信仰でもある。その証拠に、聖母マリアは常に聖霊を象徴する白い鳩が付随する。幼子イエス・キリストを抱いた姿は、古代においてはホルスを抱いた女神イシスが原型である。古代エジプトの三大神を絶対三神に見立てれば、まさにイシスは聖霊である。

しかしながら、聖霊コクマーは男神である。女神ではない。女神は別にいる。神々の世界にいるのは男神だけではない。御父に対する御母もいる。霊体としてエバが創造されたとき、その姿は御母の似姿として創造されたのだ。なのに、母なる神が『聖書』に登場しないのは、この世に関知しないことになっているからだ。死んだ後、天界に戻ったとき、初めて人間は御母の存在を知ることになるのだ。

したがって、イエス・キリストの母マリアが死後、復活体となって聖母マリアとなって人々の前に現れることはない。聖母マリア信仰はイシスやアルテミスといった異教の大地母神信仰が姿を変えたもの。

1917年にポルトガルのファティマに、1858年にフランスのルールドに聖母マリアが出現するという奇跡が起こった。ヴァチカンは公式に奇跡と認定しているが、これには裏がある。はたして、出現した聖母マリアは何者なのか。

もし、これが光とは、まったく別の存在だったとすれば、恐ろしい事件である。公開されるはずだった聖母マリアのメッセージを読んだときのローマ法王パウロ6世は失神するほど衝撃を受けた。内容は明らかにされていないが、ヴァチカンの正統性に関わる重大な事実が含まれている可能性がある。

ちなみに、天使を意味するヘブライ語「マラク：MLAK」は男性名詞である。『聖書』に登場する「ミカエル：ＭＹＫＥＬ」をはじめとする天使は、みな男である。受胎告知をしたことで、女性に描かれることがある「ガブリエル：ＧＢＲＹＥＬ」ガブリエルも男の天使である。

一般にキリスト教の神学では、「マタイによる福音書」第22章30節の「復活の時には、めとることも嫁ぐこともなく、天使のようになるのだ」という記述をもって、天使に性別はないと解釈しているが、間違っている。カッバーラを受け継ぐ預言者の言葉ではない。あくまでも人間の勝手な解釈に過ぎない。先に見た大天使メタトロンは、アセンションした男の預言者エノクである。天使にも性別があるが、人間の前に創造神ヤハウェの使いとして姿を現すのは男の天使なのだ。

アダム・カドモンとチャクラ

最初に創造されたアダムは霊体だった。精妙な物質で創られた体である。物質である以上、そこには構造がある。肉体のもとになる形があった。肉体が創造された後も、霊体は重なって存在した。ときに、霊体は肉体から抜け出ることもある。いわゆる幽体離脱である。エネルギー密度が低い状態の霊体は幽体と呼ばれる。インドのヨーガでは、霊体並びに幽体のことを「微細身」と呼ぶ。

微細身には肉体とは異なる器官がある。生命エネルギー「プラーナ」の通り道「気脈：ナデイ」である。その数は3本。尾骨を起点として、脊髄に沿って垂直に伸びる「スシュムナー」に対して、左側を螺旋状に上昇する「イダー」と右側を螺旋状に上昇する「ピンガラー」がある。これら3本のナディは「生命の樹」における三本柱である。

上昇するなかで、3本のナディは脊髄で7つの交点ができる。ちょうど3本のナディを縛り、節目のようにまとめあげているのが「輪：チャクラ」である。輪ゴムのようなものだと考えればいい。

下から、それぞれ①「ムラダーラ・チャクラ」、②「スワディーナ・チャクラ」、③「マニピューラ・チャクラ」、④「アナハタ・チャクラ」、⑤「ビシュターー・チャクラ」、⑥「アジナ・チャクラ」、⑦「サハスラーラ・チャクラ」と呼ばれる。「生命の樹」でいえば、これがセフィロトである。

アダム・カドモンにおけるセフィロトは人体の部位、器官、臓器に対応している。①ケテルは頭頂、②コクマーと③ビナーは左右の脳、○ダアトは喉、④ケセドと⑤ゲブラーは心臓の右心室・右心房と左心室・左心房、⑥ティファレトは太陽神経叢、⑦ネツァクと⑧ホドは両足、⑨マルクトは性器で、⑩が足元に対応する。このうち足元にある⑩マルクトを除いた10個のセフィロトで左右対称となっているものをひとつに合体させる。

便宜上、ここでは下から数える。①マルクト、②ネツァク・ホド、③ティファレト、④ケセド・ゲブラー、⑤ダアト、⑥コクマー・ビナー、⑦ケテルである。これが、そのまま7つのチャクラに対応するのだ。

しかも、ヨーガでは尾骨に「クンダリニー」と呼ばれる性的エネルギー「シャクティ」が眠っているとされている。シャクティが覚醒すると、クンダリニーは脊髄のナディ、つまりスシュムナーが上昇。途中にあるチャクラを次々と開き、頭頂を目指す。チャクラが開くと潜在能力が開花し、最終的に三昧の境地に至る。ヨーガでは、図像で示すとき、クンダリニーを蛇として描く。普段、クンダリニーは尾骨で3回転半、とぐろを巻いた状態で眠っている。

まさに、これが「生命の樹」に掛かる青銅の蛇ネフシュタンであり、雷の閃光カヴである。天地創造にあってエイン・ソフ・オールから流出したカヴはジグザグに降下し、再び上昇する。3次元的に螺旋状に上昇するなら、その運動は3回転半。クンダリニーの動きとまったく同じなのである。

ヨーガの思想は仏教における密教として日本にも伝来している。仏でいえば「軍茶利《ぐんだり》明王《みょうおう》」だ。軍茶利とはクンダリニーの音写である。見えないシャクティを擬人化したのが軍茶利明王なのだ。敬虔なユダヤ教徒やキリスト教徒、そしてイスラム教徒からすれば、仏教の仏像は偶像でしかない。

だが、仏像がアダム・カドモンなら、話は違う。人体として表現した「生命の樹」なのだ。

仏教の開祖である釈迦は偶像を禁止した。死後、自らの像を作り、これを礼拝することを禁じた。この戒律を守って、原始仏教徒は釈迦を樹木で表現した。菩提樹である。釈迦は菩提樹の下で悟りを得て仏陀となった。菩提樹は仏教における「生命の樹」である。これが後々、人体として表現されたということは、だ。すなわち、仏像とは、まさに形を変えた「生命の樹」、すなわちアダム・カドモンにほかならないのである。

鏡像反転とプロヴィデンスの目

アダム・カドモンは「生命の樹」を背負う姿で描かれる。「生命の樹」は前面にあるので、必然的にアダム・カドモンは後ろ向きになる。こちらに背中を向けた形だ。『新約聖書』で人間を羊と山羊に分ける際、神の左右に集めた。神の右側に羊、左側に山羊である。中央に位置する御父からすれば、その右手とは、見ているほうからすれば逆。向かって左手になる。同様に、左手とは向かって右だ。

つまり、「生命の樹」で表現された絶対三神もまた、後ろ向きになっている。こちらに正対しているわけではない。神殿や拝殿において、そこにある「生命の樹」をもって絶対三神に対面するなら、後ろ姿に向かって礼拝していることになる。どうだろう。何か違和感を覚えないだろうか。

謎を解く鍵は神社にある。神社の拝殿には鏡が置かれている。鏡は太陽の象徴で、神道の最高神である天照大神を意味している。と同時に、そこに映る参拝者を映し出し、自分の姿を見直す装置でもある。鏡に映った姿は、いうまでもなく左右が逆になる。鏡に映った参拝者の姿は、もはや人間ではない。ご自身の似姿として人間を創造した絶対神を意味しているのだ。

おわかりだろうか。「生命の樹」も、そのままでは絶対三神の後ろ姿だが、鏡に映すことによって正面を向く構造になる。これを「生命の樹」の「鏡像反転」と呼ぶ。2次元の平面に描写された「生命の樹」は鏡像反転する必要があるのだ。

しかも、ここで重要になってくるのが隠されたセフィラ○ダアトである。○ダアトは後ろ向きで表現された絶対三神、とくに中央に位置する御父エル・エルヨーンの胸に位置する。2次元の「生命の樹」を鏡像反転させたなら、隠された○ダアトを顕現させ、図としても描き込まなければならない。

立体構造で「生命の樹」を表現する場合、パスの重なりに注意しなくてはならない。左右に水平に伸びる3本のパスは手前側にもってくる。こうすることで、向こう側に○ダアトが隠れる。すでに後ろを向いている状態なので、鏡像反転するのではなく、そのままくるりとひっくり返す。絶対三神が互いの位置関係を保ったまま、180度回転する。こうすることで、御父エル・エルヨーンの胸にある○ダアトが正面に見える状態となる。

カッバーラではアダム・カドモンが後ろ向きに描かれることで「生命の樹」の鏡像反転が表現されるほか、上下逆さまに描かれることもある。根元を上にし、幹と枝が下に伸びていく形だ。神道では「生命の樹」のことを「榊」と呼ぶが、その読みである「サカキ」には、逆さまの木「逆木」の意味が込められている。同様に、ヒンドゥー教の「生命の樹」である「アシュバッタ」は天界から地上へ逆さまに伸びている。

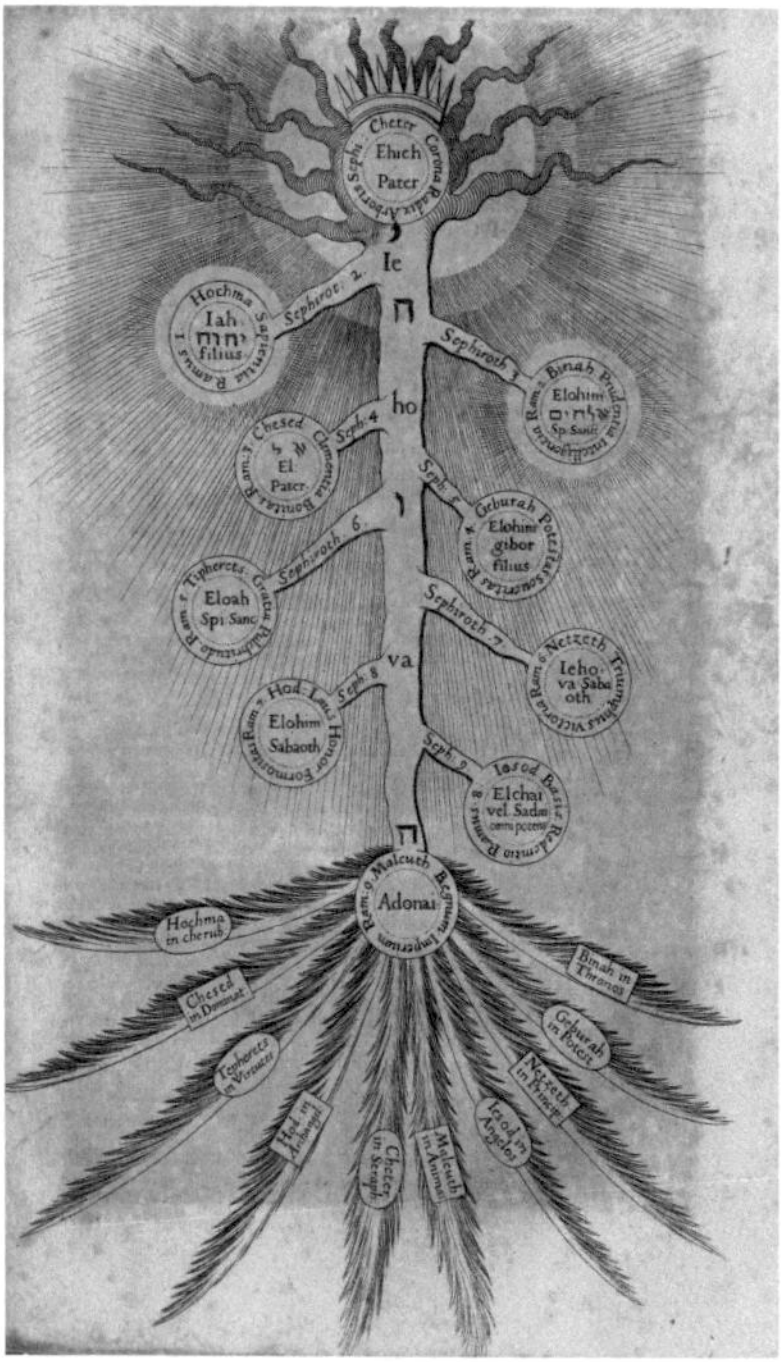

⬆根元を上、幹と枝が下に伸びる上下逆さの「生命の樹」。

では、鏡像反転させないままの「生命の樹」には、どんな意味があるのか。偽物の「生命の樹」とでもいうのか。先に、「生命の樹」の「三栄光」について紹介した際、セフィロト①ケテルと②コクマーと③ビナーが形成する三角形は、カッバーラの

⬆元来、最高位の光の天使である、熾天使ルシファーだった大魔王サタン。

シンボルのひとつ「プロヴィデンスの目」であると述べた。アメリカの1ドル札の裏に描かれたピラミッドの上に光る三角形に囲まれたひとつ目は創造神ヤハウェの左目だ。

しかし、その一方で陰謀論では、とかく忌み嫌われる。プロヴィデンスの目は創造神ヤハウェの目ではない。真逆の存在、大魔王サタンの目であるというのだ。

大魔王サタンは、もともと「熾天使ルシフェル：ルシファー」だった。

熾天使とは最高位の光の天使である。至高の天使ゆえ、ルシファーの心に傲慢が芽生えた。彼は絶対神にとって代わる存在になろうとして、仲間の天使とともに反乱を起こした。もっとも、絶対神に勝てるわけもなく、反逆の天使は天界から追放され、地獄へと落とされた。世にいう堕落した天使、すなわち「堕天使」の誕生だ。悪魔の正体は堕天使である。

堕天使は霊体だが、肉体をもつことはない。変身体はもちろん、復活体を得ることは永遠にない。悪魔にあるのは憎悪である。絶対神に対する憎しみはもちろん、霊体から肉体を得、変身体から復活体を得ることを約束された人間に対して激しい妬みをもっている。同じような境遇に陥れるため、悪魔は人間を誘惑し、そして堕落させようとする。死後、人間も同じ地獄へ落ちればいいというのだ。

悪魔のささやきにそそのかされ、道をはずす人間は少なくない。人生という「生命の樹」で上昇の道から足を踏み外し、ケリッポトに入ったまま、地獄へと落下していく魂もある。邪悪なる目的で人々を支配し、金儲けのために戦争を仕掛ける人間はいる。陰謀論ではない。文字どおりの陰謀だ。

世界征服を目的とする秘密結社は、みなオカルトを教義とする。秘密結社の幹部、奥之院の連中はカッバーラを知っている。熟知している。すべてわかったうえで、それを逆手にとっているのだ。歴史が預言通りに進むのなら、預言に沿った形で陰謀を企てればいい。この世の終末に、世界を支配する獣、反キリストが誕生するなら、そのように事を運べばいい。預言は必ず成就するのだから、必ず成功するというわけだ。

結果、邪悪な秘密結社の首領たちが崇拝するのは創造神ヤハウェではない。一見すると、創造神ヤハウェのようだが、実は真逆の存在である大魔王サタンである。プロヴィデンスの目は創造神ヤハウェにして、世の光であるイエス・キリストの目のようだが、実は、光の堕天使ルシファーの目である。陰謀論者が主張するように、実は、確かにプロヴィデンスの目はルシファーの目である。秘密結社員の中には、はっきりと公言する者もいる。

なぜ、そういえるのか。根拠は「左目」だ。「生命の樹」における左側は「峻厳の柱」である聖霊コクマーの位置である。陰陽でいえば、左目は陰の目なのだ。光と闇でいえば、闇の目である。このままでは「生命の樹」のプロヴィデンスの目は、大魔王サタンにして堕天使ルシファーの目なのだ。

おわかりだろう。そう、ここで必要となるのが鏡像反転なのだ。鏡像反転させれば、プロヴィデンスの目は右目になる。右目は創造神ヤハウェ＝イエス・キリストの目である。こうして、初めて本物の「生命の樹」となるのだ。逆にいえば、鏡像反転させていない「生命の樹」は恐るべき「死の樹」なのである。

「死の樹」と絶対三魔

魔術にはふたつある。白魔術と黒魔術である。ともに根本はカッバーラである。カッバーラの叡智がなくば、白魔術はもちろん、黒魔術も行うことができない。陰陽道でも、しかり。迦波羅の叡智がなければ、祝福も呪いも呪術として遂行することはできない。とくに神道では光の呪術を「右道」、闇の呪術を「左道」という。右道は白魔術の「生命の樹」、左道は黒魔術の「死の樹」である。

ふたつの樹は互いに鏡像関係にある。まったく同じ構造だが、左右が反転している。しばしば「生命の樹」は逆さまの姿で描かれるが、鏡像反転しないままでは「死の樹」である。地上に生える形での「生命の樹」の真下、直結する形で地下に伸びているのが「死の樹」なのである。

ある意味、「生命の樹」と「死の樹」は一対である。陰陽の関係にある。セフィロトとパスについても、まったく同じものが「死の樹」にある。ただし、「死の樹」には〇ダアトがなく、⑩マルクトを共有している。セフィロトは①反ケテル、②反コクマー、③反ビナー、④反ケセド、⑤反ゲブラー、⑥反ティファレト、⑦反ネツァク、⑧反ホド、⑨反イエソド、⑩反マルクト＝⑩マルクトである。22本の反パスもある。

ここで興味深いことがある。「生命の樹」と「死の樹」を合わせたセフィロトの数は20個で、パスの合計は44本。両者を合わせた数は64になる。なんと、この数は易の「六十四卦」の数と一致する。易は、この世のすべてを表現した宇宙の法則である。64という数は生物のＤＮＡに

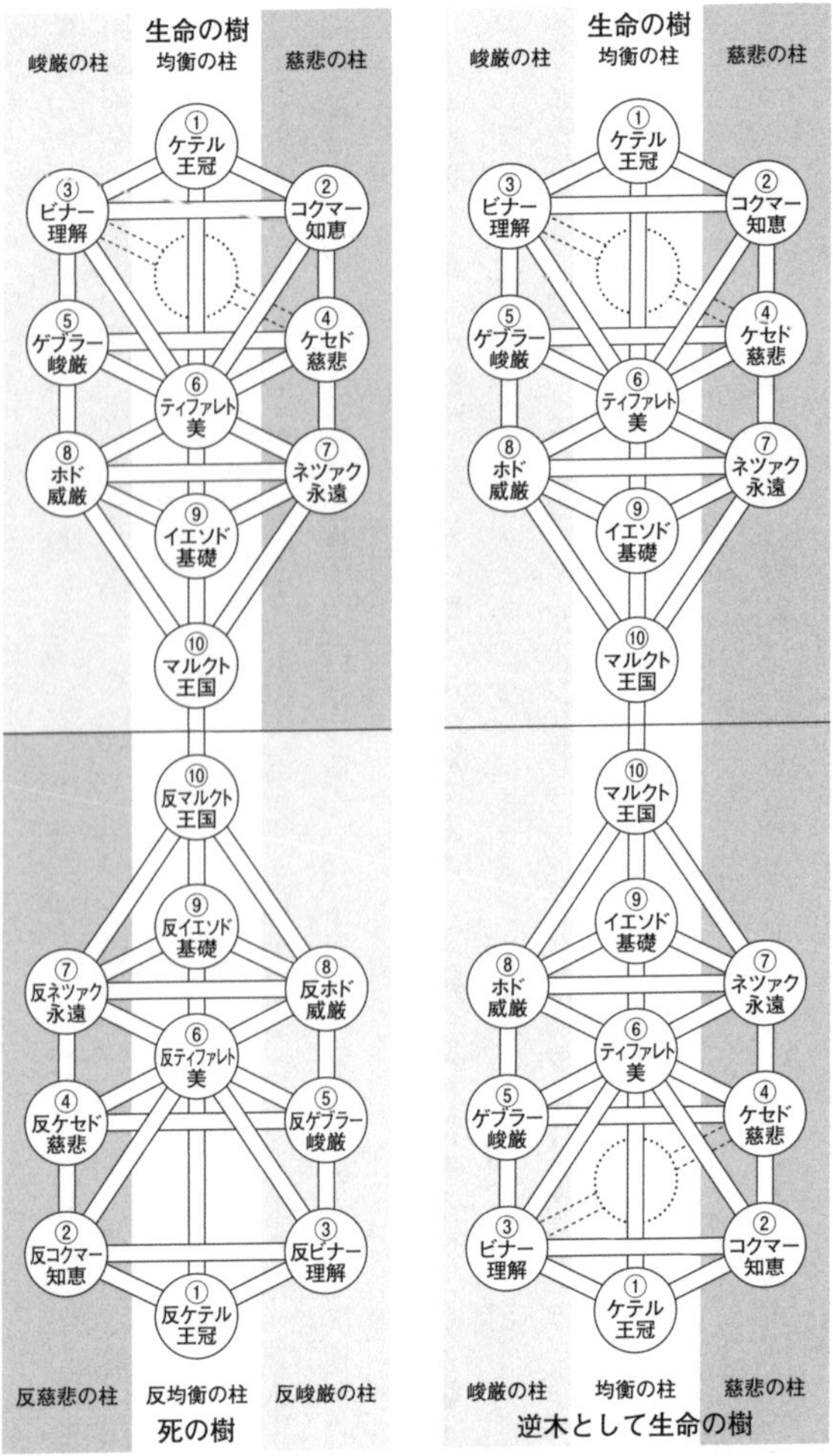

⬆（右）「生命の樹」と鏡像関係にある、「逆木としての生命の樹」と、（左）鏡像反転しないまま、上下左右が逆転した構造の「死の樹」。

⬆「獣の口から、そして偽預言者の口から、蛙のような汚れた三つの霊が出て来るのを見た」（「ヨハネの黙示録」第16章13節）。

も刻まれていることは先述した。まさに生命の設計図にカッバーラが深く関わっており、「生命の樹」及び「死の樹」に表されていたのだ。まさに、カッバーラは易を内包している宇宙の真理なのだ。

さて、ここからが問題だ。「生命の樹」の三本柱は絶対三神「御父と御子と聖霊」であったのに対して、「死の樹」の三本柱は何者か。もちろん、絶対三神ではない。絶対三神とは正反対、闇の存在だ。「ヨハネの黙示録」第16章13節に「わたしはまた、竜の口から、獣の口から、そして偽預言者の口から、蛙のような汚れた三つの霊が出て来るのを見た」と記されている。

ここでいう「竜」とはサタンの化身として描かれた7つの頭をもった「赤龍」のこと。「創世記」には年老いた蛇と記されている大魔王サタ

⬆3つの顔をもつサタンの姿。まさに絶対三神に対する、「絶対三魔」の姿を象徴している。

ンにして、堕天使ルシファーのことである。続く「獣」とは「反キリスト」のことである。

「ヨハネの黙示録」では666という数をもつ人間を意味する。彼は世の終わりに現れて、世界統一政府を樹立し、人類支配を完成させる。映画『オーメン』に登場する主人公ダミアンだ。

そして、最後の偽預言者はキリストの名を騙る偽使徒にして、偽りの福音と偽善を広め、世界最大の宗教組織のトップに立つ聖職者である。さしずめ、反キリストの偽12使徒の筆頭といったところだろうか。偽預言者もまた、肉体をもった人間である。彼らは絶対三神に対する「絶対三魔」である。

が、偽預言者とある以上、以前は預言者と呼ばれた立場の者という解釈も可能で、裏切者のユダも前は12使徒のひとりだったため、偽預言者は聖職者として究極の悪に落ちた元預言者となる。

○②反慈悲の柱：獣666：反キリスト
①反均衡の柱：大魔王：サタン＝堕天使ルシファー
●③反峻厳の柱：偽預言者：反キリストの偽使徒

並びに注意してほしい。鏡像反転させる前の「生命の樹」は「死の樹」である。よって、同じ姿のまま180度回転させて下に配置すると、柱の位置関係が左右逆になる。「慈悲の柱／反慈悲の柱」の下に「峻厳の柱／反峻厳の柱」で、逆に「峻厳の柱／反峻厳の柱」の下に「慈悲の柱／反慈悲の柱」が位置する。同じ柱の上下なのに違う柱になる。馬脚を現すとは、このことだ。

本当の「生命の樹」は鏡像反転している。したがって、その下に「死の樹」を配置すると「慈悲の柱」の下に「反慈悲の柱」、「峻厳の柱」の下に「反峻厳の柱」が続くことになり、陰陽の構造が保たれる。

よって、鏡像反転する以前の「生命の樹」、すなわち「死の樹」を道標に上昇しているように見えていても、実際は下降しているのだ。自分では善行をしているつもりだが、それは偽善であり、やがて他人はもとより自分自身を破滅させる。魔物たちの罠である。連中は実に巧妙だ。

絶対三神と絶対三魔の対応は体にもある。絶対三神のおいて御父エル・エルヨーンと御子ヤハウェ＝イエス・キリストは現在、ともに永遠不滅の復活体であり、聖霊コクマーは霊体のままである。

絶対三魔は、この逆。大魔王サタンは堕天使ルシファーであるがゆえ、霊体である。肉体さえ持っていない。ましてや復活体ではありえない。だが、獣６６６＝反キリストと偽預言者は、ともに人間である。肉体をもって生まれてきた。どんなに悪事を働いても、受肉した以上は、彼らにも権利がある。やがて死を経験した後、復活体となるだろう。そう考えると、見事に反転しているのだ。

さらに、もうひとつ。「生命の樹」には「青銅の蛇：ネフシュタン」が3回転半絡まっている。とかくキリスト教において「蛇」はサタンの代名詞である。オカルトのシンボルでもある「生命の樹」に蛇が絡みついているのを見るだけで、生理的に嫌悪感を抱くクリスチャンも少なくない。

だが、先述したように、「生命の樹」に絡むネフシュタンは、大預言モーセが旗竿に掛けた青銅の蛇のこと。荒れ野でイスラエル人たちが毒蛇にかまれたときに、これを振り仰いだことで癒された。旗竿はT十字架で、人々を救った青銅の蛇はイエス・キリストの予型なのだ。一方、サタンの象徴は、このときの毒蛇である。マムシのように赤胴色の毒蛇である。龍蛇という概念から、これが黙示録の赤龍に姿を変えたのだ。

ちなみに、ヨーガでは青銅の蛇は尾　骨で3回転半とぐろを巻いたシャクティの蛇、すなわちクンダリニーである。当然ながら、赤銅色の毒蛇としてのクンダリニーもいる。こちらが覚醒すると、かなりやばい。最悪、肉体を滅ぼすことにもなる。クンダリニーヨーガを実践する場合には、くれぐれも経験を積んだヨーギーの指導のもとに行うのが原則。自己流で極めたつもりでも、気がつけば「死の樹」を下降していることになりかねない。

「知恵の樹」と「知識の樹」

エイン、エイン・ソフ、そしてエイン・ソフ・オールから流出し、4つの段階を経て創造された宇宙において、最初の人間であるアダムとエバが住んでいたのは「エデンの園」である。ふたりは多くの動物といっしょに何不自由なく暮らしていた。まさに楽園だ。

楽園の中央には、ふたつの樹が生えていた。ひとつは「生命の樹」。その実を食べると不老不死状態になる。そして、もうひとつは「知識の樹」。この実を食べると創造神ヤハウェがもつ知識を得ることできる。

創造された当初、創造神ヤハウェはアダムとエバに対して、楽園に生えている樹の実は、どれも食べていいと許可を出した。そこには「生命の樹の実」も含まれている。これを食べていたがゆえ、ふたりは不老不死状態だった。

だが、一方の「知識の樹の実」に関しては、食べることを禁じた。食べると、確かに知識を得ることができるが、死すべき体になってしまう。ゆえに、絶対に食べてはいけないと創造神はアダムとエバにきつく命じる。

絶対に食べるなというなら、最初から、そこに生やしておかなければいい。なんなら切り倒してしまえいい。どうして、創造神ヤハウェは、わざわざ目の前に「知識の樹」を置き、絶対に食べるなといったのか。

幼児は、なんでも口にする。ダメだといっても、いうことを聞かない。むしろダメだといえばいうほど、食べようとする。分別のある大人であれば、幼児が口にしないように、その食べ物を見えない場所に置くだろう。幼児の目につく場所に置かなければいい。創造神ヤハウェも、そうすればいいのに、なぜ、そうしなかったのか。

むしろ、内心では食べることを期待したのではないか。実際、これを見越して、誘惑してくる輩が現れる。年老いた蛇、すなわちサタンの化身である。サタンスネークは「知識の樹」に絡みつき、近づいたエバを誘惑する。食べたら知識を得られる。食べたって死ぬことはないよ。実際に食べたら、すごくおいしいよと、言葉巧みにそそのかし、ついにはエバをだますことに成功。彼女は「禁断の樹の実」を口にしてしまう。

エバだけではない。アダムもまた、掟を破った妻の言葉に驚きながらも、最終的に「知識の樹の実」を食べる。妻だけが死ぬ体になってしまったことに耐えられなかったのかもしれない。いずれにせよ、サタンの目論見は見事に達成された。この状況を全知全能の創造神は見ていたはずだ。すべてわかっていたに違いない。

ところが、わざと知らないふりをしていたのか、アダムとエバに声をかける。悪いことをしたという自覚があるふたりは身を隠す。あえて問いただすことで、彼らが「禁断の樹の実」を食べたことを自白させ、これをとがめる。創造神ヤハウェは怒り、ついにはエデンの園から追放する。

このままでは、不老不死をもたらす「生命の樹の実」を食べてしまうからだと「創世記」にはある。「知識の樹の実」を食べると死ぬ体になるが、このとき「生命の樹の実」を食べれば、死ぬことがなくなる。そうなると、もはやアダムとエバは絶対三神と同じ存在になってしまう。これはなんとしても阻止しなければならないからだという。

結果、アダムとエバはエデンの園を追放され、「生命の樹」と「知識の樹」に近づくことを禁じられた。「禁」という字は「木・木・示」から成る。「示」とは神のこと。ふたつの「木」とはエデンの園にあった「二本の樹」、そう「生命の樹」と「知識の樹」である。まさに創造神ヤハウェは二本の樹を禁じたことを示しているのだ。

よく誤解されるが、「知識の樹」は「知恵の樹」ではない。「知恵の樹」は「生命の樹」の別名である。逆に「知識の樹」は食べると死ぬことからわかるように「死の樹」である。両方の樹の実を食べると、叡智を手にした創造神ヤハウェのようになる。非常に逆説的だが、カッバーラの目的も、そこにある。不用意に近づかないように仕掛けがしてあるゆえ、カッバーラを極めることは非常に危険なのだ。

第4章
極東イスラエル王国「日本」とふたつのユダヤ王朝の正体

宇宙創造と太陽系創造

この宇宙は絶対三神によって創造された。「創世記」第1章1節にある「初めに、神は天と地を創造された」とは、カッバーラでいえばエイン、エイン・ソフ、そしてエイン・ソフ・オールから光が流出し、この宇宙が誕生したことを意味している。流出した光とはエネルギーであり、これが質量をもって物質になった。

最初はプラズマ状態である。プラズマによって宇宙は光で満たされていた。プラズマは発光するだけでなく、吸光もする。ブラックプラズマもある。これが「闇」である。天地創造の第1～3日目までの昼とは、プラズマによって照らされ、夜はブラックプラズマによって闇に包まれたことを意味する。

結論からいえば、ビッグバン理論は間違っている。宇宙は創造されたが、プランク長以下の領域から時空がインフレーションして、そこからビッグバンが起きて、宇宙の晴れ渡りを経て、現在のような銀河ができたわけではない。宇宙を支配しているのは重力ではなく、プラズマである。プラズマによって重力が生まれる。プラズマのもつ電磁気力によってフィラメントが形成され、これが宇宙の隅々にまで広がっている。

フィラメントに電気が流れ、磁気が発生することで、渦巻き銀河ができる。銀河は銀河団、そして巨大な宇宙大規模構造を形作っているが、すべてはプラズマである。銀河を構成する星々も、すべてプラズマで光っている。逆に、すべてを飲み込むブラックホールもプラズマをまとっている。

恒星には惑星が生まれる。太陽系の場合、最初、中心に巨大なプラズマの塊があった。これが太陽となった。太陽が輝きだしたのは、天地創造の第4日目である。一般に太陽は水素とヘリウムが核融合反応して燃えているといわれるが、実際はプラズマ発光である。黒点を結ぶ磁力線に沿ってプラズマフィラメントが形成され、これが爆発によって伸びていく。途中で磁力線のつなぎ変え、すなわちリコネクションが起こると、膨大なエネルギーが解放されて、超高温状態となる。

電磁調理器のようなものだ。コロナは灼熱だが、内部は、さほど温度は高くない。光球の下にある対流圏の深部は、もっと温度が低い。驚くかもしれないが、その下は剛体回転をしており、表面には地殻がある。想像を絶する超弩級大陸と超弩級大洋があり、黒点の直下には超弩級火山が噴煙を上げている。

これが爆発的な噴火を起こすと、太陽は巨大な天体を生みだす。こうして誕生したのが木星と土星、天王星、そして海王星である。ちなみに、教科書に載っているガス円盤説による太陽系形成論は完全に破綻している。

太陽系の巨大惑星は、一般にいわれるようなガス惑星ではない。内部に地殻をもった天体がいる。そこには、いずれも巨大な火山があり、ときおり大噴火を起こすことで、天体を生みだす。衛星は、すべて大噴火で生まれた灼熱のプラズマ塊で、それが冷えた結果、小さな天体になったものである。

もっとも巨大な惑星である木星が大噴火を起こすと、大赤斑から灼熱の巨大彗星が誕生し、これが衛星のみならず、太陽系の惑星にもなった。水星や金星、地球、火星、そして今はなき惑星フェイトンが生まれた。惑星フェイトンとは火星と木星の軌道の間を公転していた惑星で、あるとき完全破壊され、今は残骸が小惑星として浮遊している。

地球がもつ唯一の衛星である月も、木星から誕生した。地球が誕生して間もない時期に、灼熱の巨大彗星だった月が接近し、重力圏に捕獲された結果、衛星となった。もともと豊富な水があり、冷却すると表面は水に覆われ、絶対零度の宇宙空間にむき出しになった結果、氷の地殻ができた。月とまったく同じ種類の天体で、そのまま木星の衛星となったのがエウロパである。かつて月も、エウロパのような内部に熱水を抱えた氷天体だったのである。

原始地球とエデンの園

木星の大赤斑から灼熱の巨大彗星として誕生した地球は、今よりもひと回り小さかった。陸地がなく、表面は水で覆われていた。おそらく冷却が進んだことで、表面は氷で覆われていた可能性がある。地球科学でいうスノーボール・アース状態である。

だが、地球内部の熱が放射されることで再び氷は融解し、大量の水蒸気が発生した。「創世記」第1章6節には「水の中に大空あれ、水と水を分けよ」とある。水蒸気は大気となり、分厚い高層雲が地球を覆った。温室効果により温暖化が促進され、上層部の水蒸気は特殊なキャノピーのような状態となり、有害な宇宙線から地上を守った。

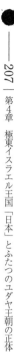

このとき地球の表面は泥海のような状態だった。さまざまな物質が水に溶け込み、これが撹拌されていた。やがて、沈殿が始まり、浅瀬ができた。「創世記」第1章9節において、創造神が「天の下の水は一つ所に集まれ。乾いた所が現れよ」と命じたように、一か所に水が集まった。限られた地球の表面で水が集まると、残った部分は陸地となった。陸地もまた、ひとつ。巨大な超大陸が形成された。

現代地球科学の定説では、最初に現れたのは「超大陸コロンビア」、次に「超大陸ロディニア」、そして最終的に「超大陸パンゲア」が誕生した。これが失われた「ムー大陸」の正体である。今から1万2000年前、太平洋に一夜にして沈んだというムー大陸は旧日本軍がインドの寺院にあった『ナーカル碑文』をもとに作りだした幻想大陸である。旧日本軍はジェームズ・チャーチワードなるイギリス人を使って『失われたムー大陸』という本を書かせたことで有名になった。

しかし、本当のムー大陸は現在の太平洋にあったわけではない。もっと巨大な太平洋、地球上にひとつだけ存在した「超太洋パンサラサ」にあった。当時は大西洋やインド洋、南極海、さらには北極海すらなかったのだ。

名前も「ムー」ではない。『ナーカル碑文』に記された大陸の名前は「アスカ」だった。サンスクリット語でアスカは失われた理想郷を意味する。

ノストラダムス研究家として知られる作家の五島勉氏はインドにあるアスカという町を訪れ、ひとりの「聖仙：リシ」に出会う。聖仙曰く、かつて海は今よりもずっと狭く、全世界は陸地でひとつに結ばれていた。この世界大陸の名前はアスカであり、あらゆる文明の発祥地であったと。

まさに、これが超大陸パンゲアである。

楽園「エデンの園」は超大陸パンゲアにあった。「創世記」第2章8節には「東の方のエデンに園を設け」とある。どこから見て東方なのかは不明だ。ただ、大陸の内部にあったことだけは確かである。エデンの園から河が流れ出て、それがピジョン河とギホン河、チグリス河、そしてユーフラテス河となったという。

現在、ピジョン河とギホン河はない。残るチグリス河とユーフラテス河はメソポタミア地方を流れており、その上流はアルメニア地方である。ここにエデンの園はあったのか。

残念ながら、おそらくエデンの園は、まったく別の場所にあったことだろう。というのも、当時と現在では、まったく地形が異なる。地形どころか、大陸の位置関係も違う。超大陸パンゲアの状態に復元して考える必要がある。しかも、現在、アカデミズムの復元は「く」の字をしており、ローラシア大陸とゴンドワナ大陸の間にテーチス海を想定している。初期の超大陸パンゲアには、これがなかった。全体に丸い形をしていた。この状態に戻すと、現在のチグリス河やユーフラテス河も存在しない。したがって、エデンの園は超大陸パンゲアの内陸部のどこかにあったとしかいえない。

しかし、アダムとエバが禁断の樹の実を口にしたことで、彼らはエデンの園を追放された。追放された後、最後にたどりついた場所はわかる。「創世記」第3章24節には「命の木に至る道を守るために、エデンの園の東にケルビムと、きらめく剣の炎を置かれた」と記されてある。エデンの園の東に道があり、そこを塞いだ。よって、追放されたアダムとエバは、エデンの園から東方へと続く道を歩いていった。

では、どこまで追放されたのか。謎を解く鍵はアダムの子孫、ノアである。

アダムの子孫、とくに直系の預言者たちは、みな同じ地に住んでいた。アダムの末裔である預言者ノアは箱舟を造ったことで知られる。箱舟を造る以上、場所は内陸ではない。海岸に近

⬆預言者ノアは息子たちと箱舟の建造を行った。その場所は超大陸パンゲアの極東、現在の日本列島か。

い場所だ。造船の技術を磨き、様々な試行錯誤も必要だったはずだ。海辺に居を構えていたに違いない。

では、超大陸パンゲアの東方、海岸がある場所は、どこか。それは極東である。ユーラシア大陸の東、すなわち極東である。現在の地図でいえば中国であるが、当時は違う。超大陸パンゲアの極東は、現在の日本列島である。

日本列島はユーラシア大陸から分離して、現在のような形になった。つまり、かつて日本列島があった極東にアダムとエバは追放された。言葉を換えれば、ノアの大洪水以前、アダムとエバ、さらには直系の預言者たちは、超古代のやがて日本列島となる場所に住んでいたのだ。

ノアの大洪水

古代史と超古代史の違いは何か。そもそも「超古代」という言葉自体が学術用語ではない。「超能力」がそうであるように、在野の研究家やマスコミが広めた言葉、造語である。これについて、古代史研究家の佐治芳彦氏は史料を整理し、両者の違いを定義した。古代史と超古代史の違いは天変地異、ノアの大洪水にある。ノアの大洪水以前を超古代史、それ以後を古代史と呼ぶ、と。これは革新的な提言であった。文字による記録がない文明を「先史文明」などと称すが、超古代文明を語るとき、もっとも重要な概念が天変地異、なかでもノアの大洪水なのだ。超古代文明が滅んだきっかけである。

人類史には、ここに大きな断絶がある。大洪水神話は世界各地にある。それは当然である。そもそも規模が違う。シュメール神話をもとに、大洪水の現場をメソポタミア地方に限定する説はあれど、実際はスケールがまったく違う。局所的な大洪水で世界文明が滅ぶわけがない。滅ぶ以上は、地球規模の天変地異だったはず。もっといえば、この地球が文字通り水没した。これがノアの大洪水の真相である。

はたして、すべての大陸が水没することなど、ありえるのか。もちろん、現在の地球をもって、両極の氷や氷河が融解したところで、たかが知れている。水没したのは今の地球ではなく、ひと回り小さな原始地球なのだ。超大陸パンゲアにはヒマラヤ山脈やロッキー山脈はなかった。起伏がほとんどなかったのだ。

そこへ、外部から大量の水がもたらされた。水源は月だ。当時、月は木星の衛星エウロパと同じ氷天体だった。内部に膨大な水があった。これが原始地球に降り注いだのだ。原因は巨大彗星である。木星から新たな灼熱の巨大彗星が誕生した。この事実はＮＡＳＡも知っている。ＮＡＳＡの上層部はコードネームで「ヤハウェ」と呼ぶ。

木星の大赤斑から誕生した巨大彗星ヤハウェは惑星フェイトンを潮汐作用によって破壊した。その破片群は小惑星帯となり、一部は火星に降り注いだ。当時あった火星の海は干上がり、環境は激変。生物が大量絶滅した。

その後、巨大彗星は破片を引き連れたまま、地球に接近。月を血祭りにあげた。氷の地殻は破壊され、内部の水が宇宙空間にスプラッシュし、これが地球に降り注いだ。結果、超大陸パンゲアは水没し、地球は全球水没状態となった。これがノアの大洪水の真相だ。

しかも、天体のニアミスで、原始地球の内部に大きな変化が起きた。マントル層に相転移が起こったのだ。高圧で閉じ込められていた物質が一時的に減圧したために、一気に体積が膨張したのだ。これにより、地球の表面積が拡大、ゆで卵の殻が割れるように超大陸パンゲアは分裂。丸い形から、くの字の形になり、テーチス海が形成された。

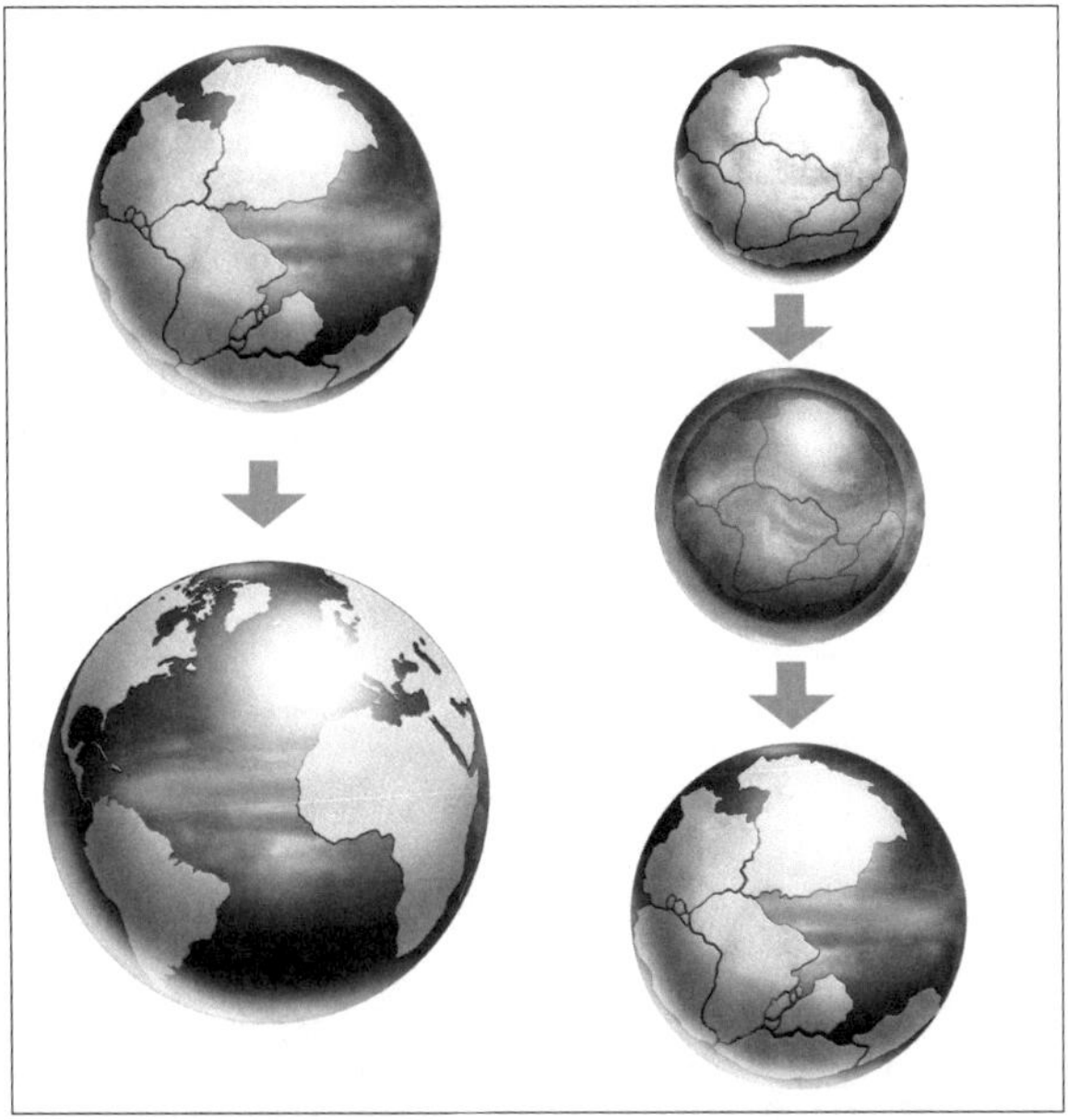

⬆地球膨張論を示した図。もともとひとつしかなかった超大陸パンゲアが、地球の体積が膨張して分裂し、さらに、そこから大陸移動が始まった（イラスト＝久保田晃司）。

さらに膨張が続くと、超大陸パンゲアはバラバラになり、北半球のローラシア大陸はユーラシア大陸と北米大陸、ゴンドワナ大陸からはアフリカ大陸と南米大陸、それにオーストラリア大陸、南極大陸、そしてインド亜大陸が分かれた。大陸放散である。

ノアの大洪水から超大陸パンゲアの分裂、そして大陸放散は極めて短時間に起こった。表面積が拡大したことにより、原始地球を覆っていた水の深さは相対的に浅くなり、やがて再び乾いた陸地が現れた。プレートテクトニクスが作用し、造山運動が起こり、高い山も形成された。ほぼ1年続いたノアの大洪水は終わりを迎える。

現在のトルコとアルメニアの間に山脈が形成され、そのひとつが火を噴くアララト山とその山系になった。ノアの箱舟はアララト山を中心とする山地に漂着。預言者ノアとその家族、そして箱舟に乗った動物たちは、箱舟から新天地に降り立った。

だが、そこは、もはや原始地球とは、まったく違う環境だった。分厚い水蒸気の層キャノピーは破壊され、大気の組成も、すべて変わった。地上に降り注ぐ宇宙線はもちろん、そこから形成される同位体の量も激変した。現代地球科学が絶対的な拠り所とする「斉一論《せいいつろん》」など幻想にすぎない。大前提が間違っているのだ。放射性同位体をもとにした年代測定法によってはじき出された数字など、まったく意味がない。

恐竜が絶滅したのは6600万年前ではない。わずか4500年前のことだ。化石など、条件次第でいくらでもできる。所詮は化学変化と鉱物の置換である。高温高圧状態下では、きわめて短時間で形成される。

何より大きく変わったのは重力である。月からもたされた水の分だけ、地球の質量が増えた。これにより重力が大きくなった。重力が大きくなったので、生物は大きな体をもつことができなくなった。現在の1Gの重力下では、体長50メートルを超える恐竜は生存できない。歩くことはもちろん、心臓から頭に血液を送り出すことができない。翼竜に至っては、最大種ケツァルコアトルはキリンと同じ大きさだった。どう考えても、飛ぶことなど不可能だ。すべてはノアの大洪水によって一変したのである。

一方、地球に大激変をもたらした巨大彗星ヤハウェは、その後、太陽系を荒らしまわった後、最終的に2000年前、地球へ最接近した。これがメシアの誕生を知らせる「ベツレヘムの星」だ。東方の三博士（正体は失われたイスラエル10支族の族長たち）は、これを見てイエス・キリストが誕生した地へと向かった。幸いにして、地球に超接近することはなかったが、最終的に太陽の向こうを公転する軌道に落ち着いた。

現在、惑星ヤハウェは太陽をはさんで、地球とは正反対の位置を公転している。惑星がもつ楕円軌道におけるふたつの焦点のうち、ひとつだけを共有し、点対称の位置をほぼ同じ速度で公転しているため、常に太陽に隠れた状態になる。いわば「反地球」だ。NASAは、もちろん存在を知っている。国家の軍事戦略のために秘密にしているだけだ。

惑星ヤハウェだけではない。地球に激変をもたらした灼熱の巨大彗星は、ほかにもある。金星だ。金星が誕生したのは約4000年前。木星の大赤斑から誕生した。2度ほど地球に接近して「極移動：ポールシフト」を引き起こした。このときの様子は「出エジプト」における天変地異のほか、大預言者モーセの後継者ヨシュアの時代に起こった太陽運行の停止として記録されている。

さらに、金星は先の惑星ヤハウェの超接近により、軌道が地球の内側を公転していた火星へと超接近し、これを弾き飛ばした。困ったことに、今度は火星が地球に接近し、ポールシフトが起こった。預言者イザヤの時代である。南朝ユダ王国の王ヒゼキヤの日時計が逆行したと『旧約聖書』には記されている。

超古代フリーメーソンと日本

ノアの大洪水以前、超大陸パンゲアの極東にアダムとエバは住んでいた。アダムの息子セトから、エノシュ、ケナン、マハラルエル、イエレド、エノク、メトシェラ、レメク、そしてノアが生まれた。彼らは、みな預言者である。アダム宗家の当主にして、カッバーラの叡智を継承した預言者たちである。

彼らは、みな超大陸パンゲアの極東に住んでいた。そこは現在の日本列島である。いわば日本超古代文明とは、アダムからノアに至る預言者たちが築いた文明なのだ。

古神道やスピリチュアル、はては新興宗教の教義で、日本は世界文明の発祥地だと語られることがあるが、その正体は超大陸パンゲアの極東で栄えた「超古代アスカ文明」のことである。現在の日本列島を想定して、1万2000年前に遡る縄文文化が中東のメソポタミア文明を生みだしたと語られることをよく目にするが、半分正しく、半分間違っている。

重要なのは、ノアの大洪水による文明断絶なのだ。ノアの大洪水をはさんで、同じ日本列島の大地に超古代アスカ文明の本拠地があり、それが再び復元された。超古代の預言者たちの血統がノアとその息子たちによって保たれ、やがて、その子孫が帰還し、今日に至る日本文明を築き上げたのだ。

カッバーラの叡智を継承する秘密結社に「フリーメーソン」がある。近代フリーメーソンは1717年、イギリスのロンドンで「グランドロッジ」が結成されたことをもって始まりとする。もちろん、それ以前からフリーメーソンはあった。リーメーソンとは「自由な石工」を意味するように、もとは建築家の組合だった。起源については諸説あるが、フリーメーソンの聖典『アンダーソン憲章』によれば、最初のフリーメーソンは人祖アダムである。この世の始まりからフリーメーソンは存在するのだ。

アダムを始祖とするフリーメーソンは預言者の秘密組織である。近代フリーメーソンとは異なる「超古代フリーメーソン」、いわば「アダムメーソン」だ。初代グランドマスターはアダムであり、その位を息子セトから末裔のノアまで継承した。超古代フリーメーソンのグランドロッジは現日本列島に設置されたのだ。

だが、超古代フリーメーソンはノアの大洪水によって再編される。預言者ノアの3人息子セム、ハム、ヤフェトたちに、それぞれカッバーラの叡智が宿命に応じて別々に継承されたのだ。こうしてアダムメーソンは3つのフリーメーソンに分かれた。

不思議なことに『旧約聖書』では長男セム、次男ハム、三男ヤフェトになっているが、『アンダーソン憲章』では順番が異なっており、長男はヤフェトとされる。現在の『旧約聖書』が改竄されていることは明らかで、しかも「創世記」におけるノアの子孫に関する記述には矛盾が多い。本来は『アンダーソン憲章』の記述通り。

3つのフリーメーソンとは「ヤフェトメーソン」と「セムメーソン」と「ハムメーソン」で、これらは「三本柱」となって「生命の樹」を形成している。ヤフェトと妻の子孫からは主にコーカソイドやアーリア人などの白人種、セムと妻の子孫からはアジア系の黄色人種、そしてハムと妻の子孫からはアフリカ系の黒人種が生まれた。

○②御子：セムメーソン：黄色人
①御父：ヤフェトメーソン：白人
●③聖霊：ハムメーソン：黒人

預言者ノアがもっていたカッバーラの奥義はセムが受けついだ。セムは絶対三神を崇拝するための儀式を執行する大祭司となり、新たな名を「メルキゼデク」と称した。ノア及びセム一族は箱舟が漂着したアララト山系からアルメニア、そしてメソポタミアに移動し、古代シュメール文明を築いた。

子孫からは預言者アブラハムが生まれた。アブラハムの息子がイサク、そして孫がヤコブだ。ヤコブの別名をイスラエルといい、その息子たちから12支族が誕生。そのうちのユダ族の末裔からイエス・キリストが誕生する。

ノアの息子たち3つのフリーメーソンを「生命の樹」に見立てると、確かに創造神ヤハウェの「慈悲の柱」であるセムメーソンからイエス・キリストは誕生している。

イエスは12使徒と70人の弟子たちを組織したが、その元型は大預言者モーセが組織したイスラエル12支族の族長と70人の長老からなる「サンヘドリン」である。まさに、これがセムメーソンの中核であり、グランドロッジだといっていい。現在でも、その組織は厳然として存在し、

⬆セムメーソンは、預言者モーセが組織した「サンヘドリン」を元型とする。

世界を支配しているという都市伝説もある。

しかし、セムメーソンの本流は違う。セムメーソンのグランドマスターは預言者である。カッバーラの奥義を継承し、祭祀を行っている。メルキゼデク同様、創造神ヤハウェを祀る儀式を連綿と行っている。祭祀を専門に行う一族はイスラエル12支族から聖別されて「レビ族：LWY」だ。レビ族だけは男系で、大祭司を担うのはモーセの兄アロンの直系に限られる。

しかし、研究が進んだ今、古代イスラエルの神殿で儀式を行った大祭司はアロンの子孫ではないことが判明している。大祭司は、みな弟の大預言者モーセの子孫である。モーセは創造神ヤハウェと契約し、その祭壇である契約の聖櫃《せいひつ》アークを製作した。神殿の至聖所に安置されているのは契約の聖櫃アークであり、それを管理するのは大預言者モーセ及び彼の子孫の使命である。『旧約聖書』には、ほとんどモーセの子孫は登場しないが、その末裔は確かに現在もいる。日本の天皇家だ。

天皇はセムメーソン直系の預言者。しかも、大預言者モーセの子孫である。契約の聖櫃アークを扱う資格をもった大祭司なのだ。超古代フリーメーソンのグランドロッジがあった日本列島に、はるか中東の聖地エルサレムから大預言者モーセの末裔はシルクロードを通ってやってきた。

彼らだけではない。セムメーソンの根幹たるイスラエル人たちは、預言者に導かれて旅立った。何派にも分かれて、極東を目指した。かつてアダムとエバが追放され、超古代フリーメーソンのグランドロッジがあった日本列島へとやってきた。こうしてできた国が日本なのだ。統治したのは、もちろんセムメーソンのグランドマスターにして、大預言者モーセの子孫、大祭司コーヘン・ハ・ガドールたる天皇だ。

偽書とされる古史古伝『竹内文書《たけうちもんじょ》』には、超古代天皇は世界を支配したと記されている。一見すると荒唐無稽な話だが、すべては暗号である。隠された意味は、ノアの大洪水以前、超大陸パンゲアの極東において世界を支配した預言者たちの歴史。アダムからノアに至るアダムメーソンのことなのだ。

箱舟が漂着したアララト山系からオリエント地方に移住したノアの子孫たちは、古代エジプト文明やシュメール文明、インダス文明、黄河文明等を築いた。『竹内文書』が、すべての文明の発祥地が日本であると語るのは、ノアの大洪水以前の日本列島にいたアダムメーソンの宗家がセムメーソンに継承され、めぐりめぐって古代日本の天皇となったことを極論しているからだ。

カッバーラの呪術が、ここにある。『竹内文書』の記述を鵜呑みにして、すべて額面通り受け取る人間はもちろん、これが全部ウソだとして否定する人間、どちらも真実を知ることはない。仕掛けられた暗号を読み解くことができた人間のみが本当の歴史を知ることができるのである。

二本列島としての東西日本

日本は二本である。カッバーラの奥義「生命の樹」と「死の樹」を掲げる国だ。日本列島も大きくふたつある。東日本と西日本である。本州はフォッサマグナの西側、糸魚川静岡構造線《いといがわしずおかこうぞうせん》を境にして、異なる文化圏だった。文化のみならず、植生や動物、昆虫の種類も異なる。そもそも、東日本と西日本は別々の独立した島だった。本州は物理的に糸魚川静岡構造線をもって、東西に分離していたのである。

超大陸パンゲアが大陸放散から本格的な大陸移動が始まると、ユーラシア大陸の極東部分が細長く分離しはじめた。東日本列島は沿海州から反時計回りに回転しながら分かれ、同時に九州や四国と一体となった西日本列島は時計回りに回転しながら移動を開始。北海道は樺太《からふと》とともに、大陸から分かれて、3つの陸塊となった。

現在の定説では、東日本列島と西日本列島が徐々につながり、いったん、逆くの字になったが、そこへフィリピン海プレートに乗った伊豆諸島が本州に激突。伊豆半島が形成され、富士山が噴火。現在のような姿になったと考えられている。

だが、実際はもっと激しかった。ユーラシア大陸から分離した東日本列島は大きく時計回りに回転し、青森を南にして南下。分離した西日本列島は大きく時計回りに回転して、九州を北にした状態にまでなった。ふたつの日本列島は徐々に接近し、ついには激突。西日本列島の九州と四国が分離し、東日本列島に伊豆諸島が衝突。今度は合体した日本列島が反時計回りに回転し、現在のような姿になった。

日本は古来「秋津洲《あきつしま》」と呼ばれた。『古事記』には「大倭豊秋津洲《おおやまととよあきつしま》」、『日本書紀』には「大《おお》日本豊秋津洲《やまととよあきつしま》」と書かれている。初代・神武天皇が国土を眺めたとき、秋津が交尾しているような形だと感想を述べたことに由来する。秋津とはトンボのことである。トンボは交尾すると、連結した形で飛行する。つまり、秋津洲という名前は、東日本列島と西日本列島が激突して、現在の日本列島になったことを示唆しているのだ。

古代、東日本列島と西日本列島が分離していたことは人々の記憶にあった。長野県に「生島《いくしま》

⬆生島大神と足島大神を主祭神とする「生《いく》島足島《しまたるしま》神社」。

足島《たるしま》神社」がある。主祭神は生島大神と足島大神である。生島大神は生命力、足島大神は国力を象徴する神々であると説明されるが、本来は、その名にあるように島を神格化したもの。生島は東日本列島、足島は西日本列島のことだ。事実、生島足島神社は日本列島、本州の中心地である。境内には「日本中央」と書かれた石碑が立っている。

　東西ふたつの日本列島はふたつの島であり、それぞれ二柱の神々とされた。神々は柱であり、樹木である。エデンの園にあった「生命の樹」と「死の樹」である。かくして、この国は秋津洲から二本、すなわち日本となった。これが、まさに言霊である。呪術史観の極みといっていいだろう。

縄文人と弥生人と失われたイスラエル人

　日本の歴史は古い。少なくとも縄文時代は1万2000年前に遡る。それ以前の旧石器時代もあった。世界最古だという研究家もいる。が、いずれも放射性同位体による年代測定法をもとにした数字であって、激変論ではまったく意味がない。

ノアの大洪水後、人類は箱舟が漂着したアララト山系から世界に広がった。現在も、アララト山系のアキャイラ連山に化石化したノアの箱舟がある。ノアの家族は現在のアルメニア地方から大きく3つに分かれた。ノアと息子セムたちはメソポタミア地方へ移住し、子孫は中東からアジア一帯へ。ヤフェトはコーカサス地方を経て、子孫はヨーロッパとインドへ。そしてハムはエジプトに移住し、子孫はアフリカ大陸へ広がった。

アダム一族の宗家であるノアと息子セム、その子孫からは預言者アブラハムが生まれる。アブラハムの息子イシュマエルはアラブ人の祖となり、もうひとりのイサクは本家を引き継ぎ、その息子ヤコブがイスラエル人の祖となった。イスラエルとは神が名づけたヤコブの別名である。

ヤコブには12人の息子があり、そこからイスラエル12支族が誕生する。①ルベン族、②シメオン族、③レビ族、④ユダ族、⑤イッサカル族、⑥ゼブル族、⑦ダン族、⑧ナフタリ族、⑨ガド族、⑩アシェル族、⑪ヨセフ族、⑫ベニヤミン族である。このうちレビ族は祭祀一族として独立。代わって、ヨセフ族がマナセ族とエフライム族に分かれた。

ヤコブの息子ヨセフは古代エジプトにおいて宰相となり、親と兄弟を呼び寄せたが、やがて没落し、イスラエル人は奴隷状態になる。これを救ったのが大預言者モーセである。モーセは一族を率いてエジプトを脱出し、約束の地であるカナンへと至る。ここで人々は古代イスラエル王国を樹立。かのダビデ王とソロモン王を輩出した。

だが、人々が堕落したことにより、紀元前930年、南北に分裂。北朝イスラエル王国と南朝ユダ王国ができる。北朝イスラエル王国は紀元前722年にアッシリア帝国によって、南朝ユダ王国は紀元前586年に新バビロニア王国によって滅亡。住民はメソポタミア地方へと捕囚されてしまう。南朝ユダ王国の人々はユダヤ人と呼ばれるようになり、バビロン捕囚から解放されると、再び国を再建。やがて、古代ローマ帝国の属国となり、紀元66年に起こった第1次ユダヤ戦争によって再び滅亡、人々は世界中に散っていった。

一方、北朝イスラエル王国の人々はアッシリア捕囚から解放されても故国へ帰還せず、そのまま行方不明となった。約束の地カナンへ戻ってこなかったイスラエル人は少なくない。「離散：ディアスポラ」のユダヤ人を含めて、世界中にイスラエル人はいる。もはや自分たちがイスラエル人であるという自覚を失った人々も多い。

失われたイスラエル人たちが別の名前で国をつくり、繁栄したケースもある。そこには必ず預言者がいた。彼らの思想、文化の原点にはカッバーラがあった。南北アメリカ大陸の先住民であるインディアンやインディオと呼ばれるネイティブアメリカンも、そうした失われたイスラエル人の末裔である。イスラエル大学のアビグドール・シャハン博士は古代アステカ文明のルーツはイスラエルにあるといい、先住民の言語であるユト・アステカ語はヘブライ語から派生したものであることが判明している。

マヤ文明のパレンケ遺跡から見つかったパカル王の石棺には人物を囲むように樹木が描かれている。見ようによっては宇宙線のコックピットのようだが、これはまぎれもなく「生命の樹」である。カッバーラの奥義である証拠に、マヤ神話には世界を創造した①カクルハー・フラカンと②チピ・カクルハーと③ラサ・カクルハーという絶対三神の存在が示されている。

⬆パカル王の石棺に描かれた図柄は、まぎれもなく「生命の樹」だ。

このうち、チピ・カクルハーにはグク

⬆アステカ文明の「ケツァルコアトル」。

マッツという別名がある。これは創造神ヤハウェが受肉してイエス・キリストと呼ばれたことに対応する。グクマッツは一般に羽毛のある蛇という意味で「ククルカーン」、アステカ文明では「ケツァルコアトル」、インカ文明では「コンティキ・ヴィラコチャ」、ポリネシアでは「ティキ・ティキ」、ハワイでは「ロノ」と呼ばれた。

伝説ではククルカーンは白い神で、あるとき地上に降臨して、人々に愛と平和を説き、やがて天へと帰っていた。その際、再び戻ってくることを約束した。以来、アメリカ大陸及び太平洋諸島の人々は白い神を待ち続けている。

皮肉なことに、16世紀にスペインからやってきたエルナン・コルテスをケツァルコアトルと勘違いしたアステカ人、同じくフランシスコ・ピサロをヴィラコチャだと勘違いしたインカ人は不幸にも、ヨーロッパから来た白人たちによって征服されてしまう。征服されることはなかったが、ハワイに来たキャプテン・クックもまた、ロノだと勘違いされた挙句、事件に巻き込まれて殺されてしまった。

⬆源義経は北海道に渡り、アイヌの人々に尊敬された。

興味深いことに、同じことが日本でも起こっている。源義経が衣川の合戦で死なず、北方に生き延びたという説がある。これによれば、北海道に渡った源義経を先住民であったアイヌによって尊敬され、オキクルミカムイと呼ばれた。オキクルミカムイとは人間の姿をした神で、天界から地上に降臨して人々を教え導いたとされる。これはいったい何を意味するのか。ほかでもない。アイヌとアメリカ先住民は同じ民族なのだ。

南北アメリカ大陸の先住民たちは太平洋へと広がっていった。イースター島の人々はサツマイモを常食とするが、その原産地は中米である。現在、ポリネシア人はアジアから広がったというのが定説だが、真逆である。アジアから南北アメリカ大陸に至り、そこから再び太平洋諸島に広がった人々もいたのだ。彼らは、みなイスラエル人である。

当然ながら、古代の日本もやってきた。大陸から分離し、まだふたつの日本列島だったころ、アメリカ大陸から渡ってきたのだ。南米からやってきたインカ人は主に東日本列島へ上陸し、縄文文化を築いた。インカ系縄文人はアイヌや蝦夷と呼ばれた。一方、中米からやってきたマヤ人は主に西日本列島に上陸し、弥生文化を築いた。マヤ系弥生人は熊襲《くまそ》や隼人《はやと》と呼ばれた。沖縄の島々に上陸し、琉球人となった人々もマヤ系弥生人である。

環太平洋に広がったイスラエル人の祭司は、みな鳥の称号をもつ。南米はコンドル、中米はケツァル、北米はイーグル、カナダはワタリガラス、東日本はフクロウ、西日本は鴨、八咫《やた》烏《がらす》、金鵄《きんし》、天日鷲《あめのひわし》など、これらは天と地を結ぶ翼をもった天使を象徴していると同時に、白く発光する神であるイエス・キリストを意味しているのだ。

実際に、あるとき失われたイスラエル人の前にイエス・キリストが降臨した。復活体となったイエス・キリストが天から地上へ降臨したのだ。なぜなら、イエス・キリストには失われたイスラエル人たちを導く使命があったからだ。「ヨハネによる福音書」第10章16節には「わたしには、この囲いに入っていないほかの羊もいる。その羊をも導かなければならない。その羊もわたしの声を聞き分ける」と記されている。使命を果たすべく、イエスは南北アメリカ大陸やポリネシア諸島、そして日本列島にも姿を現したのだ。

インカ系縄文人がいる東日本列島にはオキクルミカムイとして、マヤ系弥生人がいる西日本列島には金鵄としてイエス・キリストは降臨した。このとき、人々はイエスと新たな契約を結んだ。預言者が代表となってイエス・キリストの言葉を取り次ぎ、世の末まで、契約を忘れないために聖なる儀式を行いつづけることを誓った。これが大嘗祭である。大嘗祭において、悠紀殿と主基殿というふたつの大嘗宮が建設され、同じ儀式を行うのは、日本が二本であり、ふたつの国から成っていたことに由来するのだ。

東西日本列島の合体と逆転日本列島

物理的に離れていた東西日本列島は激突して、九州と四国が分裂する。そのときの状態は今の日本列島から北九州を中心にして約90度、反時計回りに回転した位置にあった。北に九州が位置し、そこから南に本州が伸びて、東に青森があった。北海道は、本州の東の海の上にあった。

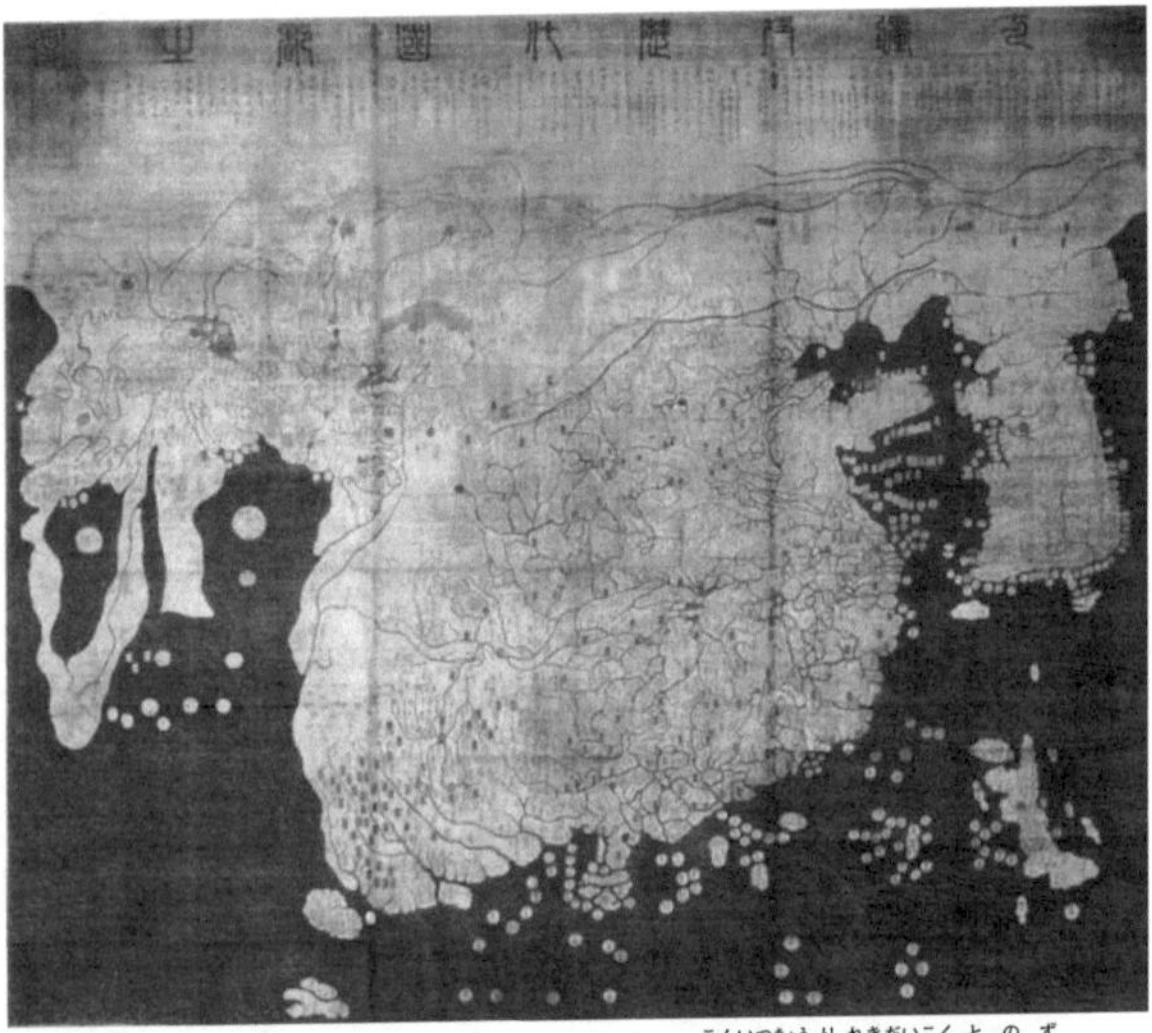

⬆日本列島が九州を北にし、南に伸びる「混一疆理歴代国都之図《こんいつきょうりれきだいこくとのず》」。

当時の日本列島を描いた古地図が存在する。「混一疆理歴代国都之図《こんいつきょうりれきだいこくとのず》」である。15世紀初頭に李氏朝鮮で作成された地図である。驚くことに、ここに描かれた日本列島は九州を北にして、南に伸びている。

制作にあたって、「混一疆理図」と「声《せい》教広被図《きょうこうひず》」を参考にしていることがわかっている。「混一疆理図」には目立った異常は見られないので、逆立ちした日本列島の情報は「声教広被図」から得たものと思われるのだが、実物及び写本が現存していない。代わりに、「声教広被図」を参考にして描いた地図「東南海海夷図」がある。日本列島は稚拙な小さな島々として描かれているのだが、北から「倭奴・

日本・毛人・琉球・蝦夷」と並んでいる。現在の地名でいえば「九州・畿内・関東・東北」である。この情報をもとに日本列島を描き込んだ結果、90度回転した状態になってしまったらしい。

では、この「逆転列島倭地理観」は、どこまで遡ることができるのか。地理学者の宝賀信夫《むろがのぶお》氏の研究によれば、地図の技法から3世紀、西晋の裴秀《はいしゅう》が作った地図の可能性が高いという。

3世紀といえば、日本は邪馬台国《やまたいこく》の時代である。邪馬台国の所在をめぐっては、畿内説と九州説で論争が続けられ、いまだに決着していない。というのも、所在地を記した「魏志倭人伝」と実際の地理が一致しないからだ。記述の通りにたどっていくと、朝鮮半島から九州に上陸し、そこから南へと進み、ついには鹿児島を通り越して、海上に出てしまうのだ。極端な話、沖縄に邪馬台国があったことになる。出土物から考えて、それはありえない。どこかが間違っている。畿内説は方角が間違っていると考え、九州説は距離が間違っていると考える。

しかし、もし当時の日本列島が今よりも約90度回転していたら、どうだろう。実に興味深いことに、邪馬台国は畿内に収まるのだ。「魏志倭人伝《ぎしわじんでん》」には会稽東冶《かいけいとうや》の東にあると書かれている。今の福建省《ふっけんしょう》あたりである。逆転列島倭地理観なら、確かに畿内の位置関係と一致する。

3世紀の中国人が間違った地理観をもっていたと揶揄する人もいるが、そうではない。当時の中国人は世界最高の観測技術をもっていた。間違うはずがない。そもそも間違った地理観をもっていたなら、中国から日本へやってくることなど不可能だ。実際に、3世紀の日本列島は南北が逆転していたのである。

その証拠が北部九州の地名に残されている。「魏志倭人伝」に「末盧国《まつろこく》」と記された現在の松浦地方には、ふたつの半島が存在する。「北松浦半島」と「東松浦半島」である。互いに90度の角度を保って伸びているのだが、実際の地図を見ていただくと、奇妙なことに気づくはずだ。北松浦半島が西にあり、東松浦半島が北にあるのだ。方角が90度ズレているのだ。試しに九州を時計回りに90度回転させれば、正しい方角となるのだ。

まさに逆転の発想だ。地図が間違っていたのではない。実際の地面が動いたのだ。日本列島が回転したばかりに、地図と整合性が取れなくなっていただけなのである。「魏志倭人伝」を書いた陳寿は正しかった。しかして、邪馬台国は畿内。奈良盆地にあった。邪馬台国の読み方は「ヤマタイ」ではなく、「ヤマト」が正しい。邪馬台はヤマトであり、後の大和なのだ。

邪馬台国と狗奴国

日本は二本である。邪馬台国の時代も、そうだった。東日本列島と西日本列島が激突してひとつの島になっても、インカ系縄文人とマヤ系弥生人の文化の違いがフォッサマグナを境にして色濃く残っていた。逆転列島倭地理観において、九州の南に位置した邪馬台国には強大な敵がいた。狗奴国《くなこく》である。狗奴国は邪馬台国から見て南にあった。ということは、現在の地理でいう東だ。東日本列島のインカ系縄文人のクニが狗奴国なのだ。

3世紀において、西日本列島を支配したのが邪馬台国、東日本列島を支配したのが狗奴国だった。邪馬台国は女王・卑弥呼《ひみこ》、狗奴国は男王・卑弥弓呼《ひみここ》。名前が似ている。一字違いだ。当てた字は中国人の中華思想によるもので、本来、卑弥呼《ひみこ》=ヒミコは「日巫女」のこと。太陽神を崇める巫女を意味する。

対する卑弥弓呼=ヒミココは「日巫男」で、太陽神を崇める男の神職を意味する。正確には「日覡男」である。女性のシャーマンを「巫」といい、男性のシャーマンを「覡」。両者を合わせて「巫覡《ふげき》」という。

ここでいう太陽神は天照大神である。天照大神が女神とされるのは、記紀編纂時に女性である持統《じとう》天皇を正当化するために、藤原不比等《ふじわらのふひと》が改竄したからだ。彼は卑弥呼の存在を知っていたうえで、これを利用した。本来は男神である天照大神を女神に変え、邪馬台国の卑弥呼になぞらえながら、かつ持統天皇に見立てた。

実に、すばらしい。ダブルミーニングの手法だ。カッバーラでは、よくある。ひとつの言葉にいくつもの意味を込める。『旧約聖書』の預言は、すべて多義的に解釈できるようになっている。象徴とは、そもそもいくつもの解釈を可能にするためのものだ。その意味で、仕掛けた藤原不比等は預言者である。少なくともカッバーリストだったことは間違いない。

カッバーラの基本は「数・文字・言葉」で、これを使っていくつもの暗号を作りだしてきた。日本の古典的伝統である和歌は、その典型例だ。和歌の言葉は、いくつもの意味がある。まるでノストラダムスの預言詩のようだ。ノストラダムス自身、彼はユダヤ人、イッサカル族の末裔であり、預言者だ。祖父から伝授されたカッバーラをもって、いくつもの預言詩を残した。それを解読するためには、日本の歌詠みの素質が必要だといっても過言ではない。裏読みをして、初めて本当の意味がわかる仕掛けになっているのだ。

天照大神はイエス・キリストである。女神ではない。男神である創造神ヤハウェ＝イエス・キリストの預言者が卑弥呼であり、卑弥弓呼だ。神の御言葉を託された人間が女か男かの違いである。邪馬台国と狗奴国は、ともにイスラエル人のクニである。政治的な勢力争いで対立していただけである。

ＦＢＩ超能力捜査官として知られるジョー・マクモニーグルはリモート・ビューイングを得意とする。遠隔透視は時空を超える。空間のみならず、時間を超えてターゲットを透視することができる。彼に邪馬台国の謎を調査してもらったことがあり、そのとき、驚くべき事実が判明した。

邪馬台国の場所は当初の予想通り畿内だったが、それよりも興味深い話がある。マクモニーグルが卑弥呼を透視したとき、目が合ったというのだ。卑弥呼もマクモニーグルを認識していた。時空を超えて、ふたりはコンタクトしていたのだ。マクモニーグルの言葉を借りれば、彼女は自分と同じ能力をもっている極めて優秀なサイキックだという。

ちなみに、卑弥呼は当時一般的だった刺青を入れてはおらず、容貌もアカデミズムが推測する一目瞼の能面的な顔ではなく、むしろポリネシア系の二重瞼で彫りが深い丸顔。瞳はスティールグレイだったという。

徐福のユダヤ人

ユーラシア大陸から分離した東日本列島と西日本列島、そこに住み着いたのはアメリカ大陸を故郷とする人々だった。東日本列島にはインカ系縄文人、西日本列島にはマヤ系弥生人が住み着き、やがて狗奴国と邪馬台国となった。

もっとも、そこには大陸からの渡来人もいた。東日本列島には北方からエスキモー、ないしはイヌイットが渡ってきた。彼らの風習である遮光器《しゃこうき》が土偶に表現されているのは、そのためだ。朝鮮半島や沿海州からの渡来人もいる。西日本列島は朝鮮半島はもちろん、中国大陸から直接、多くの渡来人がいた。なかでも最大規模を誇ったのが徐福《じょふく》集団である。紀元前3世紀、中国の秦帝国から2度にわたって、大量の渡来人がやってきた。

徐福とは古代中国の道士である。道教の呪術師で、カッバーラの使い手だ。イスラエル人の預言者だったに違いない。初めて中国全土を統一した暴君、秦始皇帝《しんのしこうてい》をまんまと騙し、莫大な予算と技術者、そして幼子たちを率いて、この日本にやってきたとされる。不老不死の仙薬を捜すのが託されたミッションだったという。

しかし、徐福は帰国せず、この日本で王国を築いた。かつては架空の人物だと思われたが、近年、故郷が確認され、実在の人間であることがわかった。中国では希代の詐欺師だと酷評されるが、実際は、そうではない。

徐福が求めた不老不死の仙薬とは「生命の樹の実」である。それが生えているのはエデンの園である。エデンの園から追放されたアダムとエバが暮らした地は、当時、中国から見て東に浮かぶ日本列島だった。ここに「生命の樹」の手掛かりがあると徐福は確信したのだ。

事実、東海に浮かぶ理想郷は「三神山《さんしんざん》」と呼ばれた「蓬莱山《ほうらいさん》と方丈山《ほうじょうさん》と瀛洲山《えいしゅうざん》」だった。三神山とあるように、これは絶対三神の聖地である。東海の3つの島々は「生命の樹」を形成している。不老不死の仙薬伝説が生まれたとしても不思議ではない。少なくとも、ここにはカッバーラの奥義を極めた大預言者がいたはずである。

最初に徐福が上陸したのは丹後である。現在、ここに丹後一宮「籠《この》神社」がある。伊勢神宮の元宮だ。代々、宮司は海部《あまべ》氏が務めている。海部氏の祖先は徐福が最初に率いてきた人々である。徐福がイスラエル人カッバーリストであったように、海部氏もイスラエル人であった。

　2回目に徐福が上陸したのは九州である。九州の佐賀には徐福を祀る神社や史跡が数多くある。このとき引き連れてきた技術者と童男童女の末裔が後の物部《もののべ》氏《し》である。徐福を王として戴く物部王国は、畿内へと集団移住した。当時の様子は『先代旧事本紀《せんだいくじほんぎ》』に詳細に書かれている。移住が事実であることの証拠に、北部九州の地名と畿内の地名が一致するばかりか、配置まで対応している。

⬆三重県熊野市に遺る徐福の墓。

　畿内にやってきた物部氏が樹立したのが邪馬台国である。なぜ、九州からわざわざやってきたのか。日本列島が高速で移動し、九州の山々が噴火を繰り返したことも大きな理由だが、それよりも最終目的地が大和だった。そこは約束の地、イスラエル人が集合するべき場所だった。

　物部氏の大王ニギハヤヒ命は畿内に「ヤマト」を建国した。これが「魏志倭人伝」でいう邪馬台国である。ただし、当時の物部氏には大預言者がいなかったのだろう。邪馬台国の王がなかなか定まらなかったとあるのは、手にしたカッバーラの叡智が不完全だった。いわば創造神ヤハウェ＝イエス・キリストに認められなかったのだろう。

かくして混乱が続いた後、別のクニから王が推戴される。これが卑弥呼だ。彼女は優秀な霊能者だった。サイキックである以上に、創造神ヤハウェに認められた預言者だった。彼女は邪馬台国ではなく、投馬国《とうまこく》の人間だった。投馬国とは丹波国のこと。最初に徐福の民が上陸し、祭祀を行った海部氏の人間だった。海部氏の系図には「日女命《ひるめのみこと》」という名前で記録されている。

投馬国の巫女が邪馬台国の女王として推戴されたことで、両国は合体。これによって西日本はゆるやかな連合国として統一された。海部氏と物部氏は、ともに徐福が率いてきたイスラエル人である。ふたつの樹がひとつになった。西日本において、海部氏と物部氏という「二本樹」をもって邪馬台国が成立したのだ。これを「大邪馬台国」、もしくは「前期大和朝廷」と本書では呼ぶ。

秦始皇帝と二本樹

不老不死という名の「生命の樹」を求めて、秦始皇帝は徐福を三神山に派遣した。表向きは仙薬を捜し出させるために。自身が不老不死になるためのお宝を探索するためとはいうが、本当の目的は別にあった。

極秘ミッションを託す以上、徐福は身内である。秦始皇帝と徐福は同族である。ともに姓は「嬴《えい》」である。徐福はカッバーラの叡智を手にしたイスラエル人だったように、秦始皇帝も預言者だった。徐福は道教の呪術師である道士で、対する秦始皇帝は自ら泰山で「封禅《ほうぜん》の儀」を行った。ともに祭司レビ人である。嬴とはレビ族の姓である。

⬆徐福に「生命の樹」探しを命じた秦始皇帝。

ただし、秦始皇帝と徐福では、同じレビ族であっても、系統が異なる。もともと「秦」を建国したのは漢民族ではない。漢民族は農耕民族であるが、秦国の人々「秦人」は遊牧民であった。中国において、もっとも西に領地があり、いわば西域の非漢民族。中国史において「秦」を名乗った国はいくつかあるが、いずれも羌《きょう》族や鮮卑《せんぴ》族、氐《てい》族による国家。結論からいえば、イスラエル人である。

とくに秦始皇帝の場合、本当の父親は「呂不韋《りょふい》」だったと司馬遷《しばせん》が著書『史記』に書いている。呂不韋は羌族だった。今日、イスラエル国の特殊機関「アミシャーブ」の調査によれば、羌族には「失われたイスラエル10支族」がいたことがわかっている。失われたイスラエル10支族とは、アッシリア捕囚によって消えた北朝イスラエル王国の民のことである。彼らはアッシリア帝国を滅ぼした騎馬民族スキタイと合流し、北アジア全域に広がった。その一部が遊牧民となって羌族と一体化したのである。

羌族だった呂不韋の名前をよく見ると「レビィ」と読める。祭司レビ人のことだ。秦始皇帝の父親が呂不韋、すなわちレビ人だったなら、その息子もレビ人である。母系を基本とするユダヤ人にあっても、唯一、レビ族だけは男系である。秦始皇帝はレビ人であり、同族である徐福もレビ人だったのだ。

その一方で、古代中国の秦国にはバビロン捕囚で祖国に帰らなかった南朝ユダ王国の民「東ユダヤ人：ミツライム系ユダヤ人」がいた。新バビロニア王国はアケメネス朝ペルシアによって滅ぼされた。かねがね郡県制や度量衡の統一など、アケメネス朝ペルシアと秦始皇帝の支配体制が非常に似ているという指摘があった。200年ほどの年代的な開きがあるので偶然の一致とされてきたが、近年、秦帝国の遺跡からペルシア人やギリシア人、ソグド人といった西域の民族の人骨が出土。ミツライム系ユダヤ人がいた可能性がわかってきた。

そもそも「秦」とは「三人ノ木」と書く。おわかりのように、これは「生命の樹」を意味している。要はカッバーラの叡智を手にしたイスラエル人の暗号なのだ。古代中国はイスラエル人によって最初の統一王朝が作られたのだ。

もっとも徐福が旅立った後、秦帝国は急速に衰亡する。秦始皇帝が死亡すると、継承者争いで一族は分裂。息子の胡亥《こがい》が第2代目皇帝を称すものの、第3代目の子嬰《しえい》は殺害されて、秦国は滅亡する。子嬰に関しては秦始皇帝とのつながりは諸説があるが、項羽によって殺害された一族の人骨を分析したところ、あらためて漢民族ではないことがわかった。

中国最初の統一国家であった秦帝国には様々な民族が集まってきた。そこには失われたイスラエル10支族のほか、ミツライム系ユダヤ人もいた。彼らは秦始皇帝をとりまくイスラエル人だった。ここにおいて分裂したはずの北朝イスラエル王国と南朝ユダ王国が祭司レビ人の手によって統一されたことになる。

南北に分裂した古代イスラエル王国の統一に関して、預言者エゼキエルは、このような表現をしている。少し長いが、重要な部分なので紹介する。

「主の言葉がわたしに臨んだ。

『人の子よ、あなたは一本の木を取り、その上に「ユダおよびそれとむすばれたイスラエルの

"The rod of Aaron was budded."—Num. xvii. 8.

⬆預言者エゼキエルは２本の樹をもって、古代イスラエル王国の統合を語った。

子らのために」と書き記しなさい。

また、別の樹を取り、その上には「エフライムの木であるヨセフおよびそれと結ばれたイスラエルの全家のために」と記しなさい。

それらを互いに近づけて一本の木にとしなさい。それはあなたの手の中でひとつとなる』」（「エゼキエル書」第37章16〜17節）

エフライムとは北朝イスラエル王国を率いたエフライム族のこと。『聖書』のなかでは、しばしば失われたイスラエル10支族の代名詞として使われる。預言者エゼキエルは二本樹をもって、北朝イスラエル王国の10支族と南朝ユダ王国の２支族の統合を語っている。

当のエゼキエルはレビ族である。つまり、創造神ヤハウェは失われたイスラエル10支族とミツライム系ユダヤ人がレビ人によって統合されると預言しているのだ。

これが最初に成就したのが古代中国だった。レビ族である秦始皇帝が失われたイスラエル10支族である羌族とミツライム系ユダヤ人である秦人を集合させ、強大な中央集権国家を樹立したのである。

だが、それで終わりではなかった。次なるミッションがあった。最終的な集合場所は中国大陸ではなかった。

ノアの大洪水以前、アダムとエバ、そして歴代の預言者たちが住んでいた超大陸パンゲアの極東、すなわち日本列島だ。

日本列島にはカッバーラの奥義が継承されている。これを知った秦始皇帝は三神山と呼ばれた日本列島にイスラエルの民を送るために、二本樹の呪術のもと、部隊をふたつに分けた。ひとつは徐福集団、もうひとつは秦始皇帝の子孫をとりまく秦人だ。徐福集団は海路で、秦人は陸路で朝鮮半島を経由した後、日本列島へと渡来してきた。後者は「魏志韓伝」に「柵外の人」という意味で「秦人」と記されている。秦人たちは「秦の役」を避けて朝鮮半島に流入し、東と南部に「秦韓《しんかん》：辰韓《しんかん》」と「弁韓《べんかん》：弁辰《べんしん》」を建国した。後に、これらから、それぞれ「新羅《しらぎ》」と「伽耶《かや》」が誕生する。

大和朝廷と神武天皇

東アジアが動乱期を迎えていた4世紀、朝鮮半島から日本列島へと大量の渡来人がやってくる。なかには武装した集団もいた。騎馬民族である。東大名誉教授の江上波夫《えがみなみお》博士は秦人のなかにいた夫余《ふよ》系騎馬民族が伽耶を拠点にして、九州に上陸。その後、畿内へと侵攻して大和朝廷を開いたと主張した。世にいう「騎馬民族征服王朝説」である。

江上氏によれば、記紀における初代・神武天皇から第9代・開化《かいか》天皇までは架空の存在であり、実在したのは第10代・崇神《すじん》天皇から。実質の初代である崇神天皇は騎馬民族の大王であり、第15代・応神《おうじん》天皇が畿内にあった邪馬台国を征服して王権を樹立した。巨大な前方後円墳の出現と、その副葬品が大陸の騎馬民族文化であることが証拠であるという。

歴代天皇の諡号《しごう》に「神」という文字が含まれる天皇は3人。初代・神武天皇と第10代・崇神天皇と第15代・応神天皇である。これらは同一人物である。ひとりの天皇を3人に分けたのだ。神の諡号をもつ3人の天皇は絶対三神の暗号であり、カッバーラの奥義「生命の樹」を象徴しているのだ。

丹後にある元伊勢籠神社の極秘伝によれば、応神天皇は大陸からの渡来人で、海部氏が治めていた大邪馬台国の王家に入り婿する形で王権を継承し、大和朝廷を開いた。これが「後期大和朝廷」である。「邪馬台」と「大和」は、いずれも「ヤマト」。すなわちヘブライ語で神の民を意味する。つまり、神武＝崇神＝応神天皇もまた、失われたイスラエル人だった。彼らもまた、預言に従って極東を目指したのだ。

神武＝崇神＝応神天皇は失われたイスラエル10支族のうち、ガド族だった。ガド族出身であるがゆえ、ヘブライ語で「ミガド：MGD」、つまり「ミカド：帝」という名称が生まれ、これが天皇の称号となった。

騎馬民族の強大な王権のシンボルである前方後円墳はイスラエルにおける三種神器のひとつ「マナの壺」を象っている。応神天皇陵や仁徳《にんとく》天皇陵にある「造出し」と呼ばれる部分は取っ手である。方墳部分を上にして円墳部分を下にすれば、取っ手がついた壺の形をしていることがわかるだろう。

ガド族の大王はマナの壺をもって陵墓の形とした。自分たちがマナの壺を手にしていることを全イスラエル人に知らせるために。神器である黄金のマナの壺は古代天皇の秘宝であり、後に籠神社が預かった後、現在は伊勢神宮の外宮に納められている。

外宮の主祭神である豊受大神《とようけのおおかみ》は本来、籠神社の奥宮である真名井《まない》神社で祀られていた。真名井の「真名」とはマナの壺の「マナ：MN」である。ヘブライ語で「これは何か」を意味する。と同時に、日本語の言霊で「真の名前」の意味があり、これはいうまでもなく「神の真の名前」、つまりは「創造神の本当の名前」を示唆する。

主祭神である豊受大神は食物の神であり、『旧約聖書』によれば、マナとは創造神ヤハウェが天から降らせた白いウェハースのような食べ物のこと。籠神社の極秘伝によれば、まさに豊受大神はイスラエルの神、つまりは創造神ヤハウェだという。伊勢神宮の外宮には創造神ヤハウェが祀られているのである。

一方、伊勢神宮の内宮で祀られているのは天照大神である。天照大神の正体はイエス・キリストである。イエス・キリストは受肉した創造神ヤハウェだ。したがって、伊勢神宮の内宮と外宮で、同じ絶対神を別の名前で祀っている。旧約の創造神と新約の救世主という二柱の神々として、ここでも二本＝日本を示しているのだ。

さらに、天照大神は卑弥呼だという説も根強い。理由のひとつは天照大神が女神であるからだ。女神にしたのは藤原不比等である。彼は女性天皇である持統天皇を天照大神に見立てる一方で、邪馬台国の女王も暗号して仕込んだ。和歌の世界でいう「掛詞」だ。

邪馬台国の女王はふたりいた。ひとりは卑弥呼で、もうひとりは「台与《とよ》」である。いずれも海部氏で、どちらも系図には「日女命」と記されている。卑弥呼は「日巫女」であり、これに尊称を付けた「大日巫女貴神：大日孁貴神」は天照大神の別名である。一方の台与に食べ物を意味する「ウケ：受」を付けた「台与受」が豊受大神である。

ふたりは、いずれも創造神ヤハウェ＝イエス・キリストの女預言者である。これを内宮と外宮の主祭神名として仕込ませてあるのだ。答えはひとつではなく、いくつもある。そうすることによって、真実を隠すとともに、堂々と掲げることができる。これがカッバーラ呪術の手法である。

ユダヤ人原始キリスト教徒「秦氏」

応神天皇は八幡神社の主祭神である。八幡神社の総本山は大分県の宇佐八幡宮である。もっとも古い八幡信仰は「辛嶋氏《からしまし》」が担っていた。辛嶋氏は新羅《しらぎ》系渡来人で、なかでも最大規模を誇る「秦氏《はたし》」だった。秦氏は朝鮮半島の新羅及び伽耶から渡来した。いずれも秦人が建国した国々である。

4世紀ごろ、朝鮮半島情勢が不安定になってきたので、首長である「弓月君《ゆづきのきみ》：弓月王」は配下の秦氏を引き連れて日本にやってきた。迎え入れたのが、ほかならぬ応神天皇だった。秦氏にとって、応神天皇は一族の恩人であるがゆえ、八幡神として崇めた。

だが、実は応神天皇自身、秦氏だった。まず柵外の人を意味する秦人であり、朝鮮半島からやってきた騎馬民族だった。母親である「神功《じんぐう》皇后」は「息長氏《おきながし》」であった。「息長」とは「息長鳥」というカイツブリのこと。鳥の名前は祭祀一族の称号で、神功皇后自身、巫女だった説もある。先祖には新羅の王子「天之日矛《あめのひぼこ》：天日槍」がいる。天之日矛は秦氏一族の象徴的な人物で、弓月君と同一人物である。名前が、それぞれ陰陽の日と月、武器である矛と弓に対応しているのがわかるだろう。

秦氏も、また失われたイスラエル人だった。なかでも彼らはイエス・キリストの12使徒直系のユダヤ人原始キリスト教徒「エルサレム教団」の末裔である。紀元66年、第1次ユダヤ戦争が勃発した際、彼らは聖地エルサレムからヨルダン河東岸のペラという町に集団移住した後、シルクロードを通って中国へとやってきた。中国では、古代ローマ帝国からやってきたということで、国名「大秦《だいしん》」から一字採って「秦氏」と呼ばれ、自身は「ユダヤ：YHWDH」と称した。実際の発音は「イエフダー」であり、これに「弥秦：イヤハダ」という字があてられ、後に、これが「八幡：ヤハタ」と表記される。結果、秦氏と書いて「ハタ氏」と称することになったのである。

また、秦氏の主張は「太秦《うずまさ》」という称号をもつ。太秦は秦氏の太君を意味するほか、祖国である大秦も示している。本来、大秦とは古代ローマ帝国ではなく、古代イスラエル王国、もしくはユダヤのことである。「ウズマサ」という読みはエルサレム教団が日常的に使っていたアラム語で「イシュ・マシャ：YSHWA　MSHA」のこと。ヘブライ語でいう「イエシュア・マシーア：YHWSHA　MSHYH」、つまりは「イエス・メシア」ことである。秦氏はイエス・キリストをもって首長の称号としたのだ。
　京都の太秦には秦河勝《はたのかわかつ》が建立した広隆寺がある。ここで祀られる本尊は国宝第一号の「弥勒《みろく》菩薩半跏思惟像《ぼさつはんかしいぞう》」である。弥勒菩薩は仏教におけるメシアのこと。ヒンドゥー教では「マイトレーヤ」と呼ばれ、バラモン教では「ミトラ」、そして、ゾロアスター教では「ミスラ」と呼ばれた。第3章で紹介したように、ゾロアスター教の絶対三神で、ミスラは御子ヤハウェ＝イエス・キリストに相当する。それを見越したうえで、秦氏は弥勒菩薩を本尊としたのだ。

↑秦氏《はたし》が創建した木嶋坐天照《このしまにますあまてる》御魂《みたま》神社の三柱鳥居。

　秦氏はカッバーラを熟知しており、彼らの首長である太秦は、まぎれもなく預言者だった。その証拠に、秦氏が創建した太秦の木嶋坐天照《このしまにますあまてる》御魂《みたま》神社、通称「蚕《かいこ》ノ《の》社《やしろ》」には三柱鳥居が立っている。三本柱は絶対三神のことで、三柱鳥居は「生命の樹」を表現している。奈良の大神《おおみわ》神社ゆかりの大神本教院にある三柱鳥居の案内板には、造化三神を象徴していると記されている。

造化三神は神道における絶対三神であり、これを『古事記』に冒頭に記させたのは秦氏にほかならない。『古事記』を編纂した太安万侶《おおのやすまろ》を祀る奈良の多《おお》神社は秦庄《はたのしょう》（田原本町）にある。近くには秦楽寺《じんらくじ》があり、秦氏と多氏は同族ともいうべき関係にあった。

その秦楽寺の境内には「笠縫《かさぬい》神社」がある。小さな祠であるが、ここは元伊勢だった。かつて皇居で祀られていた天照大神の御神体を最初に移した場所である。これが最終的に今の伊勢に落ち着くのだが、最初から秦氏が関わっていた。

今でこそ、伊勢神宮の内宮と外宮の正殿はひとつだが、かつては3つあった。内宮は『古事記』の造化三神「天之御中主神《あめのみなかぬしのかみ》と高御産巣日神《たかみむすびのかみ》と神産巣日神《かみむすびのかみ》」、外宮は『日本書紀』の元初三神「国常立尊《くにとこたちのみこと》と国狭槌尊《くにさつちのみこと》と豊斟渟尊《とよくむぬのみこと》」を祀っていた。これらの正殿は斜めに配置され、ちょうどオリオン座の三ツ星に対応していた。

天照大神の御神体は日本の三種神器のひとつ「八咫鏡《やたのかがみ》」だが、天岩戸開き神話では「賢木《かさき》」に掛けられた。賢木とは榊で、「生命の樹」のこと。ここではイエス・キリストが掛けられた十字架を意味する。

実際にイエス・キリストが磔刑された「聖十字架」は古代ローマ帝国のコンスタンティヌス

皇帝の母親ヘレナが聖地エルサレムで発見し、その木片が現在のヴァチカンに聖遺物として祀られているとされるが、さにあらず。本物の聖十字架は日本にある。エルサレム教団が大切に保管し、これを日本に運んできた。

八咫鏡は天照大神の象徴であり、それが掛けられた賢木は聖十字架である。八咫鏡を皇居から外に出して祀ったとき、いっしょに聖十字架も移動し、最終的には現在の伊勢神宮の地下殿に安置されている。十字架といっても、実際の形は十字ではない。T字形をしている。これを秦氏は「旗竿」と呼ぶ。幟を掲げるT字形の竿だ。旗竿のハタが秦氏の掛詞になっていることは、あらためていうまでもない。

伊勢神宮の内宮正殿下には依代として「心御柱《しんのみはしら》」が立てられている。何人たりとも見ることも語ることも許されない神聖な柱である。一般に白木を半分地中に埋めた形にしてあるといわれるが、実際は三本一束になっている。そう「生命の樹」である。三本一束にすることで造化三神を表現している。内宮正殿を建設するとき、この三本一束の心御柱が立てられる。儀式が終わると、代わりに男根を模した石柱を三本立てる。造化三神が男神であることを意味する。

いずれも、これらの心御柱は依代であって、本物の心御柱ではない。真の心御柱は聖十字架である。横木を「忌柱《いむはしら》」、立木を「天御柱《あめのみはしら》」と呼ぶ。

内宮のみならず、外宮にも同様の心御柱がある。こちらはモーセの旗竿と青銅の蛇ネフシュタンである。秦氏の祭祀一族は隠語で「巳《み》さん」と呼ぶ。正式名称は「天《あめの》御《み》秤柱《はかりのはしら》」だ。ヨシヤ王の宗教改革のとき、モーセの旗竿と青銅の蛇ネフシュタンは破壊されたが、祭司レビ人たちが復元している。これは青銅の蛇であるイエス・キリストが十字架に掛けられて死んだ後、復活したことを示しているのだ。

伊勢神宮には、もうひとつ重要な神社がある。別宮の「伊《い》雑宮《ざわのみや》」である。伊雑宮の心御柱は今はない。いずれ立てられる。三種神器のひとつ「草薙剣《くさなぎのつるぎ》：天叢雲剣《あめのむらくものつるぎ》」で、実態は「アロンの杖」である。アロンの杖が心御柱として立てられるが、現在、御神体として祀られているのは「罪名板」である。聖十字架の上に設置されたイエス・キリストの罪状を記した板で、これを隠語で「天照大神の首」と称す。十字架を「生命の樹」として見立てたとき、アダム・カドモンの首に相当するからだ。

伊雑宮は本当の伊勢神宮、本宮である。本宮は隠されている。なぜ隠されているのか。それは罪名板があるからだ。罪名板に記されているのは罪状だけではない。そこには創造神ヤハウェの名前が刻まれている。ここでも重要なのは名前なのだ。

『新約聖書』によれば、そこにヘブライ語とギリシア語とラテン語で「ナザレのイエス、ユダヤ人の王」と書かれていたという。ここでいうユダヤ人の王とはメシアのことだ。具体的にヘブライ語では「ＹＨＷＳＨＷＡ　ＨＮＴＺＲＹ　ＷＭＬＣＨ　ＨＹＨＷＤＨ」と表記し、これらの単語の頭文字を拾うと「ＹＨＷＨ」となる。創造神ヤハウェを意味する神聖四文字テトラグラマトンである。

イエスは自らを「ある者：エヘイエイ：ＥＨＹＨ」と名乗った。この三人称単数形が「ＹＨＷＨ」である。イエスは創造神ヤハウェと名乗った。人間でありながら、絶対神であることを名乗るという冒涜を犯した。これがユダヤ教徒たちが主張する罪名なのだ。

さらに、もうひとつ。ラテン語では「ＩＥＳＶＳ　ＮＡＺＡＲＥＮＶＳ　ＲＥＸ　ＩＶＤＡＥＯＲＶＭ」となり、同様に頭文字を拾うと「ＩＮＲＩ」となる。西洋絵画では罪名板を示すために、この4文字が書かれることがある。ヘブライ語に対応させれば、この4文字も創造神ヤハウェを意味することになる。

秦氏は、これを利用した。「ＩＮＲＩ」に母音を足して「ＩＮＡＲＩ」としたのだ。これが日本語の「稲荷：伊奈利」となった。稲荷神社の総本山は京都の伏見稲荷大社である。創建したのは「秦伊呂具《はたのいろぐ》：秦伊呂巨《はたのいろこ》」である。主祭神は「宇迦之御魂神《うかのみたまのかみ》：倉稲魂《うかのみたま》」という食物の神様だ。お稲荷さんというと狐のイメージが強いが、これは食べ物を意味する「ミケツ：御食」に「御狐：三狐」という字を当て、さらに仏教の夜叉「荼枳尼天《だきにてん》」と習合したからである。

稲荷大神の名前に尊称の「豊」をつけた「豊宇迦之御魂神」が何を隠そう伊勢神宮の外宮で祀られる「豊受大神」である。先に見たように豊受大神は創造神ヤハウェである。受肉してイエス・キリストとなり、そこに掲げられた罪名板に隠された「YHWH」と「INRI」にすべてつながってくるのである。すべては名前に仕掛けられた言霊の呪術である。

契約の聖櫃アークと大預言者モーセの子孫

秦氏の首長である秦河勝の名前は「河に勝つ」と書く。『風姿花伝』によれば、あるとき大和で洪水があり、大神神社にひとつの空舟《うつぼぶね》が流れ着いた。中には容姿が麗しい幼子が入っていた。その夜、時の欽明天皇の夢に幼子が現れ、自分が秦始皇帝の生まれ変わりだと述べた。驚いた欽明天皇は幼子を取り立て、後に聖徳太子の舎人となったという。

この説話のもとになったのは『旧約聖書』である。大預言者モーセが生まれたとき、メシア出現を恐れたファラオがイスラエル人の長子をすべて殺した。かろうじて難を逃れた幼子モーセは葦舟に乗せられてナイル河に流された。これを見つけたファラオの娘がエジプト人として育て、モーセは宰相にまで昇りつめる。やがて、自らがイスラエル人であることを知ったモーセは同胞を救うべく立ち上がり、最終的にエジプトを脱出して、約束の地カナンへと導いた。

大預言者モーセの故事が秦河勝に仮託されているということは、ここに暗号が仕掛けられている。秦河勝は秦氏にして、ユダヤ人原始キリスト教徒であるが、なかでも祭司レビ族だった。もっといえば、大祭司モーセの子孫だった。『風姿花伝』では秦河勝の前世とされる秦始皇帝

⬆モーセの子孫であり秦始皇帝の生まれ変わりでもある、秦氏の首長・秦河勝。

も、しかり。本当の父親である呂不韋の名前がレビを意味するだけでなく、大預言者モーセの末裔だったのだ。

不思議なことに、『旧約聖書』に記された大預言者モーセの子孫は非常に少ない。ダン族と行動をともにしたゲルショムがいるくらいだ。これは兄アロンとは対照的である。神殿における至聖所で儀式を執行できる大祭司はアロン直系の子孫に限ると規定されている。なぜかイスラエル人のメシアであるはずのモーセの子孫が冷遇されている。

実はこれ、改竄されているのだ。『旧約聖書』はヨシヤ王の宗教改革の際、内容が改変されており、モーセの子孫も消されたらしい。いや、実際はいるのだが、すべてアロンの子孫されているのだ。したがって、幕屋やソロモン神殿の大祭司は、みなモーセの子孫だった。とくに

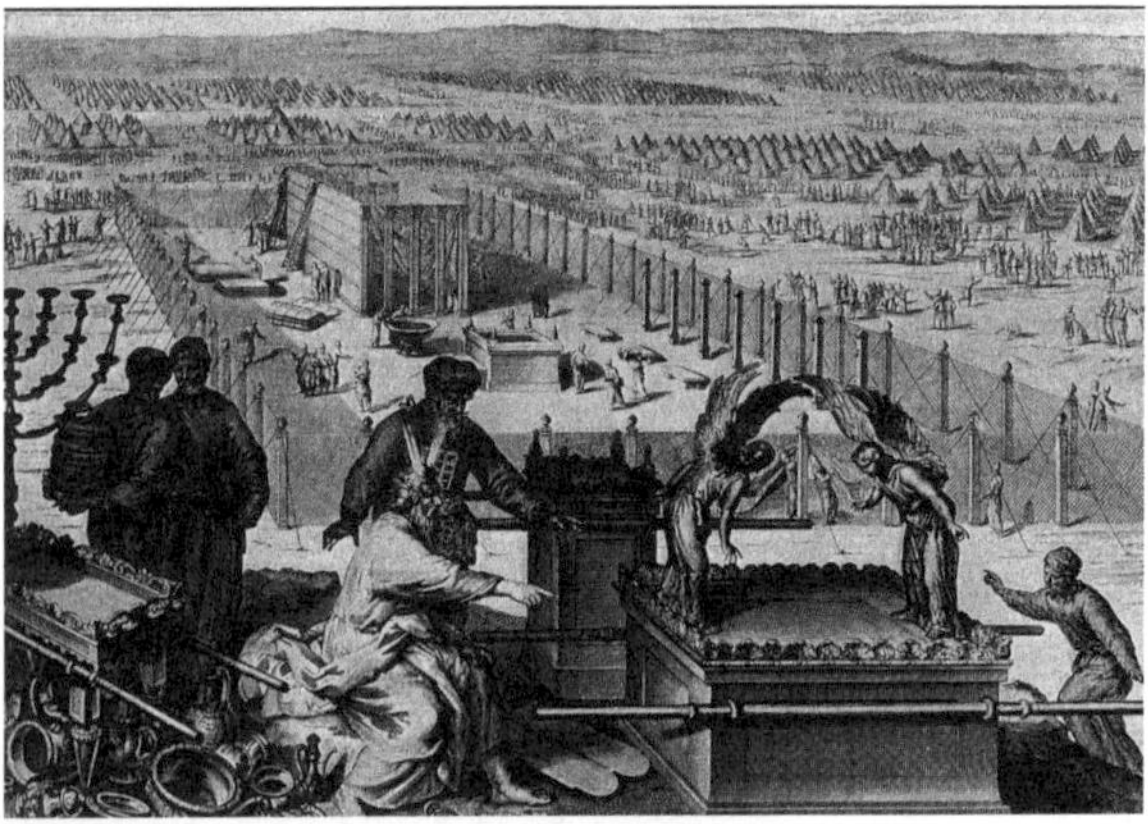

⬆預言者モーセとともにあった契約の聖櫃アーク。

創造神ヤハウェの祭壇である契約の聖櫃アークを扱う大祭司はモーセの末裔だった。

そもそも契約の聖櫃アークは大預言者モーセが作らせたもの。常に契約の聖櫃アークは大預言者モーセとともにあった。ソロモン神殿が建設される以前、幕屋があった場所シロにはアロンの子孫はいなかった。そこはモーセの子孫が住んでいた場所なのだ。したがって『旧約聖書』に登場する大祭司エリや預言者エゼキエルは、みな大預言者モーセの血統だったのだ。

ヨシヤ王の宗教改革の後、しばらくしてバビロン捕囚が起こる。このときソロモン神殿は破壊されたが、肝心の契約の聖櫃アークは行方不明となる。新バビロニア王国の戦利品リストにも記載されていない。聖地エルサレムが攻撃される直前、預言者エレミヤが密かに契約の聖櫃アークを運びだし、大祭司とともにネボ山の洞窟に隠した。ネボ山は大預言者モーセが死んだ場所である。死しても、大預言者モーセは変身体となって契約の聖櫃アークを守っていた。変身体となった大預言者モーセは同じく変身体となった預言者エリヤとともに、ヘルモン山でイエス・キリストの前に姿を現している。

バビロン捕囚から解放されたイスラエル人が聖地エルサレムに帰還し、ソロモン神殿を再建したとき、その至聖所は空だった。契約の聖櫃アークはネボ山の洞窟から新たなエルサレム神殿に運ばれずに、別な場所へ移された。シルクロードの彼方、中国である。

バビロン捕囚から帰還しなかったイスラエル人たちはミツライム系ユダヤ人として、アケメネス朝ペルシアの庇護のもと生活していた。預言者モルデカイと養女エステルの物語が有名だ。彼らミツライム系ユダヤ人は、アケメネス朝ペルシアが滅亡した後、東へと移動し、当時、もっとも西に位置した秦国に移住。後に、ここから秦始皇帝が現れる。

秦始皇帝は、またたく間に中原を征服し、史上初の統一国家を樹立する。その郡県制による中央集権システムと度量衡の統一などは、すべてアケメネス朝ペルシアにいたミツライム系ユダヤ人によってもたされたものだが、何より決定的だったのは契約の聖櫃アークの存在だ。契約の聖櫃アークがもつ恐るべき力によって秦始皇帝は戦国時代を勝ち抜いたのである。

大預言者モーセの子孫にして大祭司であった秦始皇帝は契約の聖櫃アークをもって泰山に至

り、ここで天帝を祀る「封禅の儀」を執行している。当時、封禅の儀の式次第は失われおり、秦始皇帝は独自の方法で天帝を祀った。祭壇としたのは契約の聖櫃アークだ。ここに創造神ヤハウェが顕現し、秦始皇帝を祝福したのである。

やがて、秦始皇帝の前に、ひとりの道士が現れる。徐福だ。徐福はミツライム系ユダヤ人であり、秦始皇帝と同族。祭司レビ族だった。ただし、大預言者モーセの子孫ではなく、こちらは兄アロンの末裔である。徐福にはイスラエル人の最終集合地である極東、すなわち日本列島へ向かうための極秘計画があった。

秦始皇帝は極秘計画を遂行するにあたって、ひとつの仕掛けを施した。契約の聖櫃アークを上下に分割したのだ。すなわち、ふたり一対の天使ケルビムが置かれた贖いの座である蓋と担ぎ棒がついた箱の部分とに分け、それぞれにレプリカを作って補完した。

こうして蓋が本物の「上アーク」と箱が本物の「下アーク」ができた。上アークには大預言者モーセが授かった十戒石板、下アークには大祭司アロンが手にしたアロンの杖が治められ、それぞれ大預言者モーセの子孫である秦始皇帝と大祭司アロンの末裔である徐福が奉斎することが取り決められた。

かくして、下アークは徐福によって、東海に浮かぶ三神山に運ばれる。沖縄から奄美諸島、沖ノ島、そして隠岐諸島を経て、最終的に日本列島の丹後に運ばれ、ここでミツライム系ユダヤ人の大祭司たちが儀式を執り行った。彼らは後の海部氏で、子孫からは卑弥呼が出る。海部氏と同族の日下部氏《くさかべし》に『御伽草子』の浦島太郎のモデルとなった「浦嶋子《うらのしまこ》」がいる。浦島太郎が訪れた龍宮城とは隠岐のことで、授かった「玉手箱」とは下アークのことである。下アークの象徴は形状から亀に見立てられた。

一方、上アークは秦始皇帝亡き後、その子孫とミツライム系ユダヤ人及び失われたイスラエル10支族によって朝鮮半島に運ばれた。彼らは秦人と呼ばれて、秦韓と弁韓を建設した。両国からは新羅と伽耶ができたが、それぞれの建国神話には天から降りてきた「黄金櫃」が登場する。中には、王家の始祖が入っているのだが、これは上アークがモデルになっている。

新羅と伽耶にいた秦人は朝鮮半島から九州に上陸し、秦氏となる。彼らが創建した八幡神社のひとつ「筥崎宮《はこざきぐう》」には、応神天皇の御胞衣を入れた箱を根元に埋めた「筥松《はこまつ》」がある。御胞衣は応神天皇の分身である。それを入れた箱は新羅や伽耶の建国神話における黄金櫃と構造的にまったく同じもの。つまり、上アークは朝鮮半島から日本列島に持ち込まれたのである。

秦氏の大王である応神天皇は九州から畿内へと侵攻し、邪馬台国を征服する。このとき王家は海部氏及び物部氏である。海部氏が始祖として崇める天火明命は物部氏が始祖として崇めるニギハヤヒ命と同一神である。

記紀神話では、神武天皇とニギハヤヒ命が互いに天神であることを証明するために「天羽々《あめのはば》矢《や》」と「歩靫《かちゆき》」を見せ合ったとある。これは応神天皇が持参した上アークと徐福が持ち込み、その子孫である海部・物部氏が奉斎してきた下アークを合体させたことを意味する。天羽々矢とは契約の聖櫃アークの蓋にある2体の翼を生やした天使ケルビム像を象徴し、歩靫は弓矢を入れる箱として契約の聖櫃アークの担ぎ棒がついた箱を表現しているのである。

かくして、再び「真アーク」が統合され、そこにはイスラエルの三種神器である十戒石板とアロンの杖、そしてマナの壺が納められた。すべてがそろったところで、神武＝崇神＝応神天皇は奈良の鳥見山に設けられた「霊時《れいじ》」において最初の即位を行う。そこにはイエス・キリストの聖十字架も立てられた。

大嘗祭は天照大神としてイエス・キリストを祀り、契約を結ぶ儀式で、ガド族の後継が絶たれた後、レビ族でモーセの直系の武内宿祢が継体天皇として受けたものを原型とする最後の晩餐を通じて、その身に聖霊を宿す。食事を済ませると、聖遺物である「聖釘」によって両手両足に傷をつけ、十字架上で死んだイエス・キリストを表現。次に麁服《あらたえ》に身をはさみ、顔を繒服《にぎたえ》で覆って寝床に横になる。再び起き上がったとき、天皇霊が宿りし天皇陛下として復活する。

日本を統治するにあたって、天皇はふたつの国を支配することを宣言する。ふたつの大嘗宮、すなわち悠紀殿と主基殿が象徴する東日本と西日本を統治する権能を天照大神であるイエス・キリストから授かるのだ。このとき、悠紀殿には真アーク、主基殿には上下がレプリカの「権アーク」が置かれた。

ただし、ここで注意しなくてはならないことがひとつ。神武＝崇神＝応神天皇は失われたイスラエル10支族のひとつガド族である。祭司レビ族ではない。当然ながら、大祭司ではないので、契約の聖櫃アークに触れることはできない。実際、第10代・崇神天皇の時代には災いが起こった。神威を恐れた崇神天皇は皇居にあった契約の聖櫃アークと聖十字架を外に出した。これらは最終的に伊勢神宮に納められることになるのだが、実は、明治天皇が自ら、その手で契約の聖櫃アークの金箔を張り替えたという情報がある。もし、それが事実であるならば、明治天皇はガド族ではなく、レビ族の大祭司である。

万世一系と称えられる天皇家であるが、初代・神武天皇から第126代・今上天皇までの間に一度、皇統が断絶している。第25代・武烈《ぶれつ》天皇には子供がなく、代わりに第15代・応神天皇の5世孫である継体《けいたい》天皇が即位した。武烈天皇からすれば、かなり遠い親戚である。もはや天皇家とは呼べない存在だ。そのため、かねてから、ここで神武天皇の血統が断絶したのではないかと指摘されてきた。事実、そうなのだ。

継体天皇の皇子に第27代・安閑《あんかん》天皇がいる。安閑天皇には王子がいないことになっているのだが、『本朝皇胤紹運録《ほんちょうこういんじょううんろく》』には「豊彦王《とよひこのみこ》」の名前がある。驚くことに、豊彦王は播磨の大避《おおさけ》神社の祭神であるというのだ。大避神社の祭神とは秦河勝のことだ。すなわち、秦河勝は安閑天皇の息子であり、継体天皇の孫なのだ。ということは、継体天皇も秦氏だったことになる。しかも、秦河勝は大預言者モーセの子孫である。継体天皇が大預言者モーセの子孫であり、大祭司であるならば、その末裔である明治天皇が契約の聖櫃アークに触れたとしても問題はない。すべて辻褄が合うのだ。

と同時に、日本は契約の聖櫃アークによって守られている。創造神ヤハウェを祀る権能をもった大祭司コーヘン・ハ・ガドールがいる以上、あらゆる呪術が仕掛けられている。ただ、それが目に見えないようになっているのだ。

第5章

古史古伝『宮下文書』が語る徐福の「富士王朝」の謎

東日本列島の外物部氏

日本は二本である。ふたつの国である。かつて、日本列島は大きく東日本列島と西日本列島に分かれていた。東日本列島には主にインカ系縄文人とイヌイット系縄文人がいた。インカ系縄文人にはアイヌがおり、彼らは蝦夷と呼ばれた。一方、西日本列島には主にマヤ系弥生人がいた。彼らは熊襲《くまそ》や隼人《はやと》、そして琉球民族と呼ばれた。

紀元前3世紀ごろまで、中国大陸や朝鮮半島からの渡来人は、ほとんどいなかった。インカ系縄文人とマヤ系弥生人は、ともにルーツはイスラエル人である。アイヌと熊襲、隼人、琉球民族は、同じ南方系の容貌をしていた。一般に北方系の容貌といわれる弥生人は中国大陸や朝鮮半島からの渡来人である。

稲作をもたらしたのは中国の江南地方からやってきた渡来人で、なかでも最大規模を誇ったのが徐福《じょふく》集団である。彼らは南朝ユダ王国から流れてきたミツライム系ユダヤ人である。紀元前219年、秦始皇帝《しんのしこうてい》の指示のもと、徐福が率いる船団は琉球から奄美諸島、沖ノ島、そして隠岐を経て、丹後に上陸。若狭湾を拠点として、後の丹波王国なる投馬国《とうまこく》を形成する。

彼らは古代豪族の海部氏《あまべし》となった。海部氏の祖である「倭宿祢《やまとのすくね》」はアロン系大祭司だった。彼らはアロンの杖が入った下アークを手にしていた。下アークは浦島太郎の玉手箱として元伊《もとい》勢籠《せこの》神社に祀られることとなった。

ここでいったん徐福は帰国し、改めて紀元前210年に再び大船団を率いて出航し、今度は九州の佐賀に上陸した。北部九州で大規模な稲作を行って勢力を拡大した。吉野ケ里遺跡は、徐福集団の手によるものだ。彼らは古代豪族の物部氏《もののべし》となった。

東日本列島と西日本列島は回転しながら衝突すると、大規模な地殻変動が起こり、標高の高い日本アルプスが形成され、フォッサマグナができた。これが原因で、紀元2世紀ごろ、日本列島は大混乱に陥った。世にいう「倭国大乱」である。このとき、九州にいた物部氏は集団で畿内に移住。邪馬台国《やまたいこく》を樹立する。物部氏の東遷は『先代旧事本紀《せんだいくじほんぎ》』にニギハヤヒ命の哮峰《たけるがみね》降臨として描かれている。

マヤ系弥生人を支配下においた物部氏の邪馬台国であったが、なかなか治まらない。何人か男の王が君臨したものの、西日本における倭のクニが従わず、混乱をきわめた。やむなく、物部氏は同じミツライム系ユダヤ人である海部氏に協力を求める。海部氏の霊能者、卑弥呼《ひみこ》を邪馬台国の女王として迎え入れた。ここにおいて、邪馬台国と投馬国が統合され、政治的にも盤石となった。これが大邪馬台国＝前期大和朝廷だ。

卑弥呼が亡くなると、同じ一族の台与《とよ》が女王となった。ふたりは海部氏の系図では、ともに日女命《ひるめのみこと》という名前で記されており、これが後に伊勢神宮における内宮の天照大神《あまてらすおおみかみ》と外宮の豊受《とようけの》大神《おおかみ》に継承されていく。

紀元4世紀ごろ、中国大陸で動乱が発生すると、朝鮮半島から大量の渡来人がやってくる。秦人である。彼らは柵外の民であり、漢民族ではなかった。遊牧民である秦人は大きく3つの流れがあった。ひとつは「秦王：辰王」が率いる騎馬民族で、彼らは失われたイスラエル10支族である。もうひとつは秦始皇帝の子孫及び配下にいた秦帝国の流民で、そこには失われたイスラエル10支族及びミツライム系ユダヤ人がいた。そして、最後はイエス・キリストの12使徒直系のユダヤ人原始キリスト教徒である。

朝鮮半島において秦人は秦韓《しんかん》と弁韓《べんかん》を建国し、これがそれぞれ新羅《しらぎ》と伽耶《かや》になる。新羅の古墳から古代ローマ帝国のガラスが出土するが、もたらしたのはエルサレムからやってきたユダヤ人原始キリスト教徒である。彼らは日本にやってくると秦氏《はたし》と名乗った。最初の上陸地点である九州の豊国が別名「秦王国」と呼ばれたことが『隋書倭国伝』にある。八幡信仰の発祥地であり、八幡神社の祭神とされる応神《おうじん》天皇は秦氏の大王であると同時に、失われたイスラエル10支族のガド族で、実在した初代天皇である。

応神天皇は九州から東遷し、瞬く間に邪馬台国を征服。王家に入り婿する形で王権を継承し、大和朝廷を開く。このとき神武＝崇神《すじん》＝応神天皇と物部氏の大王であるニギハヤヒ命が互いに同じ天神の子であることを証明するために天羽々矢《あめのはばや》と歩靫《かちゆき》を見せ合った。実際は秦始皇帝がふたつに分けた契約の聖櫃《せいひつ》アーク、すなわち上アークと下アークをもちより、互いの本物部分を合体させることで、いわば割符のように互いの正統性を確認したのである。

秦人たちが手にしていた上アークを管理していたのはモーセ系の大祭司である。中にはモーセの十戒石板が入っていた。モーセ系大祭司は「武内宿祢《たけうちのすくね》」と呼ばれた。彼の長男「波多八代《はたのやしろの》宿祢《すくね》：羽田矢代宿祢」の名前に「ハタ」とあるように、武内宿祢は秦氏である。ユダヤ人原始キリスト教徒にして、大預言者モーセの子孫の大祭司だった。

波多八代宿祢のもうひとつの名前が「意富富杼王《おおほどのおおきみ》」である。意富富杼王は波多氏《はたし》の祖であることが『日本書紀』に記されている。波多氏は秦氏である。彼の曾孫が第26代・継体《けいたい》天皇である。継体天皇はモーセ系大祭司なのだ。その証拠に息子の第27代・安閑《あんかん》天皇の子供である豊彦《とよひこの》王《みこ》は秦氏の首長、秦河勝《はたのかわかつ》だった。『風姿花伝』に記された秦河勝の空舟伝説は、幼子であった大預言者モーセの故事にもとづいている。

初代・神武＝崇神＝応神天皇から第25代・武烈《ぶれつ》天皇まで続いたガド族の血統は断絶し、これを引きついだ第26代・継体天皇はレビ族で、大預言者モーセの子孫にして大祭司であった。この血統は今も変わらない。契約の聖櫃アークを管理できるのはモーセ系大祭司だけなのだ。

さて、前章で紹介した日本の歴史を改めて俯瞰していただいたが、ここでひとつ忘れてはならないことがある。最初の大嘗祭《だいじょうさい》が行われたとき、そこには悠紀殿《ゆきでん》と主基殿《すきでん》が建設された。中にあったのは真アークと権アークである。このふたつをもって東日本と西日本を象徴している。天皇は天照大神からふたつの国を支配する権能を与えられた。創造神ヤハウェが受肉したイエス・キリストから直接、儀式を通して王権を神授した。

しかし、大和朝廷が開かれたとき、その支配は西日本に限られていた。邪馬台国と連合を組んでいた倭のクニだけである。東日本にあった狗奴国《くなこく》は支配下にない。「魏志倭人伝《ぎしわじんでん》」によると、邪馬台国の女王・卑弥呼は狗奴国の男王・卑弥弓呼《ひみここ》とは仲が悪く、戦争を繰り返していたとある。戦の途中、卑弥呼は亡くなったという説もある。

邪馬台国を征服することによって開かれた大和朝廷だが、支配領域に狗奴国は含まれていない。東日本は、ほとんど手つかず状態だった。もともとインカ系縄文人がいた地域である。アイヌがいたことは地名にも残っている。

だが、ここでひとつ謎がある。西日本におけるマヤ系弥生人を支配したのは徐福集団である。ミツライム系ユダヤ人である物部氏と海部氏だ。物部氏の邪馬台国は7万戸で、海部氏の投馬国は5万戸。両国合わせて12万戸の規模である。「魏志倭人伝」に記された対馬国や壱岐国、末盧国、伊都国、奴国、不弥国を合わせても、たかだか3万戸。西日本は徐福集団の支配下にあった。

彼らでさえ、狗奴国を支配することはできなかった。ということは、それだけの人口規模であると同時に、強大な王権が存在したことを示している。狩猟生活をしていただけのインカ系縄文人、アイヌといった蝦夷たちが邪馬台国と戦争するだけの組織を構築することが、はたしてできたであろうか。マヤ系弥生人を支配した徐福集団のように、インカ系縄文人を支配した勢力がいた可能性はないだろうか。

謎を解く鍵は狗奴国の王、卑弥弓呼だ。名前が卑弥呼、そっくり。卑弥呼が日巫女を意味するように、卑弥弓呼は日巫男、すなわち日覡男だったに違いない。太陽神を崇拝する男シャーマン、天照大神の預言者である。卑弥呼が海部氏、すなわちミツライム系ユダヤ人の預言だったなら、卑弥弓呼も同じミツライム系ユダヤ人だった可能性がある。

当時、日本列島にやってきていたミツライム系ユダヤ人は徐福集団しかいない。徐福が上陸したのは丹後と九州で、ともに西日本である。東日本ではない。ならば、西日本にいた徐福集団の末裔が東日本にも広がったということだろうか。

ここで思い出してほしいのが倭国大乱である。九州から物部氏が集団で畿内に移住し、邪馬台国を造ったものの、なかなか治まらなかった。男王が立つものの、民衆は不満を示し、やむなく海部氏の卑弥呼を外から招聘した。このとき、はたして邪馬台国の住民は、みな納得しただろうか。同族ではあるが、これに反発した物部氏もいたのではないだろうか。彼らが畿内を捨て、東日本へと移動したとしたら、どうだろう。

実は、いるのだ。東日本に勢力を拡大した物部氏がいる。彼らのことを「外物部氏」という。外物部氏がインカ系縄文人、アイヌといった蝦夷たちをまとめあげて造ったのが狗奴国ではなかったか。狗奴国の王、卑弥弓呼は外物部氏だったとすれば、邪馬台国の女王、卑弥呼と対立した理由も明白だ。

外物部氏といえども、もとは徐福集団である。ミツライム系ユダヤ人である。卑弥弓呼は天照大神の預言者を自認していた。ならば、邪馬台国から大和朝廷が誕生したように、狗奴国にも王朝があった可能性がある。そう、これが幻の「富士王朝」である。しかも、富士王朝の存在した古文書を記したのは、何を隠そう、徐福自身だというのだ。

蓬莱山と富士王朝

徐福が目指した蓬莱山は、いったいどこにあったのか。東海に浮かぶ三神山《さんしんさん》とは蓬莱山《ほうらいさん》と方《ほう》丈山《じょうさん》と瀛州山《えいしゅうさん》のこと。山とあるが、島でもある。中国から見て東海にある島々とは、いうまでもなく日本列島のことである。実際、徐福が上陸したのは西日本だ。西日本列島は西本州と四国と九州から成る。これらが三神山に例えられた島々だ。

だが、その一方で蓬莱山を富士山と見立てる説がある。徐福は不老不死の仙薬を求めるために蓬莱山を目指した。日本一の山である富士山は「不死山」とも表記される。また「不二山」

という字を当てることもある。「不二」は唯一無二、無双の存在である霊峰を意味するほか、「二」ではなく「三」と解釈することもできる。不二山は「三山」であり、実際「三神山」の異名もある。

富士山を霊峰として表現する「富士参詣曼荼羅《ふじさんけいまんだら》」のなかには、山頂部を三峰として描き、中央に阿弥陀如来《あみだにょらい》、向かって右に大日如来《だいにちにょらい》、そして左に薬師如来《やくしにょらい》を描写しているものも。神道系の曼荼羅では、『日本書紀』における元初三神「国常立尊《くにたちとこのみこと》と国狭槌尊《くにさつちのみこと》と豊斟渟尊《とよくむのみこと》」が描かれることもある。いずれも三神山を意識しており、カッバーラの「生命の樹」における絶対三神を表現している。

確かに富士山を蓬莱山とみなすことはできる。もともと三神山は実在する島々ではなく、「生命の樹」の象徴であり、理想郷だと規定するならば、蓬莱山は複数あってもおかしくはない。固有名詞ではなく、普通名詞ならば、日本各地にあってもいい。

だが、富士山に関しては、徐福伝説がある。富士山周辺に徐福にまつわる伝説や史跡が数多くあるのだ。山梨県富士吉田市にある福源寺には徐福が亡くなった後に鶴になったという伝説があり、それを埋葬した鶴塚がある。同市小明見には雨乞地蔵として徐福像が立てられており、近くには徐福を祀った祠もある。

10世紀に書かれた中国の『義楚六帖《ぎそろくじょう》』には、徐福が日本で王となり、富士山麓に住んだ。そ

⬆かつて富士山麓に存在したとされる超古代「富士王朝」を記した古文書『宮下文書』。

の子孫は秦氏を称したと記している。富士山を御神体とする河口湖浅間神社には波多志神社という祠があり、徐福の子孫を祀っている。秦屋敷があった場所には今も碑が立っている。徐福の子孫は海部氏や物部氏であるが、両氏族の祖であるニギハヤヒ命の末裔を名乗る秦氏もいる。徐福がミツライム系ユダヤ人の秦人ならば、確かに後世、秦氏を名乗ったとしても不思議ではない。

　富士山周辺の徐福伝説に関しては、地元の伝承のみならず、古文書もある。『宮下文書《みやしたもんじょ》』である。『富士古文献』や『徐福文書』とも呼ばれる。かつて、富士山麓には超古代「富士王朝」が存在した。都には不二阿祖山太神《ふじあそやまだいじん》宮《ぐう》があり、そこに伝わる歴史を文書としてまとめたのが徐福だった。

⬆再建された不二《ふじ》阿《あ》祖《そ》山太神宮《やまだいじんぐう》には、三柱鳥居がある。現在、富士王朝の存在を見直す動きもある。

もっとも、アカデミズムは富士王朝の存在を否定している。『宮下文書』は偽書であり、古史古伝の類いだというのが定説だ。徐福伝説も、中世以降に創作されたもので、史実ではないという。

　しかし、一方で不二阿祖山太神宮の史跡が少なからず存在するのも事実。最近では、失われた不二阿祖山太神宮も再建され、改めて富士王朝の存在を見直す動きもある。山中湖畔の長池村は徐福の子孫と称す羽田氏が多く、そのひとり羽田正次氏は１９２３年、自宅の畑から「秦字印象」を発見した。鑑定の結果、印象は中国で製作されたもので、少なくとも漢の時代にまで遡ることができるという。

　古史古伝は偽書であるが、そこには目的がある。隠された歴史を暗号という形で忍ばせている。江戸時代、いや明治から昭和、戦時中まで、幕府や政府が認めた歴史以外は排除されてきた。歴史は常に勝者のもの。敗れた者の歴史は消され、改竄される。残すためには暗号化し、あたかもフィクションであることを装う必要がある。したがって、『宮下文書』も『竹内文書』同様、古史古伝には解読が必要である。隠された意味を分析する必要があるのだ。

『宮下文書』が語る富士王朝

具体的に『宮下文書』には、どんなことが記されているのか。概略を見ていこう。まず、これは『宮下文書』の特徴でもあるのだが、富士王朝のルーツは日本列島ではない。ユーラシア大陸の向こう、はるかインドを超えて中央アジアや西アジア、シベリアといったシルクロードの彼方に、神々が住む高天原があった。空の上ではなく、あくまでも地理的に天＝アマではなく、海＝アマの向こうの大陸の奥地にあったといい、その名は「阿間都州《あまつくに》」と記されている。

高天原を治めた第1王朝初代は天峰火夫神《あめのほほおのかみ》といった。以下、天之世が7代続く。初代の神名に「峰火」とあるように、火山を意識している。第2代・天高火男神《あめのたかほおのかみ》、第3代・天高地火神《あめのたかちほのかみ》の神名も、明らかに火山のイメージがある。おそらく、これは後々、日本有数の火山である富士山を想定した伏線だろう。

第7代目の天御柱比古神《あめのみはしらひこのかみ》の子である「天之御中主神《あめのみなかぬしのかみ》」からは新しい王朝となる。第2王朝初代・天之御中主神は『古事記』でいえば、造化三神のひとり、この世の最初に現れた神に相当する。火山をシンボルとして引き継いだ第2王朝の別名は「火高見《ひだかみ》王朝：日高見《ひだかみ》王朝」という。日高見王朝における第5代目の天之常立比古神《あめのとこたちひこのかみ》の諱は「神農比古《じんのうひこ》」といい、以下、第15代・天之神農氏神の諱「農作比古《のうさくひこ》」に至るまで、その諱には「農」という文字が入る。とくに神農比古と天之神農氏神には「神農」が含まれる。神農《しんのう》とは中国神話における最初の神々、三皇五帝のひとり。伏羲《ふっき》と女媧《じょか》に次ぐ第3の始原神で、炎帝とも呼ばれる。農業の神であると同時に、薬草や医術の祖として知られる。

⬆中国神話最初の神々、第3の始原神「神農《しんのう》」。

　超古代史研究家の佐治芳彦氏は、ここで興味深い指摘をする。これまで火山をシンボルとしてきた王朝に、農業をシンボルとする勢力が現れたのではないか。日高見王朝は本流である日高見派と神農派に分かれて対立が生じたと見る。これが原因となったのだろう。

第15代・天之神農氏神、すなわち「農作比古」をもって日高見王朝は終焉するのだが、このとき一族の運命を掛けた民族大移動の詔を発している。

曰く、日の本の海原に蓬莱山がある。そこに天降り、蓬莱国を打ち立てよ、と。ミッション遂行にあたり、農作比古はふたりの息子を呼び寄せた。兄の「農立比古《のうだちひこ》」と弟の「農佐比古《のうさひこ》」である。彼らが先遣隊となって蓬莱山を統治せよという。ふたつに分けたのは、日高見派と神農派を意識してのこと。兄の農立比古は神農派、弟の農佐比古は日高見派を率いることとなる。

作戦実行にあたり、先発隊として指名されたのが農立比古である。彼は陸路で極東を目指した。陸のシルクロードだ。当時、様々な民族が群雄割拠していたので、旅は苦難の連続だった。いくら待っても、蓬莱山に到着したという連絡がない。約48年が経過したころ、弟の農作比古が兄の行方を追うことになった。配下の3500人を引き連れ、両親である農作比古と農作比目ともども高天原を離れ蓬莱山を目指して出発。ただし、彼らは途中、陸路ではなく、海路を選んだ。海のシルクロードである。多少、遠回りにはなるが、船旅のほうがスピードは出る。

先に蓬莱山に到達したのは弟の農佐比古だった。彼らは日本列島の周囲にある島々をめぐった後、越地方に上陸。若狭湾から丹波、そして播磨へと抜け、そこから一転して東へと向かう。先住民の案内を受けて飛騨から木曽、三河、最終的に富士山麓へと到着した。

富士山を仰ぎ見て、これこそ蓬莱山であると農佐比古は確信。並ぶもののない唯一無二の山という意味で「不二山」、山々の祖であるとして「阿祖山」、また、太陽の昇る東に面し、かつ噴火しているところから「日高見地火峰」と名づけた。富士山麓は新たな高天原と呼ばれ、日高見派の都が置かれた。

一方の農立比古たちは朝鮮半島を経由して、やっとのことで日本列島へと到着。九州から瀬戸内海を通って、畿内へと移動。しばらく淡路島を拠点としていた。なぜ淡路島かといえば、おそらく記紀神話において、最初の国生みが淡路島であったことを意識しているのだろう。探索の結果、ようやく蓬莱山の場所を知ることができた農立比古は最後の移動を開始し、ついには農佐比古及び農作比古らと再会することができた。

こうして本来の目的である蓬莱国の建国、すなわち富士王朝が成立した。西アジアの高天原から富士高天原に遷都した農作比古一族であったが、新たな国作りにあたって、日本列島をふたつに分けた。兄の農立比古は畿内に長くいたので、西日本列島を統治。弟の農佐比古は富士山麓の高天原を拠点とする東日本列島を統治することが決められた。

富士王朝の滅亡

ふたりの兄弟は日本において、それぞれ「国常立尊《くにとこたちのみこと》」と「国佐都知尊《くにさづちのみこと》」と称した。これが『日本書紀』に記された「国常立尊」と「国狭槌尊」である。ここからは新たな第3王朝の始まりである。国常立尊から「イザナミ命：伊邪那岐神」までの「天神七代」で、続く第4王朝が天照大神から「ウガヤフキアエズ：鸕鷀草葺不合尊」まで。このあたり記紀とは内容が異なるものの、大筋で同じ神話を共有している。

ところが、この後、記紀にはない第5王朝「ウアガヤフキアエズ朝：不合朝」が51代続く。皇后摂政の22代を含めると、全部で73代になる。ウガヤフキアエズなる人物は記紀ではひとり。初代・神武天皇の父親である。ウガヤフキアエズ朝の最後のウガヤフキアエズが記紀でいう神武天皇の父親になるわけだが、それ以外の50人ものウガヤフキアエズは、いったい何者なのか。

実に興味深いことに、他の古史古伝『竹内文書』や『九鬼文書』、そして『上記』にもウガヤフキアエズ朝が登場する。こちらは、すべて男性で72代。『宮下文書』における皇后摂政を加えた73代に極めて近い。これらの古史古伝は神代文字で記されており、かつウガヤフキアエズ朝を語っているところから、元は同じである。共通の原文書から派生した古史古伝であることは明白である。

先の佐治芳彦氏は72という数字に着目する。『宮下文書』をまとめたのは徐福である。徐福を送り込んだ秦始皇帝は泰山で天帝を祀る儀式「封禅《ほうぜん》の儀」を行っている。この世の初めから、天子たる者は封禅の儀を執り行うことが決められており、秦始皇帝以前には72人の帝王がいた。彼らを伝承に取り込んだ結果、ウガヤフキアエズ朝72代となったのではないかというのだ。実に鋭い指摘である。

さて、最後のウガヤフキアエズの息子、すなわち神武天皇からは第6王朝の始まりである。記紀でいう大和朝廷の時代である。第7代・孝霊天皇の時代に徐福がやってきて、不二阿祖山太神宮に詣で、富士王朝の存在と歴史を知る。第15代・応神天皇の後継者争いで敗れた大山守皇子が全国に「山部」と「海部」を支配し、後に不二阿祖山太神宮の神官となる。

時代が下って、第38代・天智天皇の時代、大和朝廷から「中臣藤原物部麿《なかとみのふじわらもののべまろ》」なる人物がやってきて、徐福がまとめた文書及び、その後の富士王朝の歴史を記した文書を書き直している。乱暴ないい方をすれば改竄している。大和朝廷にとって、富士王朝の存在は危険であり、抹殺すべき存在なのだ。

歴史的に中臣藤原物部麿というわけのわからない名前の人物はいない。藤原氏は、もと中臣氏なので、まだわかるが、そこに物部麿が続くわけがない。時代的に実在する物部麻呂とは別人である。佐治芳彦氏は、この人物の正体を「藤原不比等」だと見ている。実質、記紀編纂の黒幕である藤原不比等ならば、こうした歴史書を読むこともできた。「不比等」とは「史人：文人」のことで、彼の師匠は「田辺史大隅《たなべのふみとおおすみ》」である。

藤原不比等によって改竄された結果、徐々に富士王朝の記録は消されていくことになるが、何より決定的だったのは天変地異である。富士山麓にあった富士王朝の都は、常に火山噴火の危険にさらされていた。とくに決定的な壊滅をもたらしたのが、８００年の延暦噴火、８６４年の貞観噴火、そして１７０７年の宝永噴火である。これによって、富士王朝は火山灰に埋もれ、溶岩に飲み込まれてしまった。

７２０年に、日本の歴史書として『日本書紀』が完成し、これが正史と認められると、他の歴史書は次々に抹殺され、焚書の憂き目にあった。『宮下文書』も、そのひとつ。最終的には古史古伝という形で生き延びることがせいいっぱいだった。かくして、滅亡した富士王朝は人々の記憶からも忘れ去られてしまったというわけだ。

しかし、『宮下文書』が他の古史古伝とは、ひと味違うのは科学的根拠だ。『宮下文書』は文書のほかに地図が含まれている。昔の富士山や湖、街道などが描かれている。それらが歴史的に正しいことがわかっているのだ。

たとえば、延暦噴火以前、東海道は箱根路ではなく、足柄路がメインだった。足柄路は噴石によって壊滅し、新しく箱根路を開通させたのだ。長らく、東海道の移し替えの理由が不明であったが、その理由が『宮下文書』によって判明したのだ。

また、富士五湖も、かつては「宇津湖《うつこ》」と「剗海《せのうみ》」ふたつしかなかった。これらが噴火による溶岩で分断され、現在の本栖湖と精進湖、西湖、河口湖、そして山中湖が形成された。このことが克明に『宮下文書』の地図には記されているのである。

富士山とシナイ山

古史古伝は暗号で書かれている。暗号を解く鍵はカッバーラである。『竹内文書《たけうちもんじょ》』に記されたキリストの墓は天照大神をイエス・キリストとみなすことで真相が見えてくる。モーセの墓も、継体天皇以降の天皇がモーセの子孫であることを暗示。『秀真伝《ほつまつたえ》』は天照大神が男神で、12人の妃がいたと語るが、イエス・キリストと12使徒と解釈できる。『宮下文書』も、同様だ。

まず注目は「神農」である。神農の姓は「姜《きょう》」である。「羊」という部位があることでわかるように遊牧民である。神農が古代中国における「羌《きょう》族」であることを示している。イスラエルの特務機関アミシャーブの調査で、中国の羌族は失われたイスラエル10支族であることがわかっている。これによって、神農を暗号として含んでいる神々、もしくは大王は古代イスラエル人であることがわかる。

神農の別名は「炎帝」である。炎帝を意識しているのが第1王朝である。明らかに、そこには火山が象徴されている。大王は、いわば火山の神である。燃え上がる火山の神をヘブライ語で「エル・シャダイ：ＥＬ　ＳＨＤＹ」といい、全知全能の神を意味する。つまりは創造神ヤハウェのことだ。創造神ヤハウェは火山であるシナイ山で大預言者モーセに十戒石板を授けた。第1王朝で暗示されている聖なる火山とはシナイ山のことである。これが原型となって、蓬莱山が語られている。東海に浮かぶ蓬莱山は富士山とされている。つまり、極東イスラエルにおいて、富士山は第2のシナイ山なのだ。

実は、これを知っている人間がいる。現行の千円札をデザインした人々だ。千円札に描かれている富士山は湖に姿を映している。妙なことに、その形は富士山ではない。上下反転した形ではなく、少し崩れている。もっとも形状が似ているのがシナイ山である。シナイ半島にあるホレブ山と酷似している。しかも、富士山本体を透かすと、そこに野口英世の片目が見える。まさにプロヴィデンスの目である。これは意図的だ。アメリカ1ドル札にピラミッド・アイが描かれ、ウクライナの500フリヴニャ札に正三角形のプロヴィデンスの目が仕込まれているのも、フリーメーソンの仕業である。

その証拠に、1ドル札のジョージ・ワシントンと500フリヴニャ札のフルイホーリィ・スコヴォロダフルィ・スコヴォロダはフリーメーソンである。野口英世を育てたのはフリーメーソンであるロックフェラーの名を冠したロックフェラー医学研究所である。

フリーメーソンはカッバーラにもとづいた象徴体系をもっている。カトリックやロシア正教、プロテスタントがいう三位一体説は採用しない。奥義「生命の樹」を構成する絶対三神の意味を理解している。それを示すために、フリーメーソンではドーリア式とイオニア式とコリント式の三本柱を絵に描いたり、祭壇に立てたりする。

⬆（右）よく知られるアメリカ１ドル札に描かれたピラミッド・アイ。
（左）フリーメーソンの三本柱の絵画。

➡（上）ウクライナの５００フリヴニャ札には、まさにプロヴィデンスの目が描かれている。
（下）日本の千円札の富士山を透かすと、野口英世の目がプロヴィデンスの目になる。

第2のシナイ山である富士山が蓬莱山と呼ばれるのは、先に見たように三神山であるからだ。同様に、蓬来山と瀛州山と方丈山でも三神山を構成する。これなどは、まさに自己相似というフラクタル構造をもつ「生命の樹」の特徴である。

ところで、神農には二本角があった。見た目は牛のようだった。いわば牛王だ。日本神話でいえば、神農はスサノオ命に相当する。スサノオ命は陰陽道では牛頭天王《ごずてんのう》と呼ばれ、説話「蘇《そ》民将来《みんしょうらい》」の主人公だ。牛頭天王は蘇民将来とその一族を除いて、他の人々を殺戮していく。

このストーリーのモデルは『旧約聖書』にある。出エジプトの際、創造神ヤハウェはイスラエル人以外の人々の長男を殺戮していく。

創造神ヤハウェは牛頭天王だ。古代において、創造神ヤハウェはカナンの雷神バールと同一視された。バールは二本の角をもった牛神である。創造神ヤハウェを描いた古い壁画には、まさにバールとそっくりな牛頭の姿をしたものもある。

したがって、『宮下文書』が語る神々が住まう高天原「阿間都州」は西アジア、都は聖地エルサレムである。聖なる火山はシナイ山であり、そこで十戒石板を授かった大預言者モーセが富士王朝の始祖である。

イタリアの巨匠ミケランジェロはモーセ像を作る際、その頭に二本の角をつけた。これは光を意味するヘブライ語「カラン：KRN」を角と誤訳したためである。角も同じ「カラン：K

RN」だ。

そもそも、モーセの角に関しては両方の意味が込められている。いうなれば、大預言者モーセは牛頭天王なのだ。牛頭天王たる創造神ヤハウェの言葉を取り次ぐ預言者は、いわば絶対神の化身でもあるのだ。

神農には、かくも多くの暗号が込められているのである。

古代イスラエル王国と南北朝

富士王朝のルーツ「日高見王朝」は、古代イスラエル王国のことである。

第1王朝は預言者モーセに始まる族長時代が反映されている。第2王朝は続く古代イスラエル王国の時代である。

正確に歴代の王が対応しているわけではないが、ここで注目はひとりの王「農作比古」とふたりの後継者である。ふたりの王子「農立比古」と「農佐比古」は、それぞれ日高見王朝の内部にあったふたつの派閥を代表している。

やがて、ひとつの国であった日高見王朝が「日高見派」と「神農派」に分裂し、それぞれ東へと向かい、やがて日本列島へとやってくる。

栄耀栄華を極めた古代イスラエル王国のソロモン王が死去すると、その息子レハベアムが王

↑南朝ユダヤ王国の王、ユダ族のレハベアム。
➡北朝イスラエル王国の王、エフライム族のヤロブアム。

位を継承した。が、これには民が猛反発。紀元前922年、古代イスラエル王国はふたつに分裂し、北朝イスラエル王国と南朝ユダ王国が誕生する。北朝イスラエル王国の王にはエフライム族のヤロブアムが即位し、南朝ユダ王国はユダ族のレハベアムが王として君臨した。

つまり、こうだ。古代イスラエル王国が日高見王国であり、ソロモン王が農作比古なのだ。その息子であるレハベアムが弟の農佐比古であり、南朝ユダ王国は聖地エルサレムを引き続き都とした保守派、すなわち日高見派が継承した。

これに対して、兄の農立比古がヤロブアムである。名前こそ、イスラエルを継承した北朝イスラエル王国だが、ヤロブアムが率いたのは改革派である。新しく台頭してきた神農派である。『宮下文書』では兄弟として描いているが、実際に血のつながりがあるわけではない。親である古代イスラエル王国から分裂して誕生したふたつの国を兄弟に見立て、それぞれの大王を実際の兄弟として描いているのだ。

農立比古が突如、民族大移動を発表したのは、まさに王国の分裂を物語っている。兄である農立比古が先に出発したとあるのは、古代イスラエル王国から最初に分離を宣言したのが北朝イスラエル王国であることを示している。北朝イスラエル王国は聖都エルサレムを放棄し、新しくシケムを首都とした。

紀元前722年、北朝イスラエル王国は台頭してきたアッシリア帝国によって滅亡。住民はメソポタミア地方に連行される。このアッシリア捕囚こそ、長い旅の始まりである。先遣隊として陸路、蓬莱山を目指した農立比古たち神農派は、途中、様々な苦難を強いられ、ついには行方不明となる。まさに、そのとおり。アッシリア捕囚された北朝イスラエル王国の民は、その後、行方不明になる。アッシリア帝国が滅亡した後も、カナンの地へ戻ってくることなく姿を消した。

そう、失われたイスラエル10支族である。農立比古は失われたイスラエル10支族である。失われたイスラエル10支族の一部は中国で羌族となった。羌族である神農を掲げる農立比古たちは、まぎれもなく失われたイスラエル10支族なのだ。彼らは遊牧民となり、北アジアの騎馬民族と一体となって朝鮮半島へ侵入。秦人と呼ばれ、やがて日本列島へと渡来してくる。実に『宮下文書』に書かれた農立比古の行程と一致する。

農立比古は日本列島に到着すると、最終的に西日本を支配する。大和朝廷である。大和朝廷を開いたのは騎馬民族の大王にして、失われたイスラエル10支族の秦王だ。初代・神武＝崇神＝応神天皇が農立比古に投影されている。農立比古が国常立尊という『日本書紀』における最初の神とされるのも、これが大和朝廷の正史だからだ。

失われたイスラエル10支族が日本に渡来してきたとき、すでに畿内には邪馬台国があった。邪馬台国を治めていたのは物部氏と海部氏である。いずれも徐福集団の子孫である。彼らはミツライム系ユダヤ人である。もとは南朝ユダ王国の民である。そう、彼らは農佐比古が率いる日高見派のイスラエル人なのだ。

紀元前587年、南朝ユダ王国も新しく台頭していきた新バビロニア王国によって滅亡。住民であるユダヤ人はバビロン捕囚の憂き目に遭う。聖地エルサレムを離れ、遠くメソポタミア地方に連行された。新バビロニア王国が滅亡すると、多くのユダヤ人はカナンの地へ帰還したが、とどまった人々もいる。彼らがミツライム系ユダヤ人である。ミツライム系ユダヤ人はメソポタミアから東へと移住し、中国へとやってくる。これらは、すべて農佐比古らの歴史として描いている。

中原の西に位置する秦国は、もともと非漢民族の遊牧民で、そこには失われたイスラエル10支族もいた。春秋戦国時代を経て、秦国は大きく成長し、秦始皇帝が誕生すると全国を統一する。すると秦始皇帝の前に現れたのが徐福である。不老不死の仙薬を捜してくるともちかけ、秦始皇帝の許しを得ると、東海に浮かぶ蓬莱山を目指した。2回に渡る航海を象徴的に描いているのが農佐比古の海路による移動だ。

徐福は『宮下文書』を編纂したことになっているが、実際は、物語の中に農佐比古として描かれているのである。徐福の名前を前面に押し出しているのは、日高見王国である古代イスラエル王国及び南朝ユダ王国の正統性を強調しているからだ。親である農作比古といっしょに旅をしたとは、王権を継承していることを意味している。

本来ならば、徐福集団の子孫は東西の日本列島をすべて統治するはずだった。最初に農佐比古が上陸したのは越国であり、つづいて丹波だ。徐福が最初の航海で到達したのが丹波であることを示唆している。後の投馬国だ。丹波を後にした後、彼らは先住民の案内で畿内から東へと移動し、最終的に富士山麓に居を構える。

これは邪馬台国に内紛が生じたことを意味している。物部氏の男王が立つも、なかなか治まらず、最終的に投馬国の海部氏の女王が君臨することになった。国内は安定したかに見えたが、これに不満を抱く物部氏もいた。彼らが先住民、ここでは主にインカ系縄文人、アイヌや蝦夷の協力を得て、東日本に移住。狗奴国を建国した。これが『宮下文書』が語る富士王朝である。

富士王朝の中心地である富士山麓に徐福の子孫がいると、今でも伝説が語られるのは、そこが邪馬台国から移住してきた物部氏、すなわち外物部氏の拠点だったからだ。狗奴国の男王、卑弥弓呼は外物部氏であり、富士王朝の大王だったのである。富士王朝という名前は消されたが、農佐比古が継承した日高見国は東日本を意味する名前として今も残っている。

富士王朝滅亡と契約の聖櫃アーク

富士王朝に関して『宮下文書』の記述には謎がいくつもある。第3王朝になると、明らかに『日本書紀』を意識した名前に変えられている。農立比古が国常立尊、農佐比古が国佐都知尊、すなわち国狭槌尊である。これは名前にある「立」と「佐」を言霊的に踏襲した結果だ。明らかに意図的である。

これに関して、やはり佐治氏の指摘は鋭い。富士王朝の王権を継承したのは兄の農立比古ではなく、弟の農佐比古のほうである。第3王朝の始祖は農佐比古であり、本来ならば国常立尊と称せられるべき存在だったはずだというのだ。

確かに、そのとおり。親子関係を考慮して、カッバーラの視点から造化三神における神々の対応を復元すれば、実際は、こうだったはずである。

○②御子：高御産巣日神：国狭槌尊：農佐比古
①御父：天之御中主神：国常立尊：農作比古：⑮天之神農氏神……①天之御中主神
●③聖霊：神産巣日神：豊斟渟尊：農立比古

兄弟の父である農作比古は「生命の樹」において御父の地位にある。農作比古は第2王朝における第15代目の神皇である。歴史代の神皇は、すべて御父の地位に集約されると考えると、その初代の名前は天之御中主神。まさに造化三神の御父である天之御中主神と同じ名前である。偶然ではない。これがカッバーラなのだ。「生命の樹」において御父なる神エル・エルヨーンはエロヒムとも呼ばれる。ヘブライ語の「エロヒム：ELHYM」は複数形である。単数形は「エロア：ELH」だ。ヘブライ語の文法には尊敬複数形があり、形として複数だが、実際はひとり。この場合、動詞は単数形のままだ。

だが、必ずしも、そうではないケースもある。動詞も複数形の場合があるのだ。これは絶対神が複数いることを示し、絶対三神を指している。それと、もうひとつ。裏の意味がある。実際に御父なる神は複数いるのだ。御父の御父である。もっといえば、御父の御父の御父……と続く系図がある。複数形の御父エロヒムには、そうした先祖の神々もあるのだ。はからずも

『宮下文書』の系図は、それを体現していたことになる。

おそらく『宮下文書』が成立する過程で、数々の改竄があったことだろう。中臣藤原物部麿なる人物に仮託された人物、藤原不比等が関与したことは間違いない。富士王朝に送り込まれた大和朝廷のスパイもいたはずだ。

とくにユダヤ人原始キリスト教徒はイエス・キリスト直伝のカッバーラを手にしている。政治的に富士王朝を取り込むために、巧妙な仕掛けを施したに違いない。謎の渡来人である秦氏ならやりかねない。

本来、徐福集団の子孫は物部氏や海部氏である。秦氏ではない。なのに、いつの間にか、徐福の子孫は秦氏だということになっている。『義楚六帖』には徐福の子孫が富士山麓にいて、彼らは秦氏を名乗っていると記す。情報源は中国ではなく、日本だ。富士王朝の存在を知る何者かが、さりげなく秦氏は徐福の子孫であるかのように伝えたのだ。いわば、情報が逆輸入されているのだ。

もともと徐福は秦始皇帝が支配する秦帝国にいた。秦国出身ということで「秦徐福《しんのじょふく》」という表記も、時々、目にする。が、徐福の姓は秦始皇帝と同じく「嬴《えい》」である。秦帝国にいたとはいえ、本来の出身地は「斉」である。本来、徐福は秦氏ではないのだ。

しかも、だ。『宮下文書』によれば、徐福の子供たちは新しく姓を作った。長男の福永は「福

⬆羽田氏が武内宿祢に始まる由来を記す松尾神社の石碑。

永氏」と「福岡氏」、次男の福万は「福島」、三男の徐仙は「福山」、四男の福寿は「福田」、新たに生まれた子供たちは「福畑氏」や「福海」「福往」と、いずれも「福」の字がつく姓を名乗ったという。これを見る限り、秦氏を名乗った子供はいない。どうも腑に落ちない。

さらに、あやしい人物が不二阿祖山太神宮を訪ねている。武内宿祢だ。彼は徐福と直接会って、その教養に感服し、門下生となった。のみならず、武内宿祢は長男である矢代宿祢を「秦：ハタ」にちなんで「羽田矢代宿祢」に改名させたというのだ。

当時は紀元前3世紀である。まだ日本に秦氏は渡来してきていない。仮に秦氏という姓があったとしても、それを「ハタ」と読む理由がない。中国語の発音でいえば「ジン」か

「シン」「チン」である。明らかに後世の創作である。

しかし、気になるのは武内宿祢である。武内宿祢とはモーセ系大祭司の称号である。個人名というよりは襲名による役職名だ。複数いても不思議ではない。記紀には300歳以上生きたとされる武内宿祢だが、実際は襲名した人間が複数いたことを物語っている説もある。長男である羽田矢代宿祢＝波多八代宿祢も、次代の武内宿祢だったのではないか。

徐福集団とやってきたミツライム系ユダヤ人のアロン系大祭司は倭宿祢と称した。彼らはアロンの杖が入った下アークを運んできた。武内宿祢であるモーセ系大祭司は秦氏とともに朝鮮半島経由でやってきた。彼らはモーセの十戒石板が入った上アークを運んできている。両者が統合されたのは大和朝廷が開かれたときだ。

徐福の門下生となったのは、もちろん史実ではないにしても、富士王朝に契約の聖櫃アークが運ばれた可能性は十分ある。武内宿祢がやってきたとは、いい換えればモーセ系の大祭司が契約の聖櫃アークを持ってきたことを意味するのではないか。

契約の聖櫃アークは最終兵器である。敵に災いをもたらす。富士王朝が滅んだ原因は、これではないか。契約の聖櫃アークから直接、プラズマが発せられたかどうかは不明だが、疫病や天変地異が起こったとしても不思議ではない。過去、契約の聖櫃アークは頑強なエリコの城壁を粉々に破壊している。

同様に、富士山を噴火させたとしたら、麓にあった不二阿祖山太神宮はひとたまりもなかっただろう。邪馬台国以来、大和朝廷と敵対し、まつろわぬ民の拠点だった富士王朝を滅ぼすために、最終兵器を持ち出した可能性は十分ある。

かつて邪馬台国も、そうだった。初代・神武＝崇神＝応神天皇が畿内を征服したとき、最後まで邪馬台国の軍人「長髄彦《ながすねひこ》」は抵抗した。彼も物部氏である。神武天皇と同じ天神の子であるニギハヤヒ命を大王としているのに、長髄彦は最後まで聞く耳を持たずに誅された。

大和朝廷が開かれたときも、富士王朝は独立を保った。富士王朝は狗奴国である。もともと邪馬台国の民であった物部氏が東国で建国したクニである。同族である海部氏の卑弥呼でさえ受け入れなかった外物部氏が新たにできた王権を受け入れるはずがない。物部氏は頑固である。ある意味、イエスをメシアとして受け入れなかったパリサイ人のようだ。当時、もし生きていたとしたら、創造神ヤハウェの預言者である卑弥呼でも、これは、どうしようもなかったことだろう。

頑ななミツライム系ユダヤ人を変えるのは、もはや実力行使しかなかった。イスラエル人ならわかる。もっとも恐ろしい兵器、王権の正統性を表す契約の聖櫃アークを持ち出す以外、方法はなかったのではないだろうか。

創造神ヤハウェ＝イエス・キリストは神武＝崇神＝応神天皇に東西日本を支配する権能を与

えた。問答無用。これを目の前に見せつけるため、契約の聖櫃アークを持ち出した。取り扱うのはモーセ系大祭司である。絶対神の許しを得て、作戦を実行に移した。契約の聖櫃アークに創造神ヤハウェが臨在し、山を動かした。大山鳴動。富士山が噴火し、頑なな民である富士王朝の外物部氏たちに怒りが注がれた。こうして富士王朝は滅亡したのである。

邪神「天津甕星」と堕天使ルシファー

錦の御旗という言葉がある。正統性である。戦争になったとき、両陣営には正義がある。どちらが正しく、どちらが間違っているという話ではない。戦う正統性を担保するのが大義名分であり、それを象徴するのが日本では錦の御旗である。

旗はハタであり、秦氏のハタである。日本の国旗は日の丸。白地に赤い円が描かれる。日の丸は太陽のことであり、天照大神の象徴。三種神器でいえば八咫鏡《やたのかがみ》である。すべては天照大神をイエス・キリストと位置づけたユダヤ人原始キリスト教徒である秦氏がカッバーラをもとに呪術的に仕掛けたもの。国旗を掲げる旗竿には、イエス・キリストの聖十字架である忌柱と天御柱の意味も込められている。

最初の大嘗祭が行われたときから、東西の日本列島の支配権は天皇に神授された。イエス・キリストが天照大神として降臨し、神武＝崇神＝応神天皇を倭国の大王として認めたとき、邪馬台国のみならず狗奴国の支配は約束された。大和朝廷のみならず、富士王朝も天皇が統治することが許されたのだ。

富士山の噴火によって弱体化した不二阿祖山太神宮であったが、インカ系縄文人とアイヌ、蝦夷たちの勢力は揺るがない。彼らの拠点は富士山麓から関東へ。創造神ヤハウェを祀る神殿は鹿島神宮と香取神宮に置かれた。『延喜式《えんぎしき》』に記された「神宮」は伊勢神宮を除けば、このふたつしかない。

ここは、もともと外物部氏の拠点である。祭神である「建御雷神《たけみかづちのかみ》」と「経津主神《ふつぬしのかみ》」は、本来、物部氏の神である。両神は同一神だという説もある。とくに経津主神の「フツ」とは物部氏の宗家が祀る石上神社の主祭神「布都御魂《ふつのみたま》」のこと。鹿島神宮と香取神宮は、ともに外物部氏が祀る神殿を大和朝廷が征服し、それを同じ物部氏に祀らせたのだ。

とりわけ、記紀神話のプロデューサーである藤原不比等は父であり、藤原氏の太祖である藤原鎌足の故郷を東国にもってきた。藤原氏の本願が関東であると称することによって、外物部氏を支配下に置いたのだ。

もともと、建御雷神と経津主神は「国譲り神話」で活躍する神々である。天津神が住まう高天原を統治する天照大神の孫、天孫ニニギ命が地上の豊葦原中国へと降臨する際、ボディーガード及び軍人として随伴したのが両神である。彼らは国津神の王である大国主命に国を明け渡すよう迫る。これに対して、大国主命は息子である事代主命《ことしろぬしのかみ》と建御名方神《たけみなかたのかみ》が了承すれば考えてやると答える。

釣りが趣味である事代主命は受け入れるが、建御名方神は拒否。最後には武御雷神との一騎打ち、力比べとなるものの、あっけなく敗退。諏訪神社の祭神となり、ここから出ないことを誓った。かくして、地上の抵抗勢力を抑えたかのようにみえたのだが、最後の最後まで抵抗したラスボスいた。「天津甕星《あまつみかほし》：天香《あめのか》香背男《かせお》」である。

天津甕星に関して、建御雷神も経津主神も勝てない。まさに豊葦原中国最強の神である。こまった天津神たちは、武力での攻撃をあきらめ、呪術攻撃に打って出る。指名されたのは「建葉槌命《たけはづちのみこと》：倭文《しとりの》神《かみ》」である。

建葉槌命は祭祀氏族である忌部氏の神である。倭文神という別名

⬆天津甕星《あまつみかぼし》と建葉槌命《たけはづちのみこと》。

からわかるように機織りの神だ。古代において機織りを一手に担っていたのは秦氏である。忌部氏が職能集団として秦氏を管理していたことは、同じ忌部氏である斎部広成の『古語拾遺』に詳しく書かれている。

忌部氏の拠点は四国である。阿波に祖神である天太玉命《あめのふとだまのみこと》の本拠地があった。ここから全国に忌部氏は神道祭司として派遣された歴史がある。具体的に、天日鷲命の阿波忌部氏、櫛明玉命の出雲忌部氏、彦狭知命の紀伊忌部氏、手置帆負命の讃岐忌部氏、天目一箇命の筑紫忌部氏と伊勢忌部氏、そして天富命の安房忌部氏がいる。安房忌部氏は房総から武蔵、そして常陸や下野まで進出した。倭文神は、この流れである。

なんてことはない。カッバーラの呪術師、すなわちレビ族が動員されたのだ。忌部氏はレビ人であり、その配下にあった秦氏の呪術者集団が敵を呪詛したのだ。これにはさすがの天津甕星も勝てなかった。天津甕星は宿魂石に封印され、東国は無事、平定されたという。大和朝廷にとっては、まさにめでたしめでたしだ。

ところで、天津甕星とは、いったい何者なのだろうか。別名である天香香背男に似た神名「天背男命《あめのせおのみこと》」が『先代旧事本紀』に出てくる。『先代旧事本紀』はニギハヤヒ命が畿内に降臨する物語である。随伴する神々は、みな物部氏である。天背男命も、物部氏だ。もし、この神が天香香背男ならば、天津甕星も物部氏だったことになる。

大国主命をはじめとする出雲の神々は国津神であって、天津神ではない。同じ豊葦原中国の神々であっても、天津甕星は天津神である。国津神の王であるスサノオ命が本来、天津神であるようなものだ。天津神であるニギハヤヒ命が降臨する際、そこに天津甕星がいたとしても不思議ではない。要は物部氏である。中国から渡来してきた徐福集団の末裔にして、ミツライム系ユダヤ人である。

天津甕星は物部氏、もっといえば外物部氏だ。邪馬台国にいた物部氏からすれば、裏切り者である。神武＝崇神＝応神天皇が邪馬台国を征服して大和朝廷を開いたとき、外物部氏は東日本において狗奴国を根幹とする富士王朝を築いていた。圧倒的な軍事力をもった大和朝廷は、いよいよもって東日本の制圧に乗り出す。

このときとられた戦略が「夷を以て夷を制す」である。被征服者たちである物部氏を使って、東国の外物部氏を討たせる。派遣されたのが、まさに物部氏である建御雷神と経津主神だった。が、天津甕星だけには勝てず、最後の最後、忌部氏の配下にあった秦氏の呪術師が乗り出し、目的を果たすことになる。

おそらく壮大な呪術合戦があったのだろう。『日本書紀』に記された天津甕星の描写はひどい。とてつもない悪神、邪神として描かれている。相手を罵倒するとき、用いる表現に文化が現れる。ついついイスラエル人の思想が出てしまう。それを象徴するのが「星」である。

記紀神話において、「星」という文字を含んだ名前をもつ神は唯一、天津甕星だけである。天香香背男の「カカ」とは「輝く」の語源でもあるように、星のことである。物部氏の祖神ニギハヤヒ命の東遷を記した『先代旧事本紀』には「天津赤星」という神が見える。おそらく、天津甕星と同一神であろう。

他国の神話に比べて、記紀神話には星神がほとんどいない。星という字がつくのは天津甕星で、オリオン座の三ツ星を思わせるのが住吉三神と宗像三女神、スバルであるプレアデス星団がオシホミミ命の兄弟神、そして道教と習合した天帝である天之御中主神が北極星、すなわち妙見神とされるぐらいだ。

神道の最高神である天照大神が太陽神、その弟である月読命が月神。三貴人のひとりであるスサノオ命は夜の神、もしくは海の神とされるが、本来であれば星神であろう。古今東西、太陽と月とくれば、次は金星である。スサノオ命は金星神だった可能性があることは、これまで多くの神話学者が指摘している。

金星神と目されるスサノオ命は悪神として描かれる。とくに高天原に昇ってきたときには、乱暴狼藉を働いて、天照大神の天岩屋隠れの原因を作り、豊葦原中国に追放される。天津甕星も、同様だ。本来は天津神であったのに、悪神とされて地上に降り、ついには討たれてしまう。

これらのストーリーの背景にあるのは『聖書』である。もっといえば、カッバーラである。

天地創造が行われる前、天界において光と闇の戦いがあった。絶対神に対して天使が反乱を起こしたのである。首謀者は天使の中でも最高位、熾天使ルシファーだった。光の天使であり、並ぶ者がないと謳われたルシファーは奢り高ぶり、ついには絶対神にとって代わろうと戦いを挑んだのだ。天界における天使のうち、3分の1がルシファー軍についた。このときの様子は「ヨハネの黙示録」に詳しい。

しかし、いくら熾天使といえども、絶対神に勝てるわけがない。大天使ミカエルによって捕らえられ、配下の天使ともども地上へと落とされる。反逆天使は堕天使と呼ばれ、地獄の底で悪魔となった。堕天使ルシファーは大魔王サタンとなった。連中は今も、人類を闇の世界へ引きずり込もうと日夜、地上に現れては人々を誘惑する。

元は光の熾天使だったのに、傲慢になったがゆえに堕落し、ついには地上へと落とされる。天界の出来事として、太陽を絶対神とするなら、それに挑む明けの明星だ。夜明け前に、ひときわ輝く金星は他の星々が姿を消した後も、最後まで光っている。が、やがて太陽が昇ってくると、ついには光に飲み込まれ、その姿を消していく。

明けの明星を堕天使ルシファーの象徴として「エゼキエル書」や「イザヤ書」は描く。「輝ける曙の子：ヘレル・ベン・サハル：HYLL　BN　SHHR」のラテン語訳が「ルシファー：LVCIFER」だ。意味は光を運ぶ者。かつては光の熾天使であったことを含んだ意訳である。

高天原の神々に最後までたてついた最強の神。それは、かつて同じ天津神にして、輝く明けの明星。その名も天津甕星と呼ばれた。だが、神道の最高神である天照大神が送り込んだ最後の刺客ともいうべき倭文神によって討たれた。天津甕星は堕天使ルシファーであり、天照大神は創造神ヤハウェ、そして倭文神は大天使ミカエルだ。神話的に、まったく同じ構造である。明らかにカッバーラを知った者がストーリーを作った。おそらく大和朝廷の呪術者だろう。秦氏に違いない。

しかし、明けの明星には、ふたつの意味がある。蛇にも青銅の蛇と赤い毒蛇がある。前者はヤハウェ＝イエス・キリストであり、後者はサタン＝ルシファーである。堕天使ルシファーの象徴とされる明けの明星だが、「ヨハネの黙示録」ではイエス・キリストが自らを指して明けの明星だと述べている。天界の型が人間界にも及び、善人と悪人が戦いを繰り広げる。

だが、忘れてはならないことがある。この世にあって、人間は神ではない。人間が考える善悪など、見方や立場によって変わる。戦争の当事者にしてみれば、互いに正義の戦いをしていると信じている。価値は相対的なのだ。絶対善もなければ、絶対悪もない。悪神とされた天津甕星も、外物部氏にとってみれば英雄だ。最後まで抵抗した偉大なる神に違いない。

ともすれば、天津甕星は星神ではなく、太陽神だったのかもしれない。本来は、物部氏の祖神ニギハヤヒ命と同一神だった可能性もある。ニギハヤヒ命は天照《あまてる》国《くに》照《てる》彦《ひこ》天《あめの》火《ほ》明《あかり》櫛《くし》玉《たま》饒速日《にぎはやひ》尊《のみこと》といい、物部氏の太陽神、もうひとりの天照大神だった。

外物部氏が支配した東日本は狗奴国から富士王朝である日高見国として存続した。日高見国は太陽を仰ぎ見る国を意味し、日が昇る東方に位置することから「日の本」とも呼ばれた。今でこそ、日本は東西日本及び北海道や沖縄まで含んだ国号として位置づけられるが、かつては違った。もとは「倭国」である。これがあるとき「日本」となった。国号の由来は、まぎれもなく日高見国だったのである。

倭国と日本国

日本の正式な国号は「日本：ニッポン」である。「日本：ニホン」ではない。もっとも、これは近代になって決められたもので『日本書紀』の読みは「ニホンショキ」である。かつては「ジッポン」と読まれたこともある。これが海外で「ジパング」、英語でいう「ジャパン：JAPAN」になった。ヘブライ語では「ヤパン：YPN」である。創造神ヤハウェを意味する「Y」が当てられている。言霊的には「ヤホン：YHWN」であってもおかしくはない。「YHW」は、もちろんテトラグラマトンの3文字である。

しかし、もともと日本は「倭」である。邪馬台国を含めた日本列島の住民は「倭人」と呼ばれた。当てられた「倭」という字は、小さい人という意味である。中国大陸の漢民族からすると、身長が低かったので、中華思想の蔑称として名づけられたのだ。「ワ」という音は自己称だという説がある。今でも東北の人は自分のことを「ワ」と称す。これは漢字でいう「我」のことだ。ちなみに二人称は「ナ」で、漢字でいえば「汝」である。

古代において、倭人は文字をもたなかった。漢字を理解していなかった。それゆえ、中国人が勝手につけた「倭」の意味を知らなかった。が、渡来人がやってきて漢字を知るようになり、さらには遣隋使や遣唐使が中国へ行くようになり、その意味を知る。自尊心もあって、倭人と呼ばれることに不満を覚えるようになる。

そこで、国名を変えようという話が出る。邪馬台国が西日本を統治していた時代にあっては、自称は「ヤマト」である。ヘブライ語で「神の民」を意味する。「邪馬台」という字も、中華思想の侮蔑によるもので、当てる字は「大和」とした。聖徳太子の「十七条の憲法」の第一条「和を以て貴となす」によるものだ。それ以前は「倭」という字を「ヤマト」と訓じていた。これが後に「日本」と表記されるようにある。「日本」と書いて「ヤマト」と読ませるのだ。

では、いったい「日本」という表記は、どこから出てきたのか。これもまた、聖徳太子によるものだという説が一般的である。遣隋使を派遣した際、中国の皇帝に対して「日出処の天子、書を日没する処の天子に致す。つつがなきや」と外交文書に記している。手紙を受け取った隋の煬帝にしてみれば、天子は世にひとりしかおらず、それもわからぬ小国の倭人が無知蒙昧なことをぬかしていると、怒りを通り越してあきれてしまったという話はよく知られている。

聖徳太子の頭の中には大和が太陽が昇る東にある。日本から見れば中国は西、太陽が沈む方角にあるという認識だった。古代エジプトの思想でいえば、日本はアトゥムであり、中国はケプリだ。どちらも太陽神である。これを天子になぞらえたのだろう。

古代エジプトの太陽神も絶対三神を構成している。すなわち①ラー、②アトゥム、③ケプリである。神道の造化三神も、これに対応している。ラーは天中にある太陽を神格化したもので、天之御中主神《あめのみなかぬしのかみ》に相当する。高御産巣日神《たかみむすびのかみ》と神産巣日神《かみむすびのかみ》の神名には、いずれも「日」という字があることからわかるように、太陽神でもある。古代エジプトの宗教と日本の神道には偶然以上の一致が見られることは、エジプト学者の吉村作治教授も求めるところである。

神道の最高神は天照大神である。天照大神は太陽神である。中国大陸から見れば太陽の昇る東に日本列島は位置する。よって、当時の倭人が太陽を象徴として国号を「日の本」としたことについて、だれも異論はないだろう。

ところが、問題がひとつある。本来、倭と日本は別の国だった可能性があるのだ。中国の歴史書『旧唐書』には「倭国伝」のほかに「日本国伝」があるのだ。しかも、ご丁寧に「日本国は倭国の別種なり。その国は日辺にあるゆえ、日本をもって名となす」と記している。素直に読む限り、倭と日本は別の国であるという認識だ。

続いて「倭国は自国名が雅ではないことから、改めて日本と称した」とあり、同時に「日本は、もともと小さな国だったが、倭国を併合した」と記している。つまり、もともと日本は小ながらも独立国で、大きな倭を併合した。その際、倭という字が卑しいので、改めて国号を日本と定めたというわけだ。

興味深いのは同じ唐の歴史書でも、こちらは『新唐書』である。ここには真逆のことが書かれている。倭という字がよくないので、太陽の出ずる処に近いので日本に改めたとして、「日本はもともと小国で、倭が併合したので、その国号を踏襲した」とある。小さな国である日本を併合したのは倭のほうだというのだ。併合した国が相手の国号を踏襲するというのも変な話だが、とにかく倭という字が嫌なので、日本にしたという主張だ。

このあたり中国側も納得がいかず、少なからず混乱しているようだが、そう倭人が主張している以上、そのまま記録するしかないという態度が透けて見える。併合が一方的だったのか、それとも対等だったのか、あるいは立場が逆だったのか。状況はどうあれ、とにかく倭と日本は、もともと別の国で、あるとき合併した。

合併したことを機に、改めて国号を「日本」と定めた。

問題は、小さな国であった日本である。いったい、どこにあったのか。「魏志倭人伝」には

「日本」という文字は出てこない。「ニホン」、もしくは「ニッポン」と読めそうな地名や国名はない。記紀では、朝鮮半島南部に倭の直轄領「任那《みまな》日本府《にほんふ》」があったと記している。当時の国でいえば伽耶諸国のひとつだ。韓国の歴史家は任那日本は存在しなかったと強弁するが、考古学的に実在したことは証明されている。現在、次々と朝鮮半島南部から前方後円墳が発見され、その玄室が倭の様式であることが確認されている。

　騎馬民族征服王朝論からすれば、この任那は騎馬民族の拠点だった。ここを足掛かりに日本列島へと渡来してきた。江上波夫博士は第10代・崇神天皇の諡号「御間城《みまき》入彦《いりびこ》五十瓊殖《いにえ》天皇《すめらみこと》」の「御間城」とは「任那の城」という意味だと解釈する。崇神天皇は任那から日本に渡来してきた初代の天皇だという。仮に任那が『旧唐書』や『新唐書』の語る小国「日本」だとすれば、ここを拠点とした騎馬民族の大王が大和朝廷を開いたわけだから、倭と合併したというい方もできる。騎馬民族からすれば、日本が倭を併合したとなり、逆に邪馬台国からすれば、倭が日本を併合したと主張したとしても不思議ではない。

　日ユ同祖論の小谷部全一郎は騎馬民族の大王を失われたイスラエル10支族のガド族であると主張。日本の国号はガドの息子「ツィフヨン：ＴＺＦＹＷＮ」に由来するとした。ツィフヨンの発音は「ツェフォン」や「ゼホン」「ゼポン」とも発音され、これが「ジッポン」「ニッポン」となったという。

日下と日本と日高見

日本は「ヒノモト」とも読む。「日の本」である。これには「日の下」という表記もある。「日下」は「クサカ」と発音し、大阪の地名になっている。クサカは「草加」や「草香」「孔舎衙」とも表記する。姓としては「日下氏」や「日下部氏」が知られる。いずれも物部氏である。大阪の日下は、物部氏の拠点だった。もとは「ひのもとのくさか：日下の草香」という枕詞だったという説もある。

大阪の中心地から日下は東の方角にある。生駒を背景に太陽が昇ってくる。この光景から日下という地名ができたと考えられている。生駒一帯は物部氏の拠点であり、彼らの祖神であるニギハヤヒ命が降臨した哮峰がある。『先代旧事本紀』によれば、九州にいた物部氏軍団が畿内へとやってきた。生駒周辺にはニギハヤヒ命が乗ってきた天磐船を祀る岩船神社をはじめ物部氏ゆかりの神社が数多くある。

そもそも『日本書紀』によれば、日本という国号を定めたのはニギハヤヒ命である。哮峰に降臨すると、あたりを見渡し「虚空にみつ日本国：空に輝く日本の国」と褒めたたえた。「日本」の読みは「ヤマト」だが、国号の表記としては、これが初出である。哮峰周辺が日下と呼ばれるのは、これが理由である。

⬆国号を「日本」と定めたニギハヤヒ命（唐松神社蔵）。

日本という国号は物部氏と深い関係にある。九州から畿内へとやってきたとき、物部氏は自らのクニを日本と称していたのかもしれない。あるいは、日本と書いてヤマトと読ませており、これに中国人が中華思想による卑しい文字を当てて邪馬台と表記した可能性もある。

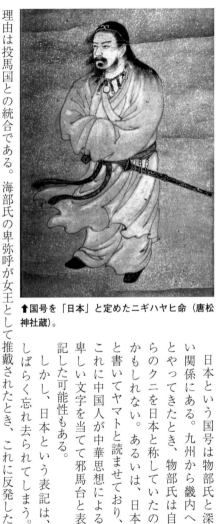

しかし、日本という表記は、しばらく忘れ去られてしまう。理由は投馬国との統合である。海部氏の卑弥呼が女王として推戴されたとき、これに反発した物部氏は東国、すなわち東日本に逃れ、インカ系縄文人とアイヌ、蝦夷たちを支配し、狗奴国を作った。これが先に見た富士王朝である。外物部氏は東日本を支配することで、西日本の邪馬台国に対抗する勢力となった。

狗奴国の正式な国号は「日高見国」である。太陽を高く仰ぎ見る国という意味だ。日本列島が回転し、現在のような位置関係になったとき、東日本列島は太陽が昇る方角に収まった。まさに「日の本」である。ニギハヤヒ命が名づけた日本という名称は、外物部氏たちによって継承され、日高見国の別名となった。つまり、これによって古代において日本列島には「倭」と「日本」というふたつの国が併存することとなったのだ。

神道の『大祓詞《おおはらえのことば》』には「大倭日高見国」という言葉が出てくる。一般に「日高見」とは「大倭」に対する美称だと解釈されているが、順序が逆である。美称とするならば「日高見大倭国」だ。これは「大倭」と「日高見」というふたつの国が存在したことを示しているのだ。両国を併記することによって、東日本と西日本が合体した秋津洲を表現しているのである。

日高見国は当初、富士山麓を中心にした地域を指していたが、外物部氏の東遷によって徐々に拡大。青森県にまで及ぶ広い地域を意味するようになった。茨城県の常陸は日立であり、本来は「日高見道」のこと。岩手県の「北上」という地名は、かつて「日高見」だった。小さいながらも、日高見という地名が残っている。同様に「北上川」も「日高見川」なのである。さらに、日高見国の領域は拡大し、北海道を含む。いうまでもなく「日高」は日高見のことだ。

青森県東北町には「日本中央の碑」がある。一説に「壺の碑」であるとされる。征夷大将軍の坂野田村麻呂が矢尻で書いた石碑だという。実際のところ、坂上田村麻呂は青森にまで来ていないが、問題は「日本中央」という表記である。どう考えても、青森県は地理的に日本の中央ではない。政治的な中心になったこともない。

なぜ、日本中央なのか。これを西日本を含めた日本列島を想定すると見えてこない。ここでいう日本とは日高見国のことだ。樺太や千島列島を含んだ日高見国の最大領土を想定すれば、青森が中央に位置する。青森を拠点とした津軽の安藤氏は「日之本将軍」を自称したのは、そのためだ。日本とは東日本のことだという認識は豊臣秀吉にもあった。秀吉は手紙の中で奥州を日本と表現している。東日本と西日本が政治的に統一されたのは、まさに豊臣秀吉の時代である。安土桃山時代になって、初めて大和国と日高見国はひとつの国になったのである。それまで、日高見国は正統なる日本国としてかろうじて独立していた。

大和朝廷としては、全国を統一するためにも日高見国を征服しなければならない。そのために派遣されたのが「征夷大将軍」である。坂上田村麻呂の父親、坂上苅田麻呂が初代征夷大将軍と任命されて以来、江戸幕府を開いた徳川家康及び歴代の将軍に至るまで、すべては日高見国を征服せんがためだったのだ。

↑青森県東北町にある日本中央の碑。

第1部
平安京カッパーラ呪術!!
織田信長
首の行方の謎

パラダイム!!
時は止まることなく
流れ
歴史も停止する
ことはない！

人類は
発展という階段を
上昇しながら
多くのターニング・
ポイントを経て
新たな発見を
戸惑いと畏敬の目で
受け入れていく！

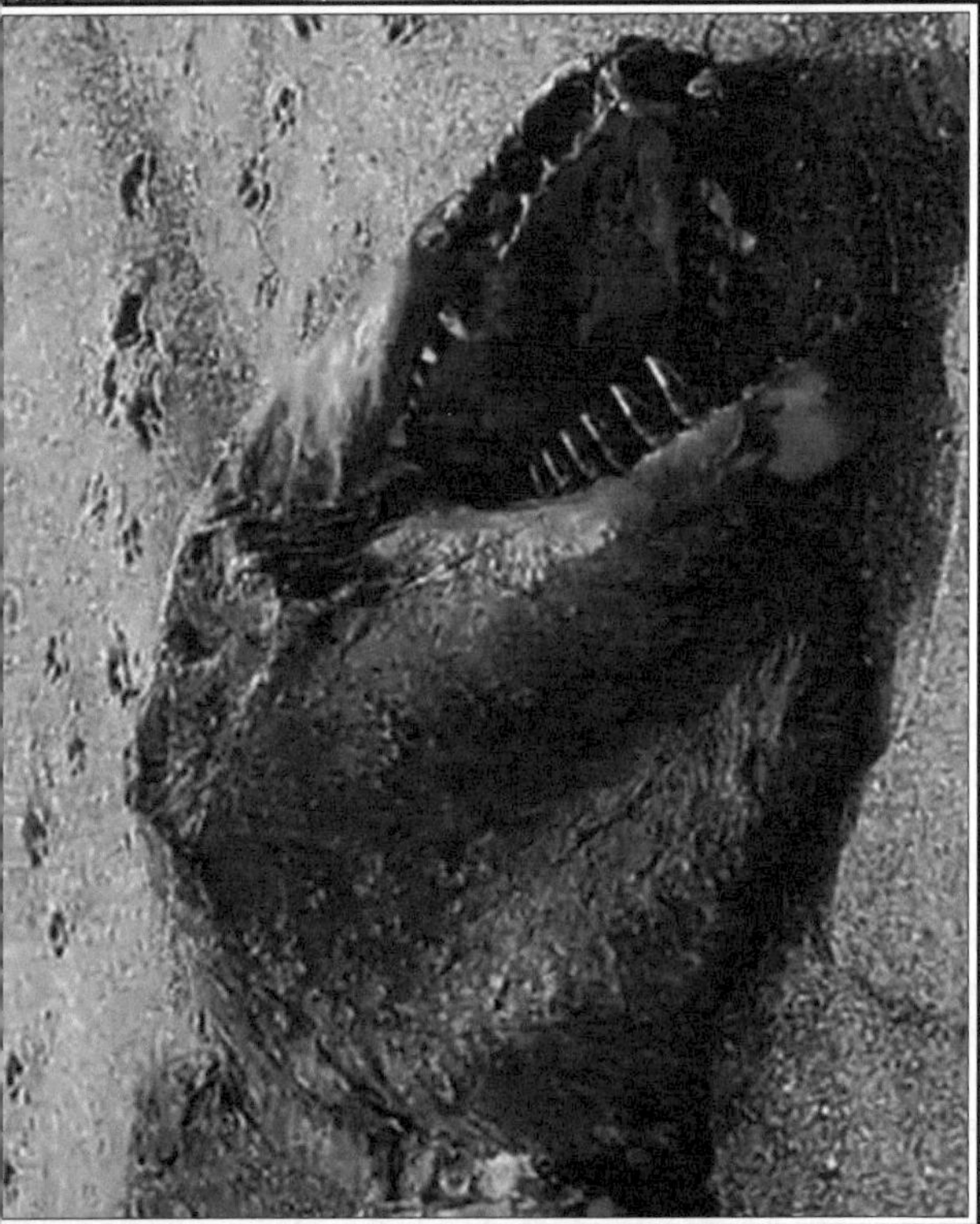

私の名は
あすかあきお
漫画家です！
私はサイエンス・
エンターテイナーとして
アカデミズムが黙殺する
最先端情報を暴露し
公開することを
使命としています！
その過程で
多くの
有名人や
著名人との
出会いが
あります！
科学ジャーナリスト・高野誠鮮氏と
これからも
最先端情報を
取りこみながら
超常世界を
探策する
つもりです！
また
講演会やツアー、
イベント！
SNSや
CATV、地上波TV
そして
ラジオにも
出演しています！

オフィシャルサイトも
「ASKAクラブ（会員制）」
「ASKAワールド」を中心に
映像と音声専用の
有料オンデマンドサイト
「ASKADO　PREMIUM」
（ASKAフリックス・ASKA
ラヂヲ）があります!!

有料メルマガ
foomiiから
「ASKAサイバニック
研究所」
「ASKAサイバニック
研究所NEO」を
発行！
ショップ飛鳥堂と
アマゾンなどで
飛鳥昭雄の
DVDなどを
販売！

同時に
飛鳥昭雄の
MOOK本や
新刊書・小説を
電子版を含めて
発行しています！

織田信長!!
仏敵とも
第六天魔王とも
揶揄《やゆ》される
戦国最大の
武将だが
その実像は
謎が多く
いまだに遺体さえ
見つかっていない!!

信長が
恐れられる理由は
神仏よりも
己を上に置く
所業にあったと
されている!!
石山本願寺の
門徒2万人以上を
女子供を含めて
惨殺した上
己に逆った一族は
ほとんど根絶やしに
した!!

今に残る
根強い噂では
攻め滅ぼした
浅井長政の頭蓋骨を
杯に酒宴を催し
自らを
この世の王と
称したとされる!!

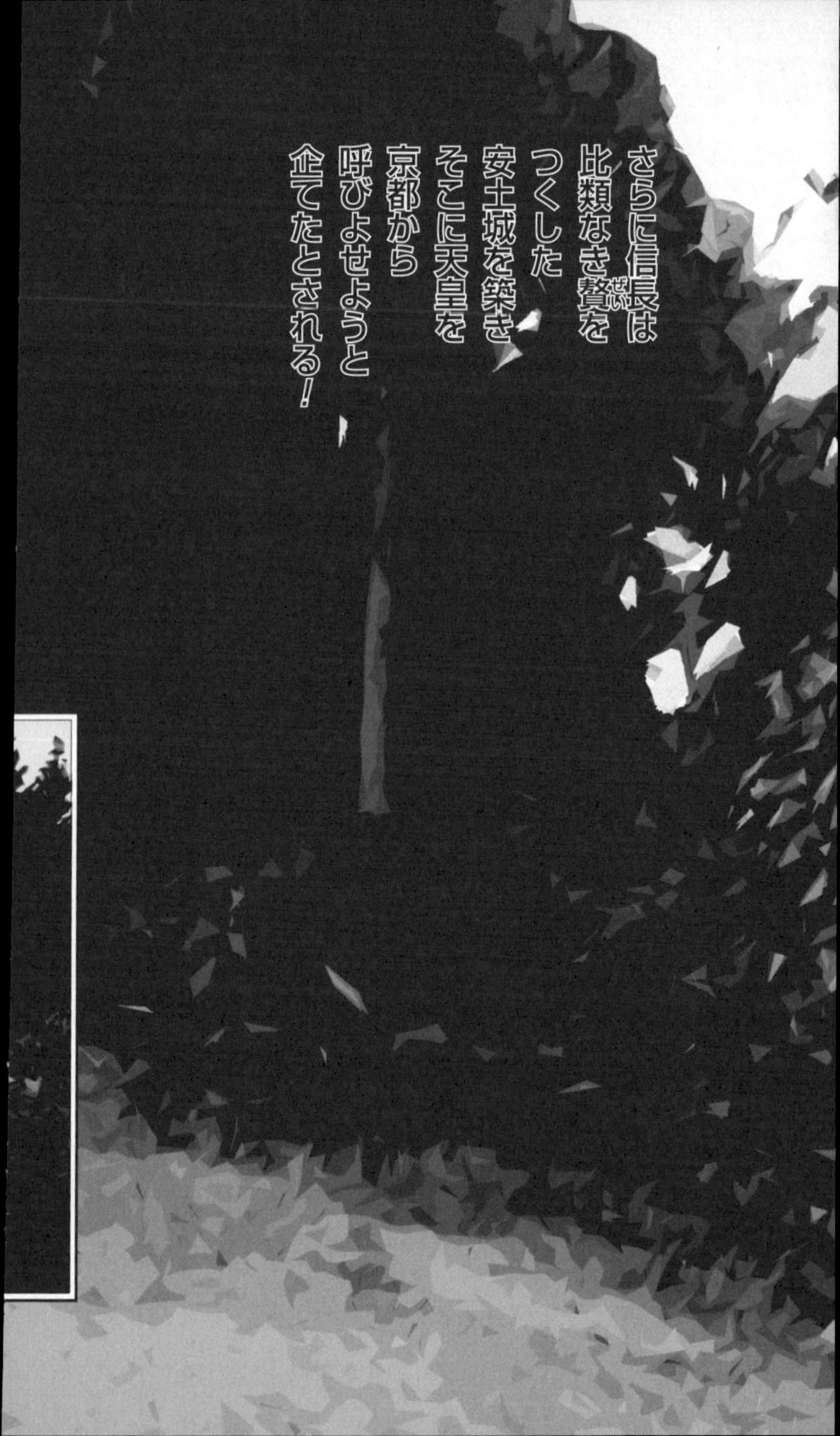
さらに信長は
比類なき贅《ぜい》を
つくした
安土城を築き
そこに天皇を
京都から
呼びよせようと
企てたとされる！

実現すれば
信長が
天守閣から
天皇を見下す
ことができ
事実、天皇が
宿泊する屋敷は
豪華な天守閣より
下座に建てられて
いた!!

信長は
毛利水軍を
討つための
世界でも稀な
大型鉄甲船を
6隻建造
その6隻を
もって
毛利の600隻と
対抗し

その多くを
討ち滅ぼし
海の藻屑にした
とされている!!
『多聞院日記』より
鉄の船なり、
鉄砲通らぬ用意、
事々敷儀なり。

1582年6月
明智光秀の
裏切りによる
「本能寺の変」が
勃発！
寺を取り囲んだ
明智軍の数を見て
脱出を諦めた
信長は
自ら弓と槍で戦い

戦闘の中
負傷した後
森蘭丸に命じて
火を放たせ
自刃したとされ
ている！

本能寺の変は
謎が多く
光秀の「怨恨説」
を筆頭に
光秀の
「ノイローゼ説」や
四国の姻戚（長宗我部元親）を
信長の攻略から
守ろうとした
「四国征伐回避説」
もあれば
織田信長
明智光秀

黒幕説で
有名なのが
天下が
転り込んできた
「羽柴秀吉説」で
あり
次に
信長に暗殺され
そうになっていた
家康が
光秀を巻き込んだ
「徳川家康説」
がある!!
羽柴秀吉
長宗我部元親
徳川家康

あれはロシア領のサハリン（旧樺太）で取材をしていた日だった！
メッセンジャーと名乗る男が私に近づいてきたのだ！

あすか先生！教授からのメッセージが入りました！

男の名はミスター・カトウ!!

1週間後京都に行っていただかねばならなくなりました！

この日
私は
京都に向かった！
もちろん
弟子の
サイ九郎も
同行した！

京都
KYOTO

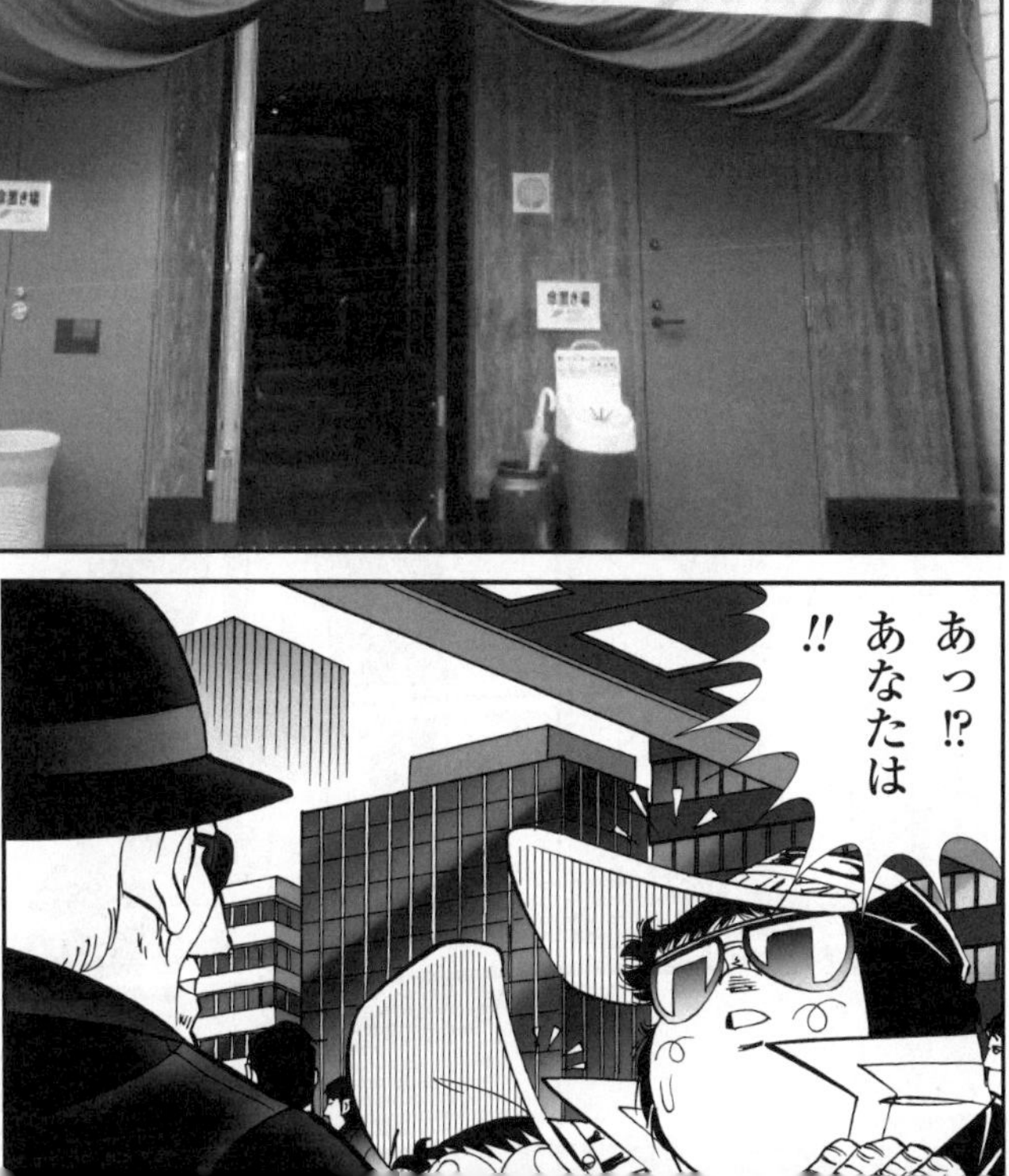
あっ⁉
あなたは
‼

相変らずお元気そうですな⁉
ミスター・カトウが迎えにくると思っていました！
ふふふ彼には今冷泉家《れいぜい》のゆかりの地で別の働きをしてもらっておる！

それはもちろん秘密の仕事ですね？
あの男が秘密以外のことで動いたことは一度もあるまい！
察しはつきますがいわぬようにします！
そのほうが利口というものだ！いらぬ言葉は身を滅ぼす!!

今日はなぜ私を呼んだのですか？
こざかしい………
それもわからぬとはどうやら人選を誤ったか⁉
フフフフフフ……
なにがおかしい？

クイ
伊勢神宮と出雲大社の式年遷宮が終わった後ずい分のんびりだと思っただけです！
………
もちろん伊雑宮《いざわのみや》の建て直しが終わるまで
伊勢神宮の式年遷宮はまだ終わっていませんがネ！

おぬし……
まさか
釈迦に説法という
言葉を知らぬ
のではないか?
いえ
知っているからこそ
いえるのかも
しれません!
やはり
おぬしは
こざかしい男
よのう
………!!
おほめの
言葉と
受け取らせて
いただきます!

出雲大社
神職の
千家《せんげ》国麿《くにまろ》氏と
皇室の
高円宮《たかまどのみや》典子様の
ご婚約は
歴史上初めての
出来事です!
そのことは
今回のお主の
お召しとは
関係ない!!
そうでしょう
か?

2013年の
伊勢神宮と
出雲大社の
同年式年遷宮が
秦氏と
物部氏の
新旧両勢力の
和解を意味し

物部系の男性スサノオ命と秦氏の女性天照大神の結婚を意味します!!

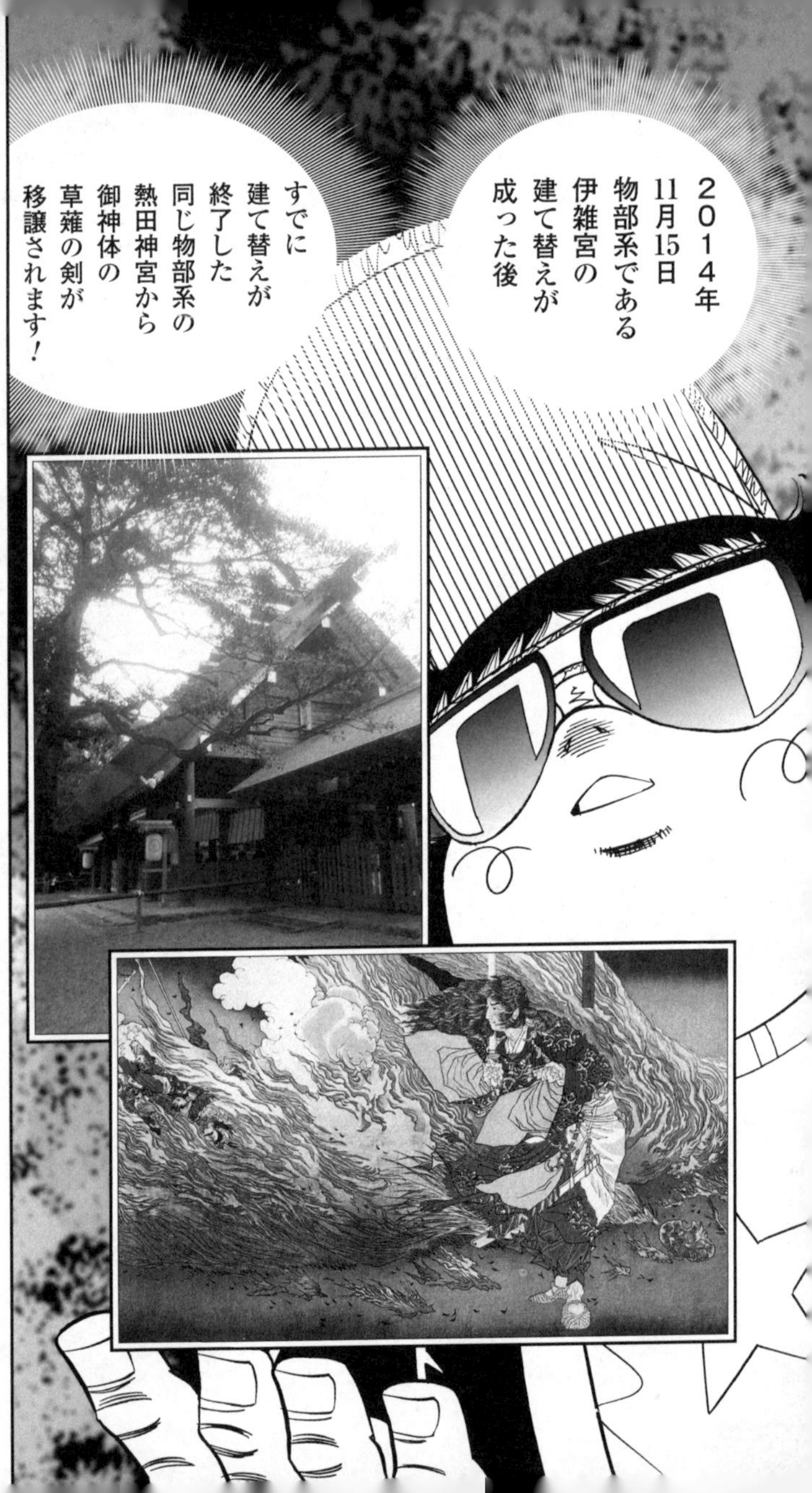
２０１４年11月15日物部系である伊雑宮の建て替えが成った後
すでに建て替えが終了した同じ物部系の熱田神宮から御神体の草薙の剣が移譲されます！

笑止!!
そんなバカげた話をどこのだれが信じるか!?

あなたは信じるはず!いや知っているはずだ!!

これらが順番通りに起こりその後も定められたことが順に起きなければ
隠された平安京の仕掛けは動かない!!

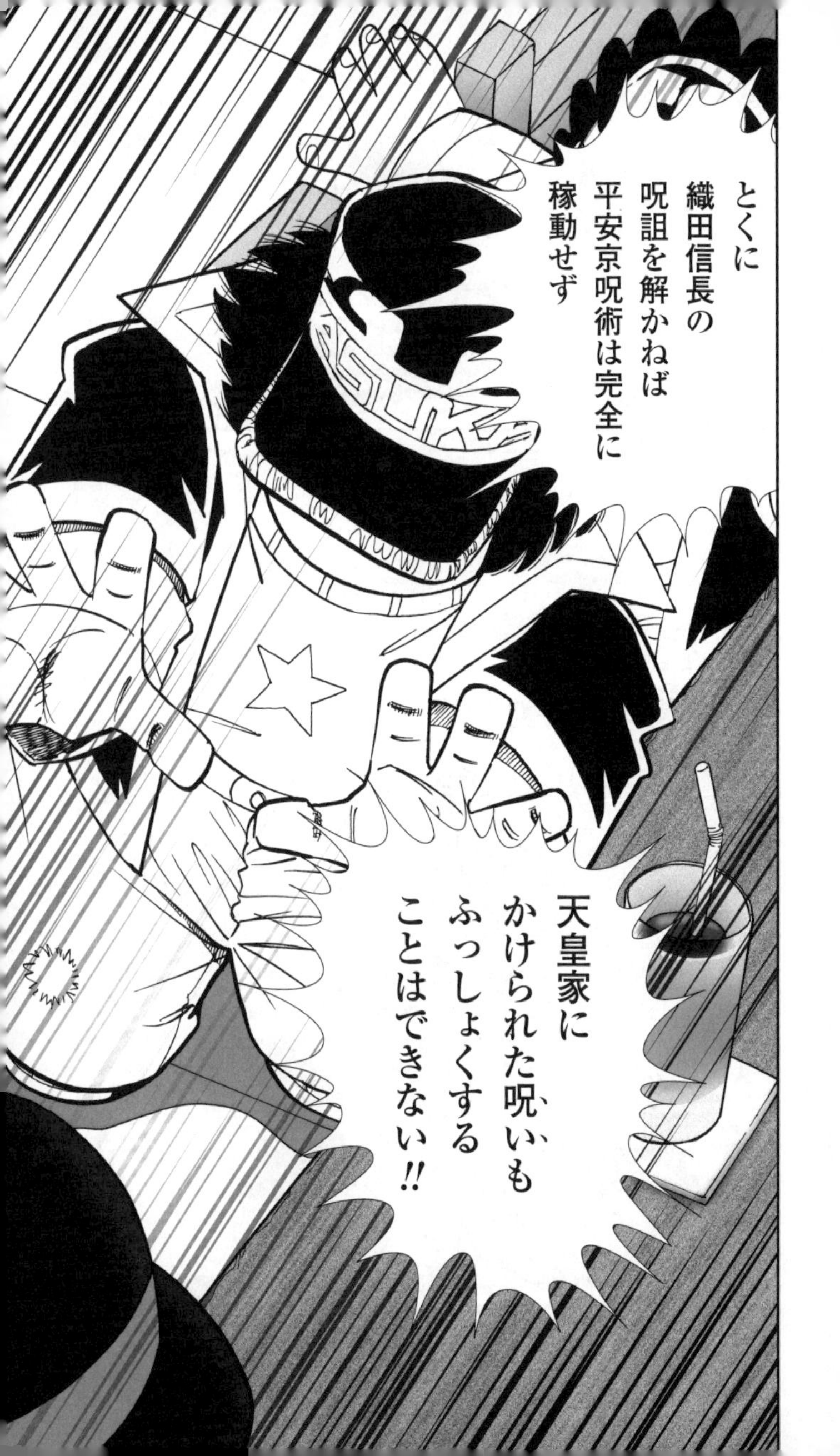
とくに
織田信長の
呪詛を解かねば
平安京呪術は完全に
稼動せず
天皇家に
かけられた呪いも
ふっしょくする
ことはできない!!

ええっ!?
な…なぜここで信長が出てくるの
それに天皇家への呪いってなに？
信長の首がいまだに発見されていないからだ！
でででっ!?
ま…まさか本能寺で死ななかったの？
違う！
いっ!?

………やっと織田信長が出てきおったか⁉
おまたせしました！待ち合わせ場所が本能寺跡にある有名な食事処ですからネ！
こやつ……われをもて遊ぶか‼

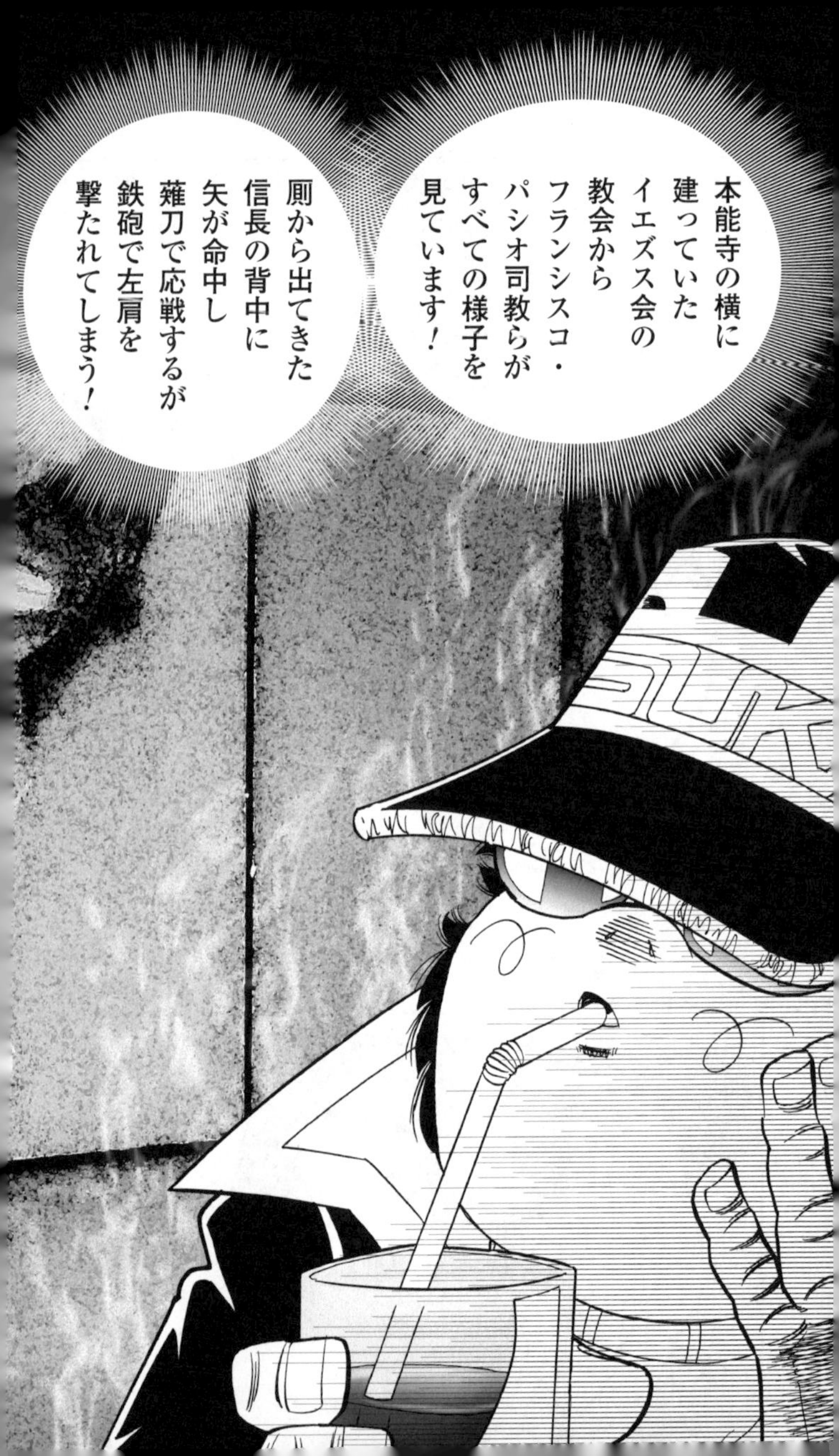
本能寺の横に建っていたイエズス会の教会からフランシスコ・パシオ司教らがすべての様子を見ています！
厠から出てきた信長の背中に矢が命中し薙刀で応戦するが鉄砲で左肩を撃たれてしまう！

その後
出火して
信長は炎の中で
姿を消して
しまうが
阿弥陀寺の
縁起には
住職の清玉が
自害した
信長の首を
必死に運びだし
荼毘に付したと
あります！

じゃあ信長の首はそのお寺の墓にあるんじゃないの？
当時の本能寺は要塞化していたため外から入るのは不可能だ！
おそらく森蘭丸あたりが信長を介錯しその後何者かが首をもち去ったのだ！
ほうーっようやくお主らしくなってきたようだな！
いってみよ！もしそれ以上間違っていたら笑ってやるぞ!!

平安京の本当の構造はT字の奴形！
そのヒト形の首に当たるのが北にある船岡山！
信長の首は当時の朝廷の命で平安京を呪詛で守らせる道具にされました!!
吉田山
六勝寺
舟岡山
白川
宮城
左京
仁和寺
山科
鴨川
双ヶ丘
右京
広隆寺
東寺
太秦
西寺
鳥羽作道
桂川
鳥羽の池
史跡 船岡山

まさかそこがソレというのではあるまいな……?
ええ!まさかそこがソレです!!

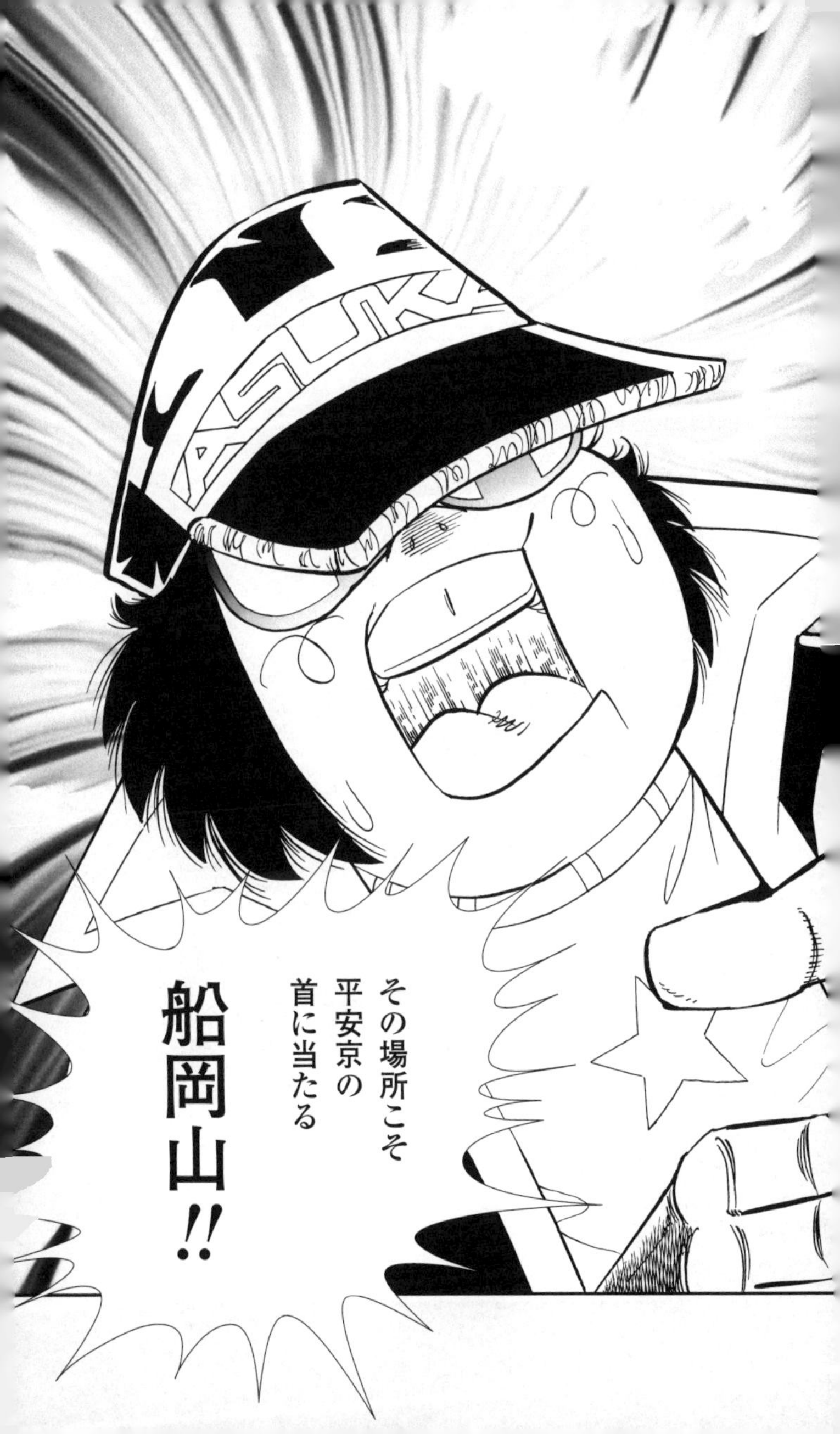
その場所こそ平安京の首に当たる
船岡山!!

本能寺の変の後秀吉は船岡山を訪れ信長の廟所に定めています！
明治になりそこへ信長を主祭神とする建勲《たけいさお》神社が建造されたのは偶然ではありません！

船岡山には明治天皇による大平和敬神《だいへいわけいしん》の碑が建てられ今も偉勲を称えられています！
それは秀吉が船岡山に信長の首を隠したことの暗示!!
大平和敬神

なぜ明治天皇が
信長を
平和の君と称え
建勲神社を
置いたか
お主には
そこまでの
深い洞察力は
あるまい！
いえ！
わかります
ヨ!!
なにいぃ
〜〜っ!!

信長は北朝系の天皇が正統ではないことを知っていた!
だからこそ北朝系に臣下の礼を表さなかったのです!!
その姿勢を多くの者は傲慢不遜としますが明治天皇はわかっていた!!

幕末から日本にいたグイド・フルベッキが長崎で撮影した明治維新の立役者たちの集合写真には勝海舟大隈重信伊藤博文坂本龍馬らの姿があり
明治天皇と似た男の姿も写っています！

正統の南朝系は
後醍醐天皇以降
毛利家に奪われ
一説では末裔の
大室《おおむろ》寅之祐《とらのすけ》が
皇太子と
入れ替ったと
されています！
その証拠が
明治44年に発布
された明治天皇の
南朝を正統とする旨で
皇居の正面にも
南朝の守護神
楠木正成の像が
置かれました！

ならば聞く！その程度のことで明治天皇が信長に対し最高の感謝の意を表すと思うか⁉
いえ！それだけではありません‼

明治天皇が感謝したのは毛利に匿われていた南朝の子孫を己の手で解放し南朝の天皇を復活させるため毛利と戦ったことです！
これが信長の目指した本当の
天下布武!!

しかし信長は志半ばで正親町《おおぎまち》天皇と明智光秀の策により討たれました！
信長の首は最も近い配下の光秀によって天皇のもとに運ばれ

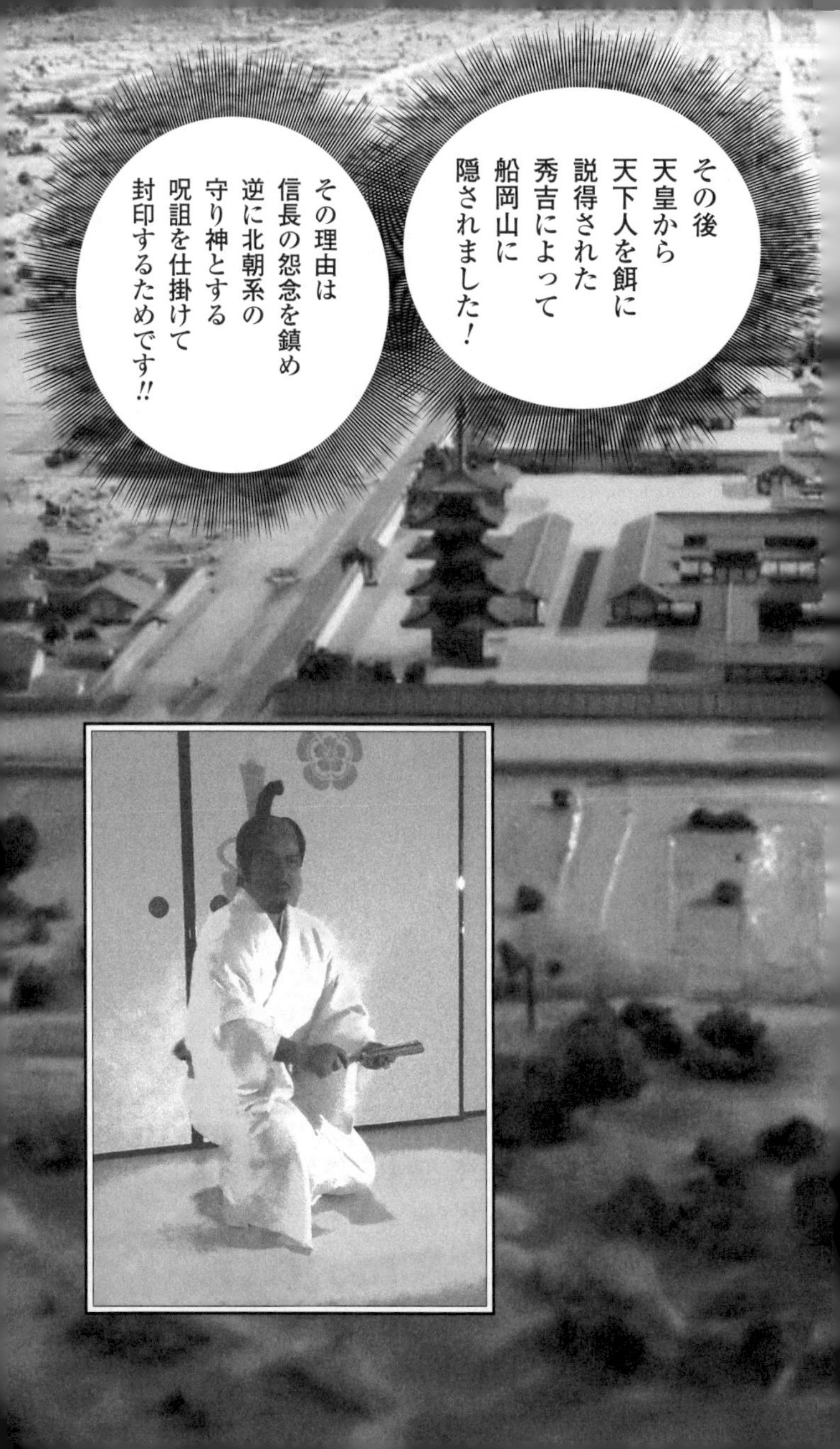
その後天皇から天下人を餌に説得された秀吉によって船岡山に隠されました！
その理由は信長の怨念を鎮め逆に北朝系の守り神とする呪詛を仕掛けて封印するためです!!

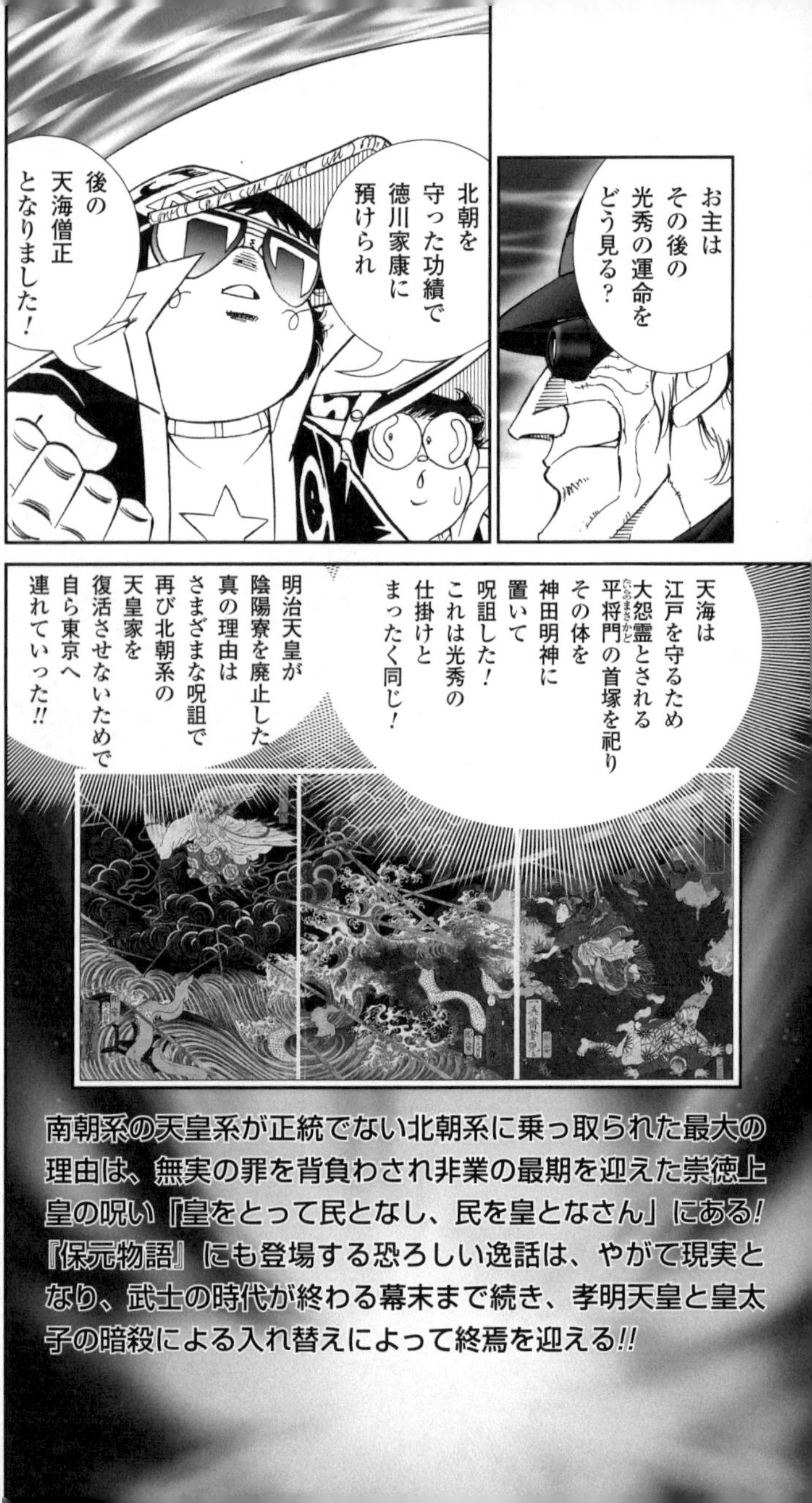
お主は その後の 光秀の運命を どう見る？
北朝を 守った功績で 徳川家康に 預けられ
後の 天海僧正 となりました！
天海は 江戸を守るため 大怨霊とされる 平将門《たいらのまさかど》の首塚を祀り その体を 神田明神に 置いて 呪詛した！ これは光秀の 仕掛けと まったく同じ！
明治天皇が 陰陽寮を廃止した 真の理由は さまざまな呪詛で 再び北朝系の 天皇家を 復活させないためで 自ら東京へ 連れていった!!
南朝系の天皇系が正統でない北朝系に乗っ取られた最大の理由は、無実の罪を背負わされ非業の最期を迎えた崇徳上皇の呪い「皇をとって民となし、民を皇となさん」にある！『保元物語』にも登場する恐ろしい逸話は、やがて現実となり、武士の時代が終わる幕末まで続き、孝明天皇と皇太子の暗殺による入れ替えによって終焉を迎える!!

第6章

新皇「平将門」の呪詛と織田信長の平安京人形呪術

東北の安倍氏と物部氏

邪馬台国《やまたいこく》は畿内にあった。その支配は東日本には及んでいなかった。そこは狗奴国《くなこく》の領域であった。邪馬台国から大和朝廷へ昇華したとき、狗奴国は富士王朝を築いていた。大和朝廷は富士王朝を征服すべく、様々な策略を練る。富士山噴火もあって、富士王朝は滅ぶものの、東日本は日高見国として存続した。

倭国から日本国へと名前を変えた大和朝廷は平安時代、日高見国を討つべく征夷大将軍を派遣する。秦氏《はたし》と並ぶ渡来人「漢氏《あやし》」、その実体はペルシア系パルティア人の末裔だ。「坂上田村麻呂」が蝦夷を平定。その首領であった「阿弖流為《あてるい》：悪路王」を討つ。敵ながらあっぱれと感心した坂上田村麻呂か阿弖流為の助命を嘆願するも聞き入れられず、処刑されたという話は有名だ。

平安末期、1051年に起こった「前九年の役」により朝廷から派遣されてきた源義家によって東北の豪族、安倍氏は滅亡。続いて1083年に起こった「後三年の役」では、朝廷側についで安倍氏と戦った清原氏が家督争いを演じ、これを源義家が鎮圧。清原氏の所領を清原清衡《きよはらのきよひら》がすべて支配することとなり、姓を藤原氏に改めた。これが奥州藤原氏の始まりである。

ここで注目は奥州の「安倍氏」である。蝦夷を討つために派遣された「阿倍比羅夫《あべのひらふ》」の末裔だとする説がある。これが正しければ第８代・孝元《こうげん》天皇を祖とする畿内の安倍氏と同族となるが、信憑性は低い。関係があったとしても、現地で妻を娶って生まれた子孫が安倍氏を名乗ったものではないかといわれている。

だが、一説に下総国を本拠地とする安倍猿島朝臣の末裔だとも。安倍猿島朝臣は本来、日下《くさか》部浄人《べのきよひと》が安倍氏を賜姓されたことに始まる。日下部氏とは、いうまでもなく物部《もののべ》氏である。畿内の日下を本貫とする物部氏が東日本へとやってきた。おそらく外物部氏であろう。日高見国、すなわち日本国の物部氏としてやってきた徐福《じょふく》集団の末裔だ。

これを裏付ける伝承がある。古史古伝『東日流外三郡誌《つがるそとさんぐんし》』によると、安倍氏の祖は「邪馬台国：耶馬台国」の王「長髄彦《ながすねひこ》」の兄「安日彦《あびひこ》」を始祖とする。もっとも、古史古伝ゆえ、額面

↑『東日流外三郡誌《つがるそとさんぐんし》』によると、安倍氏の始祖は安日彦《あびひこ》とされる。

通り受け取ることはできない。この伝承に関しては『平泉雑記』や民俗学者の菅江真澄《すがえますみ》が採取した東北の伝承にある。邪馬台国という名称は出てこないが、安倍氏が畿内から津軽へ亡命してきた安日彦の子孫だと自称していることは確かだ。もっとも、記紀に安日彦という名前は出てこない。『曽我物語』など古文書の表記は「安日長髄彦」で、同一人物だという指摘もある。

しかし、こうした伝承も、要は物部氏だと語っているに等しい。記紀において、物部氏の祖であるニギハヤヒ命は長髄彦の妹を娶っている。長髄彦は物部氏にとって同族である。兄である安日彦も同様だ。仮に安日彦と長髄彦が同一人物だったとしても、状況は同じである。むしろ、安日彦はニギハヤヒ命だったのではないか。

名前にある「日」は「ニギハヤヒ命：饒速日尊」の「日」であり、彼が命名した国号「日本」を示唆する。畿内にあった邪馬台国から東日本へと落ち延びてきたという伝承は、そのまま外物部氏の歴史である。『東日流外三郡誌』では日向族の神武天皇が東征してきたので亡命したように書いているが、実際は、神武＝崇神＝応神天皇がやってくる以前、すでに物部氏の一部は東日本へと移住。さらには東北まで勢力を拡大したことを意味しているのではないだろうか。

民俗学者の谷川健一《たにがわけんいち》教授は『白鳥伝説』をはじめとする数多くの著書のなかで、九州から畿内へと移住した物部氏が東日本及び東北に広がったことを詳細に分析している。「二田」などのように、九州の地名が畿内、さらには北陸から東北にもあり、そこには物部氏が祀った神社がある。彼らが故郷の地名を運んできたことは間違いなく、しかも、そのとき東北の安倍氏と行動をともにしているのである。両者はともに同族だった。仮に同じ物部氏ではなかったにせよ、同族意識があったことは間違いないのだ。

東北にやってきた物部氏は秋田に「唐松《からまつ》神社」を創建している。今でも宮司は物部氏を名乗っている。唐松神社が伝承する古文書『物部文書』によると、ニギハヤヒ命は鳥海山に降臨したという。「鳥海」は「トミ」と読める。トミは「登美」で、長髄彦の本拠地であると同時に、ニギハヤヒ命が降臨した哮峰《たけるがみね》のある日下の地名だ。さらに、北上して青森には「十三湊《とさみなと》」がある。「十三」も「トミ」と読める。

先の『東日流外三郡誌』によれば、ここ十三湖に面したところに中世の福島城があった。ここを支配していたのが安東氏《あんどうし》である。安東氏は安倍氏と同様、その始祖が安日彦であると称している。彼らが物部氏だった可能性は高い。

津軽富士と称される「岩木山」には「岩」なる文字がある。岩手県の「岩手山」も同様だ。宗家「石上氏《いそのかみし》」のように、物部氏は岩や石と関係が深い。奈良の「石上神宮」をはじめ、大阪にはニギハヤヒ命を祀った「石切劔箭《いしきりつるぎや》神社」がある。ニギハヤヒ命は「天磐船《あまのいわふね》」に乗り、それを祀ったのが「磐船神社」である。これと同名の「石船《いわふね》神社」が新潟の村上市にある。みな物部氏が残した足跡にほかならない。

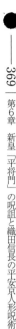

東国の新皇「平将門」

物部氏は封印しなければならない。邪馬台国から東国へ逃れた外物部氏はもちろん、畿内に残った物部氏の本流も同様だ。朝鮮半島から渡来してきた神武＝崇神《すじん》＝応神《おうじん》天皇が畿内に攻め上ってきたとき、最後まで抵抗したのは物部氏であり、海部《あまべ》氏であった。徐福集団の末裔である。大和朝廷を開くにあたって、卑弥呼を輩出した海部氏及び軍事集団であった物部氏は騎馬民族の大王、神武＝崇神＝応神天皇の軍門に下った。

言葉を換えるなら、『旧約聖書』の創造神ヤハウェを奉じるユダヤ人ユダヤ教徒たちは、『新約聖書』の救世主イエス・キリストを奉じるユダヤ人原始キリスト教徒たちによって征服され、その支配下に置かれた。契約の聖櫃アークを手にしたのが大預言者モーセの子孫たる大祭司、すなわち武内宿祢だったのだから、もはや勝ち目はない。

おそらく大和朝廷が成立したとき、同胞を頼って、東日本へと逃れた物部氏も多数、いただろう。このあたりが『東日流外三郡誌』の情報源になった可能性がある。日高見国はニギハヤヒ命の日本を継承する国という自負があったのだから。畿内の大和朝廷とは常に対立してきた。

平安時代、桓武《かんむ》天皇が征夷大将軍を派遣して以来、東日本はまつろわぬ民、すなわち蝦夷の住む世界とされた。後に関東に鎌倉幕府が置かれるが、これも奈良時代に入植させた朝鮮半島の渡来人が母体である。そこには秦氏もいる。神社の祭祀も、群馬の貫前《ぬきさき》神社に見るように、秦氏と物部氏の二重構造となっている。要は、秦氏が物部氏の神社を制圧していったのだ。

　しかし、こうした抑圧は、ときに物部氏の魂の火をつけることになる。古代ローマ帝国が圧制を強いたとき、いっせいにユダヤ人が蜂起して、第1次ユダヤ戦争が勃発したように、物部氏の末裔たちが立ち上がる。平安時代、彼らが担ぎ上げたのは「平将門《たいらのまさかど》」である。桓武平氏の末裔で、本来ならば大和朝廷側の人間であるはずの平将門がお家騒動に巻き込まれる形で反乱を起こし、坂東の民を味方につけ、日高見国を意識して「日本将軍平親王」と名乗り、ついには「新皇《しんのう》」と称した。

　新皇とは新しい天皇のこと。大和朝廷から続く京都の天皇家とは別に、新しい皇統を打ち立て、東日本の皇帝として君臨す

⬆物部氏《もののべし》の末裔が担ぎ上げ、反乱を起こし、「新《しん》皇《のう》」を名乗った平将門《たいらのまさかど》。

ることを宣言したのである。

歴史家は指摘していないが「新皇」は「しんのう」である。別の字を当てれば「神農」である。『宮下文書』に記された富士王朝のルーツは西アジアにあった高天原の日高見国であり、それが日高見派と神農派に分裂。農作比古の息子である農立比古は神農派を率いて、大和朝廷を開く。これに対して同じく息子で弟の農佐比古は日高見派を継承して富士王朝を樹立する。

天皇という称号は神農派であった大和朝廷の称号である。天皇に対抗する称号をあえて神農と同じ音である「新皇」とした背景あるのは呪術である。相手が隠し持っている名前を奪うことで、その呪力を引き寄せる。おそらくバックには相当な呪術師がいたに違いない。きっと預言者のレベルだろう。カッバーラの使い手がいたのだ。いや、ひょっとしたら平将門自身、預言者として創造神ヤハウェ＝イエス・キリストの啓示を受けていたのかも知れない。

同様のケースは古代イスラエル王国にもあった。創造神ヤハウェはソロモン王の息子レハベアムではなく、対立するヤブロアムを祝福している。これによって、古代イスラエル王国が北朝イスラエル王国と南朝ユダ王国に分裂した。この場合、北朝イスラエル王国が大和朝廷で、南朝ユダ王国が富士王朝を継承した日高見国である。平将門は富士王朝の復活を目指し、大和朝廷に支配される東日本を独立させようとしたのだ。

レハベアムは王室の人間であり、何不自由なく育った身。栄耀栄華を極めたソロモン王の息子だ。安易に堕落したソロモンの圧制を継承したがために、民衆の不満を買った。所詮、政治力などあるはずもない。これに対してヤブロアムは軍人であり、政治的な才能があった。イスラエル12支族のうち10支族の支持を集めた叩き上げの指導者だ。その姿は平将門に重なる。平将門も軍人であり、武士であった。

だが、一方で、平将門は桓武平氏である。第50代・桓武天皇の4代目の子孫である。それ以前に継体天皇の子孫でもある。大預言者モーセの子孫にして、秦氏なのだ。大祭司の資格がある。天皇と同様、契約の聖櫃《せいひつ》アークを手にする権能を有した預言者だった。実際に契約の聖櫃アークを動かすことはなかったが、創造神ヤハウェの啓示に従い行動を起こした可能性はある。

当時の大和朝廷は堕落していた。地方の役人たちは私利私欲に走り、民衆は抑圧されていた。とくに関東に派遣されてきた平氏の横暴は目に余るものがあった。無位無官だった平将門が義憤にかられたのも無理もない。まさにヤブロアムのように、堕落した大和朝廷に天罰を与えんがため、創造神ヤハウェは平将門を選んだのだ。

これを裏付けるように『将門記』には、平将門が新皇を名乗るきっかけとなったのは、939年、上野国庁における八幡大菩薩の託宣である。巫女が神懸かり、八幡大神の言葉を取り次ぎ、さらには菅原道真の霊を仲介する形で、新皇即位の儀式を執り行った。

八幡大神とは秦氏の神である。八幡とは「弥秦：イエフダー：ＹＨＷＤＨ」、つまりはユダヤのことである。八幡大神はユダヤ神であり、創造神ヤハウェのことだ。かつ、ここでは仏教的な「八幡大菩薩」として描かれている。仏教の菩薩とは一切衆生を救うために、この世に現れる仏のこと。観音菩薩《かんのんぼさつ》や弥勒菩薩《みろくぼさつ》は、みな救世主イエス・キリストのことである。

菅原道真は藤原氏の策略によって貶められ、大罪府に左遷されて憤死したことにより、怨霊となった。怨霊となった菅原道真は平安京の紫宸殿《ししんでん》に落雷をもたらし、疫病をもって藤原氏を死に追いやった。これを知った人々は、恐るべき怨霊を祀ることで、菅原道真を英雄神として称え、ついには霊魂は天神となった。人間の身に宿り、かつ厳格なる処罰を与えるのは絶対三神における聖霊の役割である。

つまり、平将門は新皇として即位する際、八幡大神＝御子：ヤハウェ＝イエス・キリストと天神＝聖霊：ルーハ・ハ・カディッシュが臨在した。おそらく、天上には御父：エル・エルヨーンがいたはずだ。これは、まぎれもなく大嘗祭である。天皇が即位するときの絶対三神の臨在を『将門記』は仏教的な要素と怨霊信仰を交えながら伝えているのだ。

妙見とカッバーラ呪術

平将門が新皇に即位するときに現れた八幡大菩薩は「妙見《みょうけん》八幡大菩薩」と称した。「妙見」とは北極星と北斗七星のこと。独立した「妙見菩薩」と称することもある。「本地垂迹説《ほんじすいじゃくせつ》」では

⬆仏教において北極星・北斗七星を神格化した妙見《みょうけん》菩薩。

「天之御中主神」である。神仏習合の時代にあっては、神社と寺院は一体であり、神々は仏の化身、すなわち「権現：アヴァターラ」とされた。明治期の神仏分離の際、それまで寺院で祀られていた妙見菩薩は、改めて天之御中主神として神社で祀られるようになった。今日、神社で祀られる天之御中主神は、もともと妙見菩薩として信仰されていたものである。

しかし、これとてカッバーラから見れば、極めてシンプルである。妙見である北極星は中国の道教では「天帝：天皇大帝」と呼ばれる。北極星を中心にして、すべての星々は回転するからだ。占術の世界では「紫微星《しびせい》」とも呼ばれる。紫色は天帝の色である。よって、天子以外にの人間が身に着けるものに紫色を使ってはいけない。中国の皇帝が住む宮殿を「紫禁城《しきんじょう》」と称すのは、ここに理由がある。

天文学における北極星とは地球の自転軸の延長上にある天の北極に位置する恒星である。歳差運動によって約2000年ごとに移動するが、現在は「こぐま座α星：ポラリス」である。恒星としては2等星である。

肉眼で見るとひとつの星に見えるが、実際は三重連星である。3つの恒星から成る。はたして、これを古代人が理解していたのかは不明だが、奇しくも「生命の樹」を構成している。3つの星がひとつの北極星を構成しているのだ。カッバーラでいえば絶対三神唯一神会を体現しているのである。

さらに妙見信仰では北極星のほかに北斗七星も崇拝の対象だ。こちらは紫微斗数でいう「斗」である。斗なる星には、北斗七星と南斗六星がある。陰陽関係だ。カッバーラのひとつ数秘術において、奇数は陽であり、偶数は陰である。

カッバーラの象徴でいえば、北斗七星は「七枝の燭台：メノラー：MNRH」だ。メノラーは「生命の樹」の変形である。メノラーの燭台部分が7つと枝の節目3つ、それに根本ひとつを加えて「生命の樹」における11個のセフィロトを表現している。七枝は人体でいうアダム・カドモンにおける7つのチャクラに相当する。

道教や陰陽道では柄杓の形で表現され、その先から「貪狼星《どんろうせい》」「巨門星《こもんせい》」「禄存星《ろくぞんせい》」「文曲星《もんごくせい》」「廉貞星《れんていせい》」「武曲星《ぶごくせい》」「破軍星《はぐんせい》」という名がつけられている。とくに最後の破軍星は戦において重視され、ここに剣を描き込む呪術絵も少なくない。また、武曲星のそばには小さな変光星があり、これを特別に「輔星《ほせい》」と称す。漫画『北斗の拳』に登場する「死兆星《しちょうせい》」である。これを見たら1年以内に死ぬという。もっとも本来は見えなくなったら、死が近いという意味で、要は老眼になったことを確かめるための視力テストのようなものだったとか。

しかし、北斗七星が死を司る星とされたことは事実。対する南斗六星は生を司る星とされた。互いに陰陽関係にあり、これは「生命の樹」と「死の樹」を意味する。中国や日本は北半球にあった。見上げた空にある北斗七星は「死の樹」であり、これを反転させた南斗六星が「生命の樹」である。両者は表裏一体である。

同様に、北極星に対して南極星は現在、存在しない。そこあるのは闇だけだ。北斗七星が「死の樹」であり、南斗六星が「生命の樹」であるはずなのに、両者の極星が、これまた逆転している。地上と天界が鏡写しになっていることをいみじくも表している。

平将門が新皇として即位する際、妙見八幡大菩薩の託宣が下ったということは、創造神ヤハウェ＝イエス・キリストが臨在したと同時に、そこでカッバーラの奥義「生命の樹」を授かったことを意味しているのだ。

平将門は妙見信仰を選んだ。一族の千葉氏の家紋は「月星紋《つきほしもん》」といって妙見菩薩の象徴。ひとつ星と三日月を象っている。ひとつ星は北極星を意味することはいうまでもない。かつては

「九曜紋《くようもん》」だった。「宿曜道《すくようどう》」における9つの星、すなわち太陽と月、そして水星、金星、火星、木星、土星のほか、日食と月食をもたらす羅睺《らごう》と計都星《けいとせい》を合わせた9つの星を意味する。

このほか千葉氏は「十曜紋《じゅうようもん》」や「八曜紋《はちようもん》」「七曜紋《しちようもん》」を家紋とした。いずれも星神信仰だ。関東を支配した平将門一族は星神を信仰した。これは、「天津甕星《あまつみかほし》」を想起させる。高天原に最後まで抵抗した反逆の天津神、それは大和朝廷に反逆し自ら新しい天皇となろうとした平将門の姿に重なる。もちろん、天津甕星のストーリーを描いたのは大和朝廷であり、秦氏である。

新皇を名乗った平将門は、天照大神に逆らった天津甕星。太陽神に逆らった明けの明星は、最後に消えていく。絶対三神に逆らった熾天使ルシファーは地に落とされ、堕天使となった。新皇を名乗った平将門を秦氏は堕天使ルシファーになぞらえて呪詛した。これによって、平将門の最後は、まさに逆賊とされ、最後には討ち取られる運命となる。

俵藤太と三上山

平将門を討ったのは「藤原秀郷《ふじわらのひでさと》」、通称「俵藤太《たわらのとうた》」である。平将門を征伐した功績で下野と武蔵国の国司となった。藤原北家の流れで、藤原魚名《うおな》を祖とする。藤原魚名は藤原百川《ももかわ》とともに、皇位を狙った弓削道鏡《ゆげのどうきょう》を排除したことで知られる。道鏡は物部氏だった。逆賊を討った藤原魚名の末裔が平将門を討ったというのも因縁である。

⬆勢多橋龍宮秀郷《ひでさと》社の伝承「俵藤太《たわらのとうた》の百足退治」の場面。

藤原北家は藤原式家とともに秦氏と縁が深い。藤原北家の藤原鳥養《とりかい》の息子である藤原小黒麻呂《おぐろまろ》は秦嶋麻呂《はたのしままろ》の娘を娶り、藤原葛野麻呂《かどのまろ》をもうけている。同様に、藤原式家の藤原清成《きよなり》と藤原綱手《つなて》は、ともに秦朝元の娘をめとり、それぞれ藤原種継《たねつぐ》と藤原管継をもうけている。当時の秦氏は、藤原氏の外戚として隠然たる力をもっていた。彼らにはカッバーラの呪術師がついていた。これが後々、藤原秀郷の平将門討伐につながってくるのだ。

それを暗示するエピソードが藤原秀郷にはある。「俵藤太の百足退治」である。勢多橋龍宮秀郷社の伝承によれば、かつて琵琶湖湖畔の三上山、通称、近江富士には巨大な百足が住んでいた。三上山に七巻き半するほどの大きさで、地元の人々を苦しめていた。あるとき、俵藤太が瀬田の唐橋を渡ろうとすると、そこに、これまた巨大な蛇が横たわっていた。大蛇は俵藤太に、大百足の退治を懇願。事情を知った俵藤太は願いを聞き入れ、大百足の退治に乗り出す。

苦戦するものの、最後に矢尻に唾をつけて祈願し、弓矢を放つと、それが大百足の左目に突き刺さった。大百足は倒れ、無事、退治できたという。

さて、注目は大百足である。蛇が金属精錬に関わる神とされるが、百足も同様。蛇が鉄に対して、百足は銅だ。銅の鉱床が百足の形に似ているためとされ、事実、三上山周辺は銅鐸が数多く発掘されている。百足退治は銅鉱山を支配下に治めたことを意味しているという説もある。

三上山を御神体とする麓の「御上《みかみ》神社：三上神社」の主祭神「天御影命《あめのみかげのみこと》」は別名「天目一箇《あめのまひとつの》命《みこと》」といい、文字通り、片目の神様だ。妖怪「ひとつ目小僧」や「ひとつ目入道」は、零落した天目一箇命であるというのが民俗学者、柳田國男の学説だ。鉄や銅などの金属を製錬するとき、鍛冶師は燃え盛る炉をずっと片目で見つめるため、視力が弱くなり、場合によっては失明することもある。トリックスターとして語られる「ひょっとこ」、すなわち「火男」が片目を閉じているのは、このためで、尖った口は鞴《ふいご》を意味する。

カッバーラで「ひとつ目」は、まさに「プロヴィデンスの目」である。右目は創造神ヤハウェの目であり、左目は堕天使ルシファーの目である。神道においては、この天目一箇命がプロヴィデンスの目を象徴している。俵藤太が大百足の左目を射抜いているという伝承は、まさに魔物退治を意味しているのだ。

場所が三上山なのは、本来は「三神山」であるからだ。絶対三神を象徴するとともに、徐福が目指した三神山を意味する。三上山に降臨する天目一箇命は、いわば1ドル札にも描かれる「ピラミッド・アイ」。山腹に七巻き半する大百足は「生命の樹」に絡みつく青銅の蛇である。もっとも、正確にいえば「死の樹」に絡みつく赤い毒蛇だ。青銅の蛇は、この場合、退治を懇願した大蛇に相当する。

また、俵藤太は下野の出身である。栃木の日光には、これによく似た話がある。「日光山縁起」によると、地元の男体山と群馬の赤城山は仲が悪かった。男体山の主は大蛇で、赤城山の主は大百足だった。あるとき、ついに戦となり、男体山に加勢した猿麻呂が弓矢を放ったところ、それが大百足の左目に命中。赤城山の軍勢は敗れたという。

ここでも射抜かれたのは左目である。おそらく、これが背景にあるのだろう。俵藤太が平将門を討ち取ったとき、弓矢が左目に刺さったという話がある。もっとも史料には頭、ないしこめかみを射抜かれたとあり、左目という記述はない。左目を射抜かれたというのは、俵藤太の百足退治が背景にあり、もっといえばカッバーラのプロヴィデンスの目を意識したものである。

北斗七星の呪術

俵藤太に討ち取られた平将門の首は京都へと送られ、さらし首にされた。七条河原で獄門台に乗せられた平将門の首は、目を見開き、歯ぎしりをして、ときには笑い声をあげたと、『太

⬆平将門は、さらし首となりながらも、なお恨みを語りつづけたという。

平記』にある。伝承によれば、体を捜し求める平将門の首は空を飛び、坂東へと向かったが、途中、力つきて落下。それを見た人々が首を手厚く葬った。これが東京の大手町にある「首塚：将門塚」である。

首塚には平将門の怨霊伝説がある。ないがしろにすると祟りがあるという。１９２３年、関東大震災後、ここに大蔵省の仮庁舎を建てようとしたところ、関係者が次々と死亡。しまいには大蔵大臣までも不審死を遂げた。これを受けて、仮庁舎は取り壊され、代わりに鎮魂碑を建てて、平将門の怨霊を鎮めた。

第2次世界大戦後、ＧＨＱが区画整理のため、首塚周辺を造成しようとしたところ、工事中のブルドーザーが横転。乗っていた運転者が死亡した。平将門の祟りだということで、計画は中止され、以後、首塚は保存されることになる。今でも、近隣のビルで勤務する人たちは、首塚に対して不敬があってはならないと戒めているという。

もっとも、事実関係を確かめると、時系列的に関係者の死亡と祟りは直接、結びつくわけではない。一種の都市伝説のようなものだが、平将門に対する崇敬する人々がいることは事実である。祀ることで、怨霊は神となる。神田明神及び浅草の日輪寺は平将門を英雄として祀っており、今も参拝する人は絶えない。

平将門の首に関しては、ほかにも伝説がある。落下したのは美濃で、そこには御首神社がある。同様に静岡の掛川には十九首塚がある。伝説によれば、坂東から京都へと運ぶ際、ここで首を洗い、そのまま埋葬した。平将門のほか、部下の18人の首も併せて埋めたので、「十九首塚」と呼ばれる。長らく荒れ果てていたが、近年、新しく墓石が立てられ、地元で丁重に祀られている。

同様に大手町の首塚も2021年、新しく改修された。周辺の雰囲気は一変し、今ではカフェテラスのような趣である。竣工にあたって、茨城県にある平将門を祀る護王神社と胴体を祀っている延命院

↑平将門の胴体を祀る延命院。

⬆東京都大手町、2021年に改修された「将門塚」。

の土を持ち寄り、首塚に入れたという。これにより首と胴体、そして御霊がひとつになったというわけだ。怨霊鎮魂の儀式である。

荒又宏氏の小説『帝都物語』では、主人公の魔人・加藤保憲は眠れる平将門の怨霊を目覚めさせ、東京壊滅を目論む。呪術的に、平将門は江戸の鎮護であると同時に、恐るべき力を秘めた御霊である。関東大震災はむやみに都市開発を進めることに怒った平将門の怨念が引き起こしたという設定である。

怨霊を祀ることで結界を張る。これは神道ではよくある呪術だ。作家の加門七海氏は著書『将門は神になれたか』及び『平将門魔方陣』において、極めて興味深い説を展開している。首塚を含めて、平将門に関係する神社を結ぶと、北斗七星の形になるというのである。

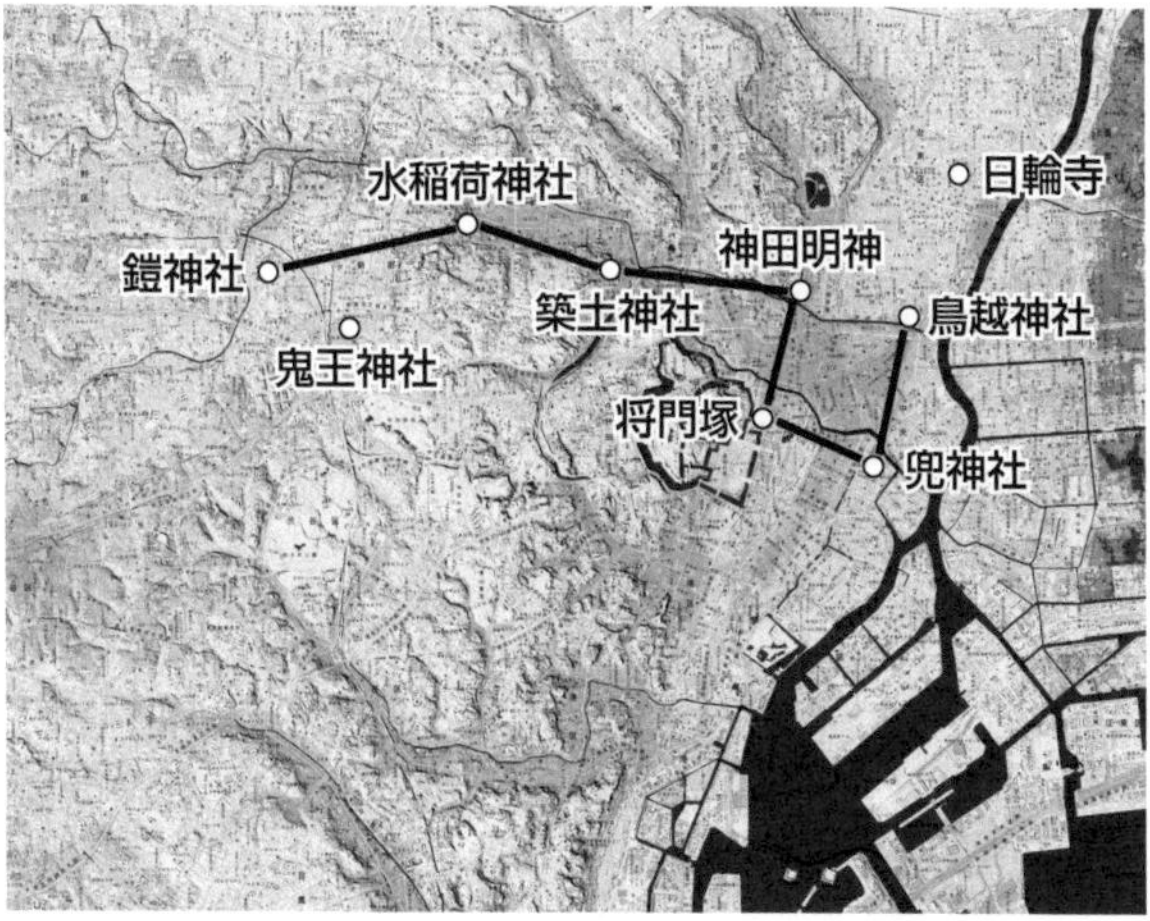

⬆平将門に関係する神社を結ぶと北斗七星になる。

具体的に、首が飛び越えた①鳥越神社、平将門の兜を埋めた②兜神社、首を埋めた③首塚、平将門を祀る④神田明神、首を祀った⑤筑土八幡神社、調伏を行った⑥水稲荷神社、鎧を埋めた⑦鎧神社である。

先述したように、北斗七星は北極星と合わせて妙見信仰の対象である。平将門は妙見菩薩の御加護によって戦に臨んで勝利を収めた。一族の末裔である千葉氏が祀る千葉神社は、今でも妙見菩薩を北辰妙見尊星王《ほくしんみょうけんそんじょうおう》として祀っている。

また、千葉大学のキャンパスには平将門の7人の影武者、もしくは7人兄弟を葬ったとされる「七天王塚」がある。こちらも北斗七星の配置になっている。

神社や墓を北斗七星の形に置くことは、こ

れ自体が呪術だ。祀ることで、怨霊を封印し、かつ地鎮となす。東京でいえば、江戸に呪術的な結界を張ることを意味する。

平将門ゆかりの史跡や神社は江戸に入る街道筋に建てられている。いわば魔物や災いが入っているることを防いでいる。加門氏は自ら発見した北斗七星の配置を「平将門魔方陣」と呼んでいる。

北斗七星による呪術は江戸のほか、蝦夷が住む東北にも仕掛けられている。日高見国の奥地、日本中央の碑がある青森県には星に関わる神社が北斗七星の配置になっている。具体的に、①大星神社、②浪岡八幡宮、③猿賀神社、④熊野奥照神社、⑤岩木山神社、⑥鹿島神社、⑦乳井神社である。

さらに、弘前市には、これを小型にした神社群がある。すなわち、①弘前神明宮、②弘前八幡宮、③熊野奥照神社、④大杵根神社、⑤弘前東照宮、⑥護穀神社、⑦富田八幡神社だ。前者は「津軽大北斗七星」、後者は「津軽小北斗七星」と、それぞれ呼ばれている。

一般に征夷大将軍である坂上田村麻呂が仕掛けたとされるが、そうした史実はない。確かな史料はないが、少なくとも平安時代、朝廷の命を受けた呪術師が張った結界である。とくに東北は「鬼門」の方角である。魔が出入りする方位でもある。ゆえに、鬼門封じとして北斗七星の形に神社を配置したものと思われる。

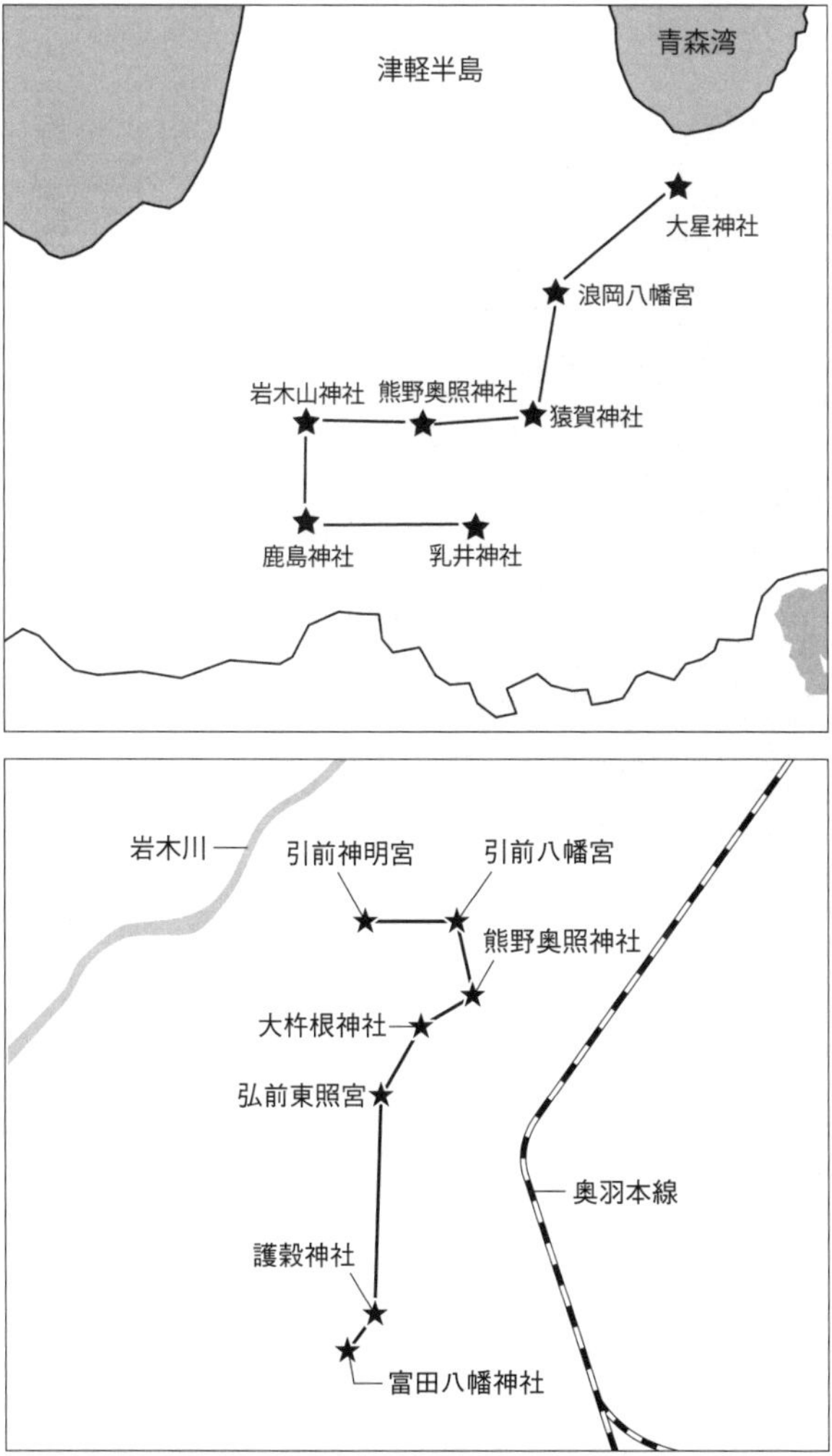

(上)津軽大北斗七星、(下)津軽小北斗七星。

呪術師「天海」の山王一実神道

加門七海氏によれば、平将門魔方陣を仕掛けたのは「南光坊天海《なんこうぼうてんかい》」であるという。呪術師であった天海は関東最大の怨霊である平将門を使って、江戸を鎮護した。北斗七星の結界を張ることによって、江戸幕府を呪術的に盤石なものとしたという。

⬆平将門魔法陣の仕掛け人、南光坊天海《なんこうぼうてんかい》。

確かに、天海が平将門の怨霊を知らなかったはずはない。徳川家康のお抱え呪術師であった天海は日光に東照宮を作っている。日光東照宮の本殿は南面しており、参道に立って見上げると、ちょうど真上に北極星が位置するように建てられている。妙見信仰である。徳川家康を北極星に見立てて祀っているのだ。

日光東照宮がある下野は、平将門を討った俵藤太の出身地である。「日光山縁起」は俵藤太の百足退治のもとになった伝承が記されている。大百足巻きついていた三上山からは琵琶湖の向こうに日吉大社が見える。日吉大社は比叡山系にある。比叡山は天海が所属する天台宗の総本山である。天台宗には神仏習合として「山王一実神道《さんのういちじつしんとう》」がある。

　山王一実神道を説いたのは、まさに天海だった。根幹にあるのは「三諦即一《さんたいそくいつ》」という思想だ。三諦とは仮諦《けたい》と空諦《くうたい》と中諦《ちゅうたい》のこと。すなわち、万法妙有と諸法真空と諸法実相非有非空は、みなひとつ。別々に見えるが本質は同じ。山王一実神道では、山王権現は大日如来であると同時に、天照大神であると説く。

　要はカッバーラである。「山王」という字は「縦三と横一から成る山」と「横三と縦一から成る王」であると山王一実神道は説くが、これは「生命の樹」の構造である。絶対三神唯一神会を表現している。カッバーラからすれば、密教の大日如来は創造神ヤハウェにほかならず、天照大神は受肉したイエス・キリストである。ともに御子なる絶対神であり、見事に真理をついている。

　天海はカッバーリストである。北斗七星をもって江戸に結界を張ったのも、いわばメノラーとして「生命の樹」を描いたのだ。日光東照宮の本殿上空に北極星がくるように配置したのも、三重連星として絶対三神を崇拝するためだ。これらの秘密は口外無用、まさに日光東照宮のレリーフにある「見ざる・聞かざる・言わざる」の「三猿」である。三猿の起源は遠く古代エジプトにある。一説に、天台宗の僧侶によって唐から伝わったとされるが、すべてはカッパーラである。

さらに、天海は江戸を霊的に守るために「呪術ライン」を引いた。いわば「レイライン」ならぬ「霊線」である。起点としたのは徳川家康が最初に葬られた静岡の久能山東照宮だ。

ここと不老不死のシンボルで、徳川家康の所領であったある富士山の山頂を結び、その延長線上に群馬にある徳川家発祥の地とされる群馬の世良田東照宮、そして最終的に徳川家康を葬られ、東照大権現として祀った日光東照宮を配置した。日光東照宮の真南には江戸城が位置する。

続いて久能山東照宮から徳川家康が隠居した静岡の駿府城を結んだラインを延長させると、そこには不老不死の仙薬がある蓬莱山の名前を冠した鳳来東照宮、そして徳川家康が生まれた岡崎城がある。実に見事な呪術ラインである。

すべては徳川家康の一生と来世を祝福し、神となった東照大権現を祀っている。「徳川東照宮ライン」である。

かくも偉大な呪術師である天海は僧侶であると同時に、陰陽師でもあった。もちろん、ただの陰陽師ではない。裏の陰陽道、すなわち迦波羅《かばら》に通じた漢波羅《かんばら》だった。しかも、けっして歴史の面には出てこない漢波羅秘密組織「八咫烏《やたがらす》」の一羽だったのだ。

安倍晴明と秦氏ライン

山王一実神道の聖地ともいうべき日吉大社の主祭神「大山咋神《おおやまくいのかみ》」は別名「火雷神《ほのいかづちのかみ》」といい、松尾大社の主祭神でもある。松尾大社を創建したのは秦都理《はたのとり》、すなわち秦氏だ。彼の兄弟である秦伊呂具《いろぐ》は伏見稲荷大社を創建している。

また、松尾大社は下鴨神社と上賀茂神社を合わせて「秦氏三所明神」という。下鴨神社の境内は「糺《ただす》の森」と呼ばれ、それがかつてあった「元糺の森」は太秦にある木嶋坐天照《このしまにますあまてる》御魂《みたま》神社、通称「蚕ノ社《かいこのやしろ》」の境内だ。いうまでもなく秦氏の神社である。ここには「生命の樹」を象徴した三柱鳥居がある。同じ三柱鳥居は大和の大神教本院にもあり、ここには造化三神を象徴していると案内板に記されている。まぎれもなくカッバーラである。

すべて仕掛けたのは秦氏である。秦氏はユダヤ人原始キリスト教徒である。それも預言者を戴く呪術集団で、なかでも大預言者モーセの子孫である大祭司は古代天皇として君臨している。継体《けいたい》天皇以降、今上陛下に至るまで、秦氏なのである。

天皇の住まいである京都の内裏は、秦氏の首長であった秦河勝《はたのかわかつ》の邸宅があった場所である。秦氏は平安京を建設するにあたって、土地はもちろん、建築資材から土木作業員、それらの食事にいたるまで、すべて用意した。平安京はヘブライ語に翻訳すれば「エルサレム：ＹＲＷＳ

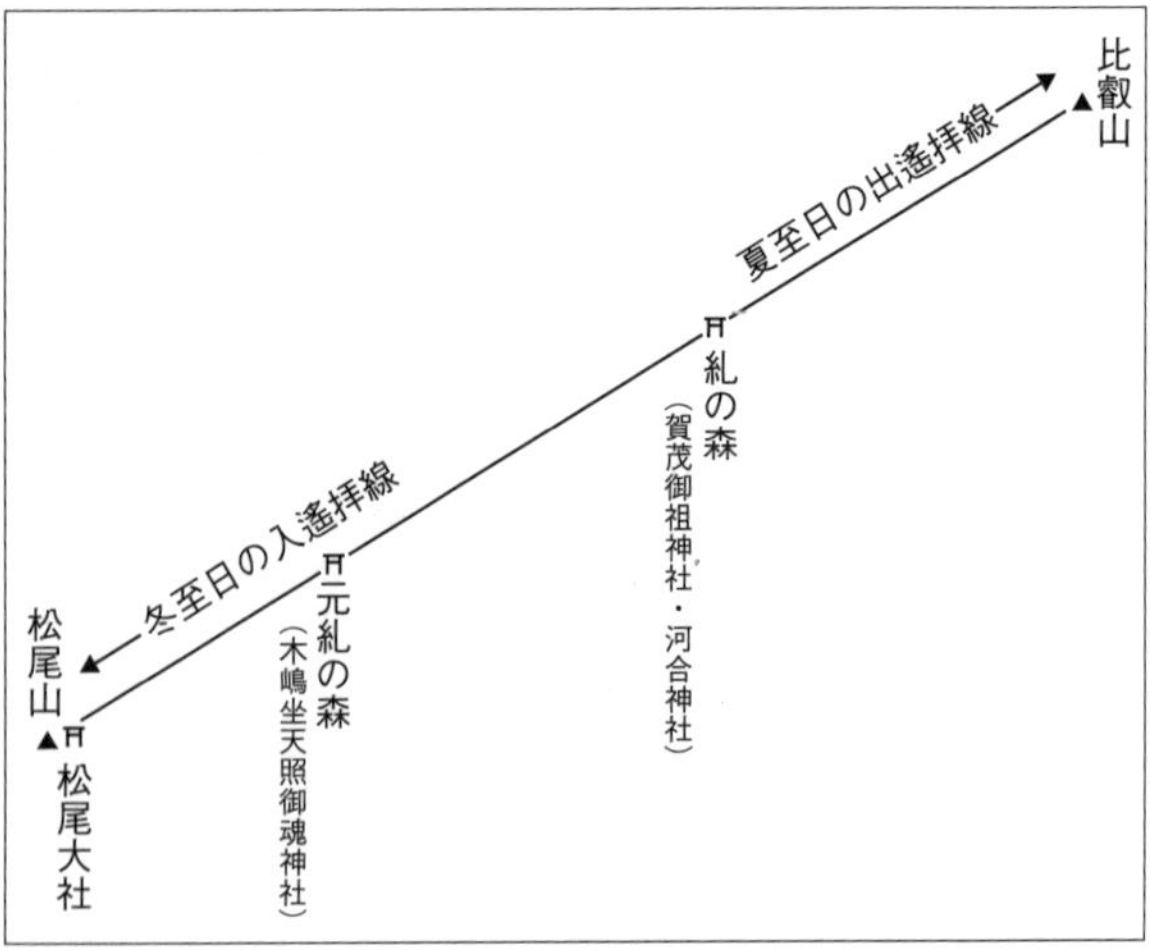

↑平安京に呪術的に仕掛けられた「秦氏ライン」。

HLYM」である。自らの故郷、古代イスラエル人にとっての聖地の名前をつけたのだ。

　平安京には様々な呪術的な仕掛けがほどこされている。そのひとつが「秦氏ライン」だ。糺の森と元糺の森を結ぶ直線を西に延長すると松尾大社に至り、東へと延長すると内裏を通り、比叡山に至る。そこにあるのは天台宗の総本山、延暦寺だ。ちょうど、この秦氏ラインは、夏至の日出と冬至の日没を結んでいる。

　比叡山の山麓にあるのが日吉大社だ。神紋は「双葉葵」。葵は「鴨斧草」といって、カモが好んで食べる。秦氏と同族である京都の賀茂氏が創建した下鴨神社と上賀茂神社の神紋も、双葉葵。秦氏三所明神のひとつ松尾大社の神紋も、双葉葵。そして元糺の森がある木嶋坐天照御魂神社の神紋も、もちろん双葉葵である。葉っぱが一枚多い「三つ葉葵」は、天海が支えた徳川家康の家紋。いうまでもなく、徳川将軍家の御紋である。徳川家の発祥については謎が多いが、三つ葉葵がすべてを語っている。徳川家康は賀茂氏である。

秦氏と並んで賀茂氏は代々、優秀な陰陽師を輩出してきた。朝廷における陰陽寮は賀茂氏が担ってきた。陰陽寮のトップである陰陽頭《いんようのかみ》のひとりに賀茂忠行《ただゆき》がいる。彼の愛弟子が、かの有名な陰陽師「安倍晴明《あべのせいめい》」である。賀茂忠行は安倍晴明に天文道を教え、息子である賀茂保憲《やすのり》には暦道を授けた。

⬆平安時代を代表する陰陽師、安倍晴明。

　安倍晴明の出自に関しては謎が多い。右大臣であった阿倍御主人《あべのみうし》の子孫と称しているが、もちろん、これは後世の偽作である。阿倍仲麻呂《なかまろ》の末裔のほか、渡来系の難《なに》波吉士《わのきし》氏という説もある。父親は「安倍保《やす》名《な》：安倍益材《ますき》」だが、何より、母親が狐で

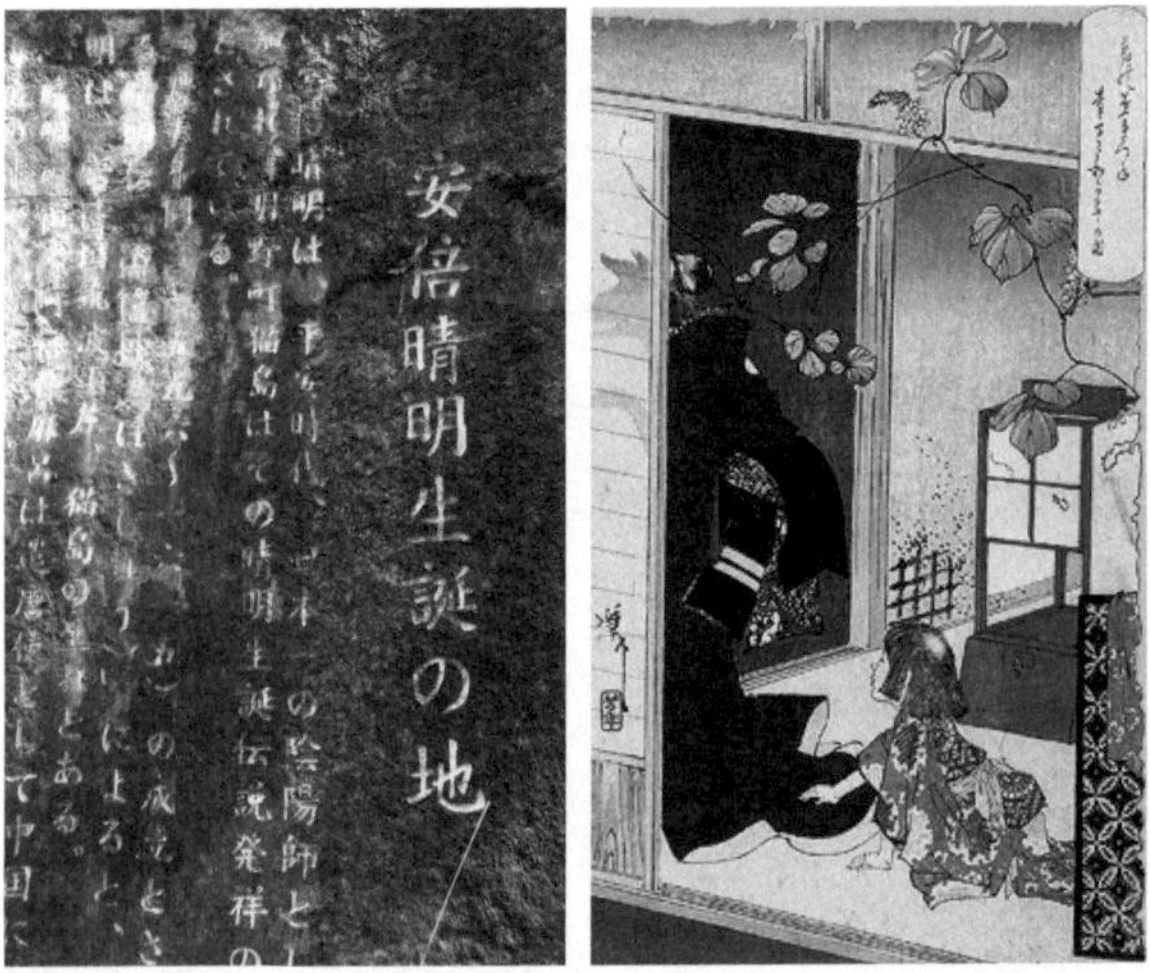

⬆（右）安倍晴明の母は「葛の葉」と呼ばれる狐だったという。（左）安倍晴明は筑波山の麓、常陸国猫島で生まれたとの説もある。

ある。彼女は信太妻「葛の葉」と呼ばれた。狐ということは稲荷である。伏見稲荷大社は秦氏の創建。つまりは秦氏である。

　葛の葉が嫁いできたとき、すでに身籠っていた。本当の父親は安倍益材ではない。驚くべきことに、実父は平将門である。平将門が討たれたとき、息子のひとりがかくまわれ、京都へと送られたのだ。素性を隠し、子供は成長して安倍晴明と名乗った。安倍晴明の出生地は京都や大阪のほか、関東にもある。筑波山の麓、常陸国猫島で生まれたと陰陽道の書物『簠簋抄《ほきしょう》』には記されている。常陸国は平将門の本拠地である。

　なんとも恐ろしいことに、安倍晴明は

父親の仇である朝廷に送り込まれ、陰陽師として育てられたのである。仕掛けたのは、朝廷に仕えていた陰陽師である。敵の子孫を育てることで、逆に最強の守護者にする。怨霊を祀ることで味方につける。勧善懲悪の二元論では理解できない日本独自の思想だが、これこそカッバーラの奥義なのだ。

本来ならば、平晴明と名乗ってもいいものを、あえて安倍晴明としたのは、そこに東日本に落ち延びた外物部氏、そこから派生した日下部氏の末裔としての安倍氏、さらには長髄彦の兄とされる安日彦を祖とする安倍氏の存在があったのであろう。いずれにせよ、安倍晴明と名乗ることによって、平将門の子供であることに、だれも気づかなかった。

安倍晴明の師匠である賀茂忠行は賀茂氏である。賀茂氏は祭祀一族である。神道における祭祀一族として忌部氏がいる。彼らは祭司レビ人である。賀茂氏はレビ人のなかでも大祭司コーヘン・ハ・ガドールの一族である。大祭司を担う賀茂氏は自らを「鴨族」と称す。鴨族にはモーセ系大祭司である武内宿祢とアロン系大祭司である倭宿祢《やまとのすくね》がいる。武内宿祢が秦氏であり、倭宿祢が海部氏である。

漢波羅秘密組織八咫烏と三種神器ライン

鴨族はカッバーラの使い手であり、呪術師である。陰陽師であるが、裏の迦波羅《かばら》の使い手、

⬆神武天皇を導いた光り輝く鳶「金鵄」。

すなわち漢波羅《かんばら》だ。彼らの秘密組織が「八咫烏《やたがらす》」だ。八咫烏とは賀茂氏の祖である賀茂建角身《かもたけつぬみの》命《みこと》の別名で、東アジアの神話体系では、太陽の中に住む三本足の烏「金烏《きんう》」として知られる。記紀神話のなかで、八咫烏は道に迷った神武天皇を先導し、最後には光り輝く鳶「金鵄《きんし》」となって弓矢の先に降臨。これにより神武天皇は長髄彦の軍勢を打ち破ることができたとされる。金鵄とは「金鴉」であり「金烏」なのだ。

漢波羅秘密組織八咫烏は全部で70羽いる。彼らは別名「烏天狗」。この上に12羽から成る「十二烏」がいる。彼らの別名は「大烏」。さらに、十二烏のうち上位3羽が世にいう「三羽烏」で、特別に「金鵄」の称号をもつ。金鵄は3羽で1羽の「裏天皇」を構成する。令和の世にあって、表の天皇に対して、裏天皇が迦波羅の儀式を執り行っている。

陰陽道には「セーマン：五芒星」と「ドーマン：九字」という呪術図形がある。どちらも魔を封じる格子で、セーマンは陰陽五行説の五行相克を示し、ドーマンは九字護身法「臨・兵・闘・者・皆・陣・列・在・前」を示している。

これに対して裏の迦波羅では「裏セーマン：六芒星」と「裏ドーマン：十字」を使う。数秘術では、奇数が陽で、偶数が陰。ちょうど「1」を足した形になっている。五芒星は西洋魔術では「ソロモンの星：ペンタグラム」、六芒星は「ダビデの星：ヘキサグラム」と呼ばれる。ダビデの星はユダヤ人のシンボルで、現在のイスラエルの国旗にも描かれている。

十字は九字切りの格子の中央に点を打つことで完成させる一方で、そのまま十字を切ることが奥義である。いうまでもなく、十字を切る作法は、キリスト教徒の証である。つまり、裏セーマンと裏ドーマンは六芒星と十字で、ユダヤ人にしてキリスト教徒、すなわちユダヤ人原始キリスト教徒を意味しているのである。

漢波羅秘密組織八咫烏のルーツは遠く大預言者モーセに遡る。ユダヤ教でいう「最高峰院：サンヘドリン」である。創造神ヤハウェのもと、最高幹部は大預言者モーセと大祭司アロン、そして預言者フルである。彼ら3人のもとにイスラエル12支族の族長が控え、さらに配下には70人の弟子たちが従った。古代ローマ帝国によってサンヘドリンは崩壊したとされるが、現在も地下で存続している。

だが、サンヘドリンはイエス・キリストによって再編されている。これが「エルサレム教団」である。最高幹部はペトロとヤコブとヨハネの3人。彼らを含めた12使徒と配下に70人弟子が控える。復活したイエス・キリストが昇天した後、12使徒たちは伝道のため、世界中に散った。エルサレム神殿にいた弟子たちも、第1次ユダヤ戦争が勃発すると、ヨルダン河東岸のペラに移住し、その後、日本へとやってきた。つまり、漢波羅秘密組織八咫烏はエルサレム教団なのである。

八咫烏の三本足は絶対三神を象徴している。広げた翼はケルビムの羽根で、まさに契約の聖櫃アークである。契約の聖櫃アークにはイスラエルの三種神器が入っていた。現在、契約の聖櫃アークはもちろん、中にあったモーセの十戒石板とマナの壺とアロンの杖は日本にある。依代が日本の三種神器、すなわち八咫鏡《やたのかがみ》と八尺瓊勾玉《やさかにのまがたま》と草薙剣《くさなぎのつるぎ》である。これらは太陽と三日月と星を表現している。「日月星」で合わせて「明星」、つまりは輝ける明けの明星と称したイエス・キリストのことだ。

漢波羅秘密組織八咫烏は日本に様々な結界を貼っている。そのひとつが「三種神器ライン」である。彼らは日本列島を八咫烏に見立てた。北海道を頭に、本州を胴体、紀伊半島と四国と九州を三本足と見なした。絶対三神を象徴する三本足には、それぞれ三種神器の名前を冠した「鏡山」と「剣山」と「玉置山」を配し、これらを直線で結んだ。三者の関係を暗示するため、

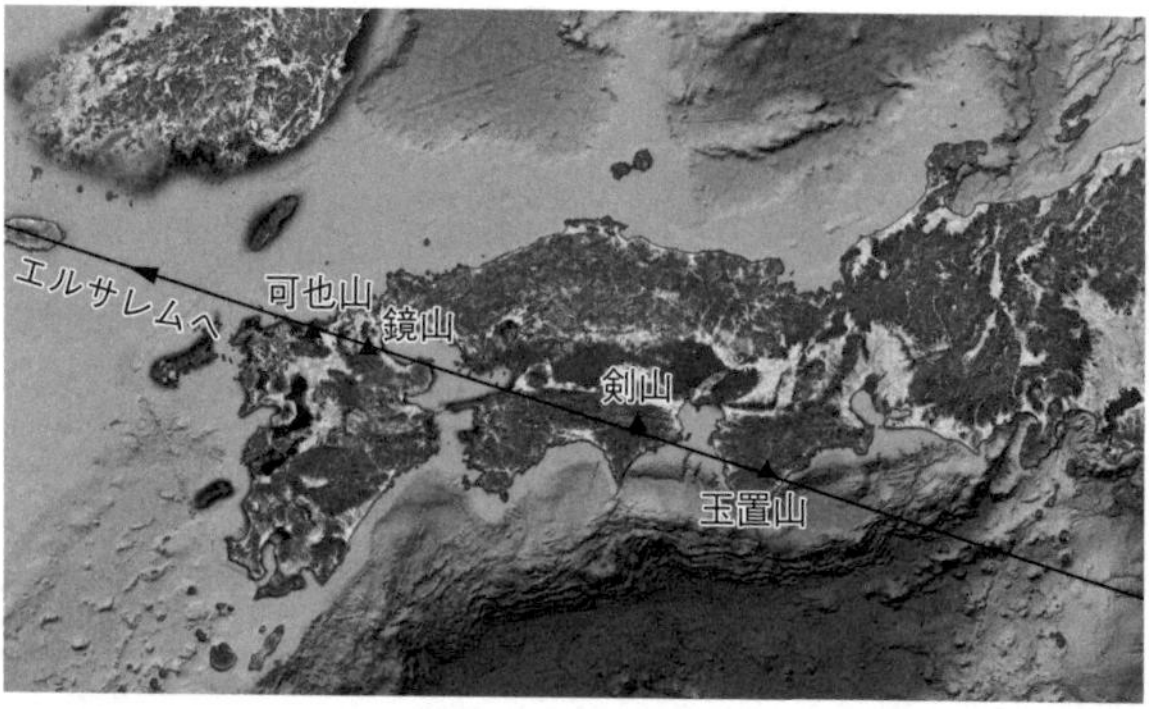

⬆八咫烏の貼った結界のひとつ、三種の神器ライン。

四国の八十八か所に対して紀伊半島の九十九王子、4つの国で四国に対して9つの国を意味する九州とした。

3つの山のうち、鏡山を知る人は少ない。確かに、さほど大きな山ではない。神功《じんぐう》皇后が三韓征討の戦勝祈願をした場所で、山頂に鏡山神社がある。境内からは近くにそびえる「香春岳」が見える。ここは香春岳を御神体山とする遥拝所なのだ。香春岳は一ノ岳と二ノ岳と三ノ岳という3つの山々から成る聖山で、麓には香春神社がある。代々宮司を務める赤染氏と鶴賀氏は秦氏である。お察しの通り、香春岳のカワラとはカバラ、カッバーラのことだ。3つの山々から成る香春岳は「生命の樹」であり、絶対三神を象徴するのだ。

ところで、この三種神器ラインを西へ延長すると、九州北部にある「可也山」に至る。可也山のカヤとは伽耶のこと。可也山は玄界灘に面しており、対岸の朝鮮半島に、かつて伽耶があった。伽耶《かや》を建国した金首露は天から金櫃に入って「亀旨峰《くじほん》」に降臨した。亀旨峰のクジとは記紀神話でいう「久士布流《くじふる》多気《たけ》：槵触之峯《くしふるのみね》」に相当する。天孫ニニギ命は三種神器を抱いて高千穂の久士布流多気に降臨している。

高千穂は鹿児島の霧島連山のほか、宮崎の高千穂峡が知られるが、久士布流多気は筑紫にあり、韓国に向かっている岬だと『古事記』にはある。霧島の場合、これを韓国岳と解釈するが、そもそも岬ではない。可能性として残るのは糸島半島にある可也山である。三種神器ラインが通っていることが何よりの証拠である。可也山が本当の天孫降臨の高千穂なのだ。

さらに、だ。三種神器ラインを延長すると、朝鮮半島から中国、ユーラシア大陸を横断して、最後に、なんと聖地エルサレムに到達する。そう、イスラエルの三種神器が納められていたソロモン神殿があった場所である。

あまりにもできすぎている。普通なら偶然の一致で済ませる話だが、そこは呪術である。共時性シンクロニシティによって、因果律を超えた現象が起こっているのだ。まさにオカルトである。

国譲りラインと出雲大社のメノラー

世界中、各地に神話はある。神話は史実ではない。が、それを共有する民族のアイデンティティである。拠り所といっていい。記紀神話を繰り返し語り継ぐことによって、人々は日本人たる自覚をもつ。日本民族たる共同体の自意識に目覚める。だれもが知らず知らずのうちに術中にはまる。これが呪術だ。

記紀神話のメインストーリーとして天津神と国津神の対立がある。天上にある高天原に住む天津神と地上にある豊葦原中国に住む国津神は、同じ神であっても明確に区別されている。国津神が先住民で、天津神が渡来人だという説もある。が、国津神とて、渡来人である。国津神の大王ともいうべき大国主命《おおくにぬしのみこと》の父親、スサノオ命は新羅に降臨して、そこから船に乗って日本にやってきたのだ。

どちらも渡来人であり、ともにイスラエル人の象徴だ。国津神は徐福の物部氏及び海部氏、天津神は秦始皇帝の秦人と騎馬民族、そして秦氏。ミツライム系ユダヤ人と失われたイスラエル10支族とエルサレム教団のユダヤ人原始キリスト教徒である。

同じイスラエル人でありながら、渡来した時期と政治的な問題で、征服民と被征服民になったままで。とくに保守的なユダヤ人は頑固である。創造神ヤハウェが受肉したイエス・キリストと同一神だとは認めない。この対立が記紀に国譲り神話として描かれる。神話も、ひとつの呪術だ。これをもとに神社が建てられ、神々が祀られる。国譲り神話は、そのまま神社が構成する呪術ラインになっている。いわば「国譲りライン」である。

鹿島神宮（茨城県鹿嶋市）と祭神の建御雷神《たけみかずちのかみ》。

香取神宮（千葉県香取市）と祭神の経津主神《ふつぬしのかみ》。

⬆「国譲りライン」を構成する５社。西側の３社は国津神《くにつかみ》を、東側の２社は天津神を祀っている。

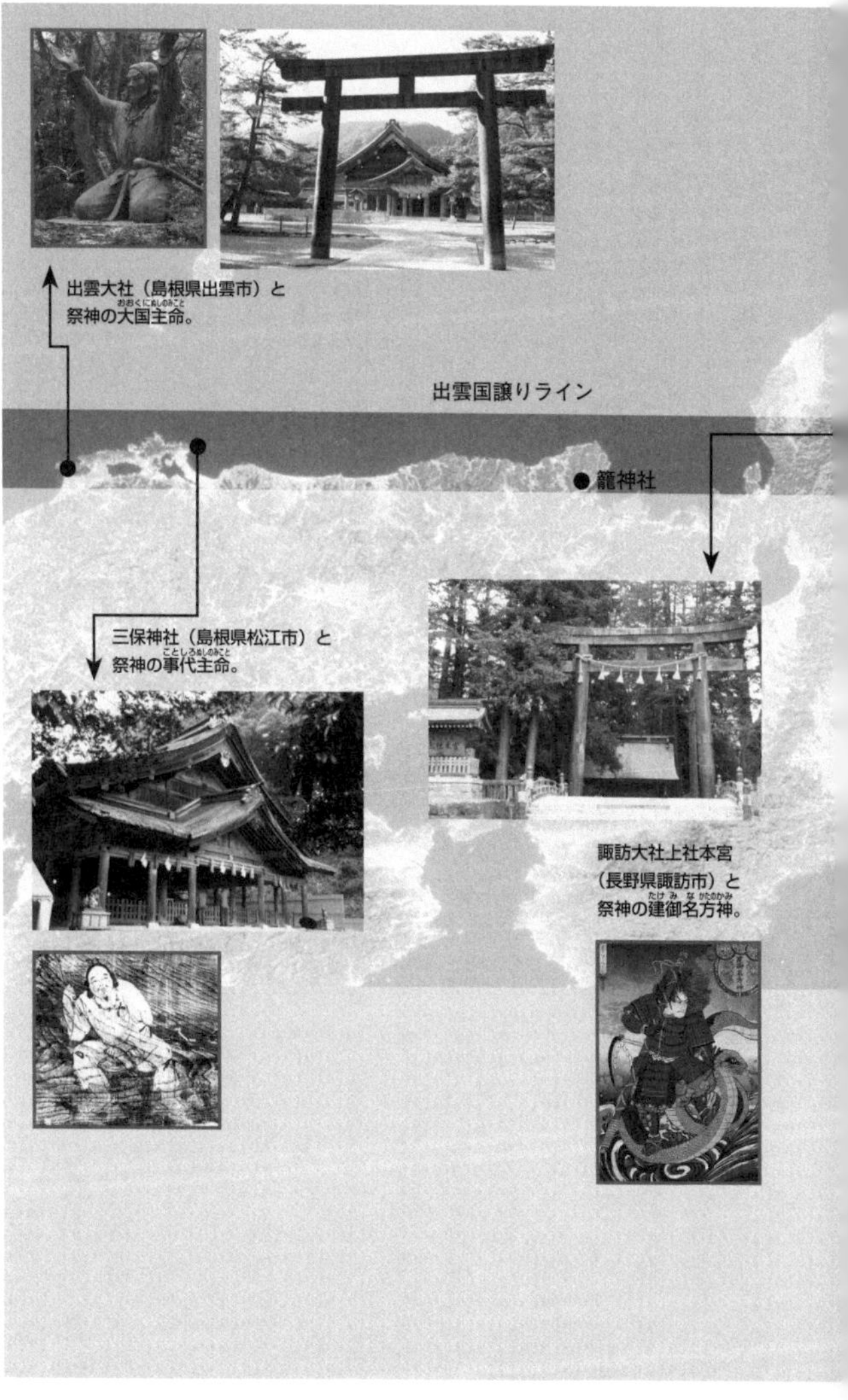
出雲大社（島根県出雲市）と
祭神の大国主命《おおくにぬしのみこと》。
出雲国譲りライン
籠神社
三保神社（島根県松江市）と
祭神の事代主命《ことしろぬしのみこと》。
諏訪大社上社本宮
（長野県諏訪市）と
祭神の建《たけ》御《み》名《な》方神《かたのかみ》。

国譲り神社の主な登場人物は5人。国津神である大国主命と息子の事代主命《ことしろぬしのみこと》、建御名方神《たけみなかたのかみ》。それに天津神の経津主神《ふつぬしのかみ》と武御雷神《たけみかづちのかみ》である。これらの神々は西から出雲大社と美保神社、諏訪大社、香取神宮、鹿島神宮の主祭神である。興味深いことに、5つの神社は、ほぼ東西一直線に並んでいる。しかも、出雲大社の本殿は西を向き、鹿島神宮の本殿は東を向いている。互いの総大将が背を向けているのだ。すべてデザインされている。

真ん中の諏訪大社の社殿は全部で4つ。上社の前宮と本宮、それに下社の春宮と秋宮から成る。4つの社殿は創造神ヤハウェの玉座メルカバーを構成している。と同時に、それぞれの社殿にも4本の御柱が建てられている。高さはすべて違う。ヒエラルキーを表現しているのだ。

また、4本の御柱はソロモン神殿にあった「黄金の香壇」の四隅に据え付けられた角を表現している。同じものは生贄台、すなわち燔祭用の「青銅の祭壇」にもあった。国津神は基本的にユダヤ教徒である。ユダヤ教の儀式を行う際、生贄を捧げている。諏訪大社で行われる御柱祭はもちろん、前宮で行われる御頭祭は生贄の祭りである。御頭祭では、もともと75頭の鹿の首を捧げていた。不思議なことに、生贄の鹿には、かならず耳が裂けた個体がいたという。現在でも、ユダヤ教の古い儀式を継承するサマリア人たちは羊を75頭、犠牲に捧げている。

御頭祭に関しては、かつて諏訪大社の神職で、大祝《おおほうり》と呼ばれる少年が柱に縛り付けられ、生贄に捧げられる儀式があった。小刀で殺される寸前で、早馬に乗った使者が現れ、大祝は助け

⬆8つの脚が、みな蛇の頭になっているメノラー。

られる。これは『旧約聖書』の故事にちなむもので、預言者アブラハムが息子のイサクを生贄として捧げようとして、すんでのところで天使に止められる光景を再現しているのだ。生贄の儀式が行われた場所は「モリヤ山」と記されている。御頭祭が行われる前宮の御神体は、ずばり「守屋山」なのだ。

諏訪大社に黄金の香壇と青銅の祭壇があるように、出雲大社には「七枝の燭台：メノラー」がある。現在は本殿に安置され、敷かれた畳は八角形をしている。なぜ八角形なのか。その理由はメノラーの脚が8つあるからだ。しかも、それらはみな蛇の頭になっている。そう、八岐大蛇である。「七転び八起き」という諺は『旧約聖書』に由来するが、メノラーの形状としても象徴されている。

出雲神話の英雄であるスサノオ命は八岐大蛇を退治して、その体内から天叢雲剣、後の草薙剣を取り出す。草薙剣は現在、熱田神宮に納められている。門外不出とされるが、実際は剣ではない。魚の骨のような形状をしており、形状はメノラー、そっくりである。正体はアロンの杖である。八岐大蛇の尾の部分にアロンの杖をつなぎ、上下をひっくり返すと、これがメノラーの姿になるというわけだ。

かつてメノラーは出雲大社の沖に浮かぶ隠岐の玉若酢命《たまわかすのみこと》神社にあった。これを暗示するように、天上には7つの雲が描かれている。「八雲立つ出雲」という枕詞があるように、本来ならば8つあるはずの雲が7つしかないのは、ここに理由がある。

地元の伝承では、ひとつはお隣の神魂神社へと飛んでいったといい、こちらの天井には9つの雲が描かれている。9つの雲があるということは、同様に考えれば、九枝の燭台があったことを暗示している。そう、こちらは「ハヌキヤー」である。密かにハヌキヤーが祀られているのである。

もっとも、これらの燭台は、もともとなかった。本来は海の向こうにあった。出雲大社の拝殿は北を向いている。かつて出雲大社は現在の2倍、48メートルあった。かくも巨大な神殿が作られた本当の理由は、北方の沖合に浮かぶ隠岐を拝むためだ。徐福が契約の聖櫃アーク、正確には下アークをもってきたとき、丹後に上陸する直前に神殿が置かれたのは隠岐である。島前の隠岐神社がある場所に下アークが置かれ、島後の玉若酢命《たまわかすみこと》神社にメノラーが安置された。島下アークは籠神社へと運ばれたが、メノラーとハヌキヤーは隠岐で祀られていた。

だが、あるときメノラーは玉若酢命神社から出雲大社へと移された。移したのは事代主命である。国譲り神話において、事代主命は船に乗って沖合へ姿を消した。このとき事代主命は隠岐に行き、メノラーを移し替えたのだ。以来、かつてメノラーがあった隠岐を遥拝するために、巨大な出雲大社が建設されたのだ。

カゴメライン

出雲大社の本殿は西を向き、拝殿は北を向いている。北には隠岐があり、かつては遥拝所であった。が、もうひとつ仕掛けがある。境内には素鵞社《そがのやしろ》がある。主祭神はスサノオ命である。スサノオ命は本来、出雲大社の主祭神であった。荒垣のところにある銅鳥居には、そのことが記されている。

出雲大社の本殿と鹿島神宮の本殿は、互いに背を向けている。それぞれの主祭神がそっぽを向いている形だが、こちらにも重要な仕掛けがある。国譲りライン上には、ある重要な神社がもうひとつ乗ってくる。丹後一宮、籠神社である。籠神社の主祭神である天火明命は、大国主命と武御雷神の両方に背を向けられている。

背を向けているということは、言葉を換えれば「後ろの正面」である。出雲大社と鹿島神宮、両方の後ろの正面は籠神社であり、かつ童唄「カゴメ唄」は籠神社の暗号唄であることがわかっている。

「かごめかごめ　籠の中の鳥は　いついつ出やる　夜明けの晩に　鶴と亀がすべった　後ろの正面　だあれ」

ここに出てくる籠とは籠神社のことであり、籠の中の鳥とは籠神社の奥宮、天真名井神社の主祭神、豊受大神《とようけのおおかみ》のこと。先述したように、豊受大神は稲荷大明神であり、その正体は創造神ヤハウェである。籠神社の極秘伝によれば、鶴と亀とはツル＝弦とカメ＝甕を意味しており、天真名井神社の別名、匏宮《よさのみや》にある瓢箪のこと。瓢箪は籠神社の象徴であると同時に、かつて、ここにあったマナの壺を意味する。天真名井神社の真名は籠神社の御神宝であった真名之壺にちなむ。さらにいえば、瓢箪は籠神社における海の奥宮がある冠島と沓島であり、その先にあるのが島前と島後の隠岐である。籠神社にとって隠岐は龍宮城なのである。

また、籠神社は元伊勢である。伊勢神宮の内宮が、かつて置かれた神社だ。外宮に至っては、奥宮である天真名井神社から直接、伊勢に勧請されている。それゆえ、籠神社は本伊勢とも称す。地図上で示すと、籠神社と外宮と内宮は、ほぼ一直線になる。これを「カゴメライン」と呼ぶ。

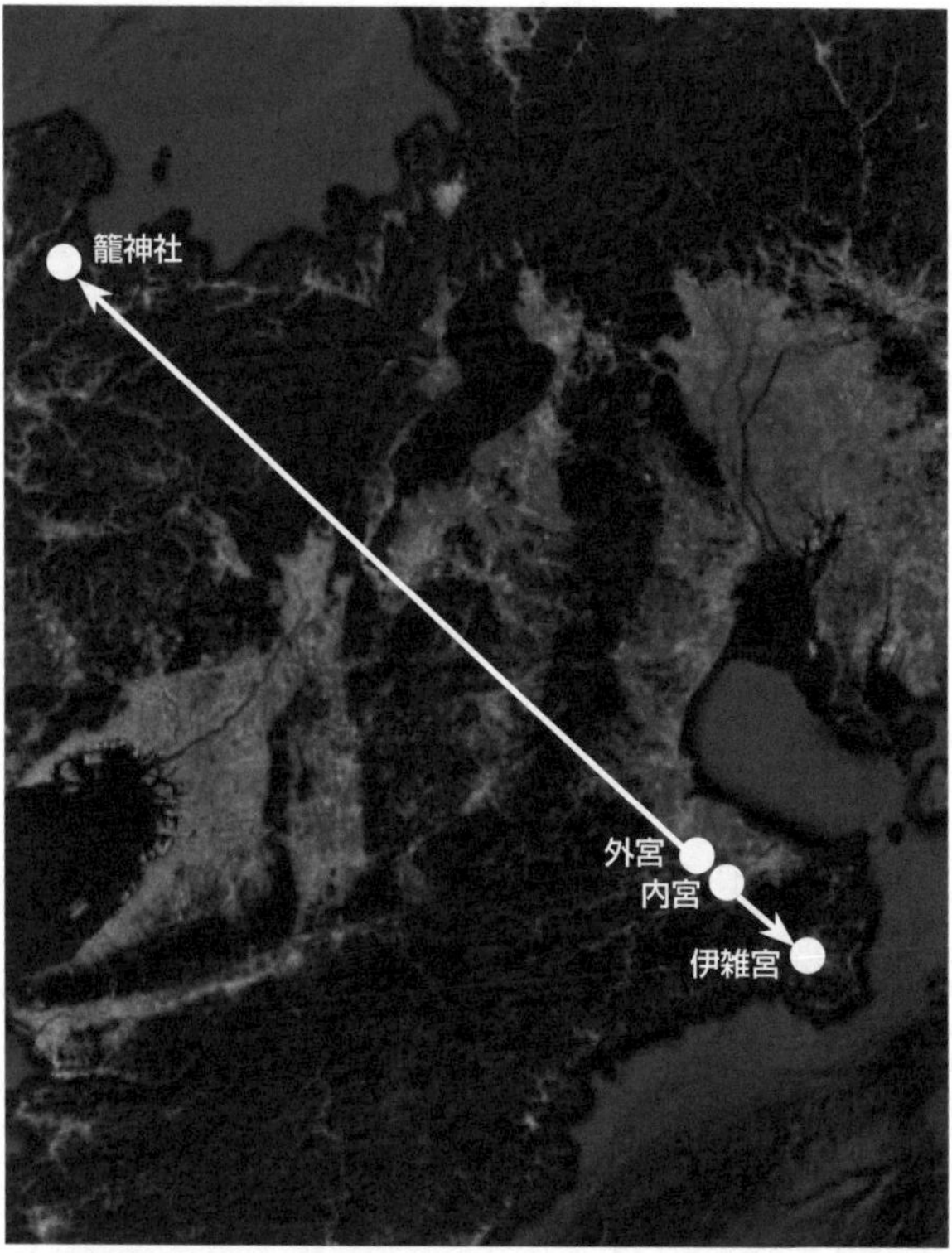

⬆伊勢神宮の内宮と外宮それぞれの後ろを延長すると、内宮は伊雑宮、外宮は籠神社に至る。

外宮と内宮が相対しているとすれば、外宮にとっての後ろの正面は籠神社となり、内宮にとっての後ろの正面は磯部にある伊雑宮になる。籠神社の神職である海部氏の祖、倭宿祢命は海亀に乗っており、伊雑宮の伝説には稲穂をくわえた白真名鶴が登場する。海亀と白真名鶴は「カゴメ唄」の鶴と亀であると同時に、契約の聖櫃アークを示している。翼を広げた天使ケルビムがある蓋が本物である上アークと4本の足がある箱が本物の下アークである。

伊雑宮は内宮と外宮と並ぶ別宮のひとつ。江戸時代には本当の伊勢神宮は伊雑宮であるとして、訴訟問題に発展した。氏子たちが『先代《せんだい》旧事《くじ》本紀《ほんぎ》大成経《たいせいきょう》』を根拠に、本当の主祭神は伊雑宮が太陽神の天照大神《あまてらすおおみかみ》、外宮が月神の月読命《つくよみのみこと》、そして内宮が星神のニニギ命であるという「伊勢三宮説」を唱えたのだ。

伊勢三宮説は完膚なきままに否定され、排除されたものの、ここには真実があった。伊雑宮が正当な伊勢神宮だったのである。というのも、伊雑宮の地下殿には「罪名板」が納められているからだ。

先述したように、伊勢神宮の内宮の地下殿には現在、契約の聖櫃アークのほか、イエス・キリストが磔になった聖十字架が安置されている。外宮の地下殿にはモーセの旗竿とネフシュタン、それにマナの壺が安置されている。これに対して、伊雑宮には聖十字架の上に掲げられた罪名板が安置されているのだ。

罪名板のヘブライ語表記には創造神ヤハウェを意味する「ＹＨＷＨ」、ラテン語表記には「ＩＮＲＩ」がある。受肉したことを示すために、前者にヘブライ文字の「シン：ＳＨ」を入れると「イエシュア：ＹＨＳＨＷＨ」となり、後者にラテン文字の「Ａ」を入れると「ＩＮＡＲＩ」、つまり稲荷となる。創造神ヤハウェ及びイエス・キリストの名前が隠されている。まさに「真名」である。絶対神の神聖なる名前ゆえ、罪名板はもっとも重要な聖遺物とされるのだ。

現在、イスラエルの三種神器のひとつ、アロンの杖は熱田神宮に安置されている。正確にいえば、一之御前神社の地下殿にある。やがて、しかるべき時がくれば、アロンの杖は伊雑宮に移送され、心御柱として地下殿に立てられることになっている。かくして、伊勢三宮に、イスラエルの三種神器が並び立つのである。

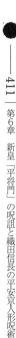

人形呪術と埴輪

ユダヤ教やキリスト教、イスラム教など、『旧約聖書』を聖典とする宗教では偶像崇拝を禁止する。仏教でも、本来は仏像を作ることを禁じていた。原始仏教では釈迦を表現するときに樹木を描いた。樹木は菩提樹であり、仏教における「生命の樹」である。菩提樹から人間の姿をした仏像に変化したことは、ある意味、偶像崇拝禁止の戒めを破ったことになるのだが、その半面、人間として表現される「生命の樹」、カッバーラでいうアダム・カドモンと見なすこともできる。

アダム・カドモンの重要な要素に身代わりがある。アダムは「禁断の樹の実」、すなわち「知識の樹の実」、「死の樹の実」を口にした。これによってアダムはもちろん、妻のエバや子供たち、ひいては子孫である全人類が原罪を負うことになった。これをひとりで背負い、仲保者として使わされたのがイエス・キリストである。イエスは「第2のアダム」である。アダムの原罪を贖うため、イエスは十字架という「生命の樹」に掛けられて死んだ。つまり、アダム・カドモンはイエスの身代わりを象徴しているのだ。

日本にやってきたイスラエル人たちは多くの人形を作った。縄文時代の土偶は、しばしば一部が欠損している。これは病気になった体と同じ部位を癒すための呪術を行ったためだと考えられている。弥生時代の人形は少ないが、土偶は作られた。

古墳時代になると主に埴輪である。「埴」とは赤土のこと。赤土で人形を作った。これこそ埴輪がアダム・カドモンである証拠だ。アダムが創造するにあたって、新共同訳の「創世記」第2章7節には「土（アダマ）の塵で人（アダム）を形づくり」と記されている。わざわざ括弧づきで名前の由来を示している。もっと正確にいえば、この「土：ＡＤＭＨ」という単語は「赤土」のこと。ヘブライ語で「赤」は「エドム：ＡＤＷＭ」という。要は駄洒落である。

ヘブライ語には「ショーレッシュ：ＳＨＲＳＨ」という特殊な語根がある。「ＳＨＲＳＨ」

とは数字の「3」を意味する。3つのヘブライ文字を語根に、他の文字を加えた言葉は類語として扱われる。この場合、「赤：ADWM」と「赤土：ADMH」と「アダム：ADM」は、ともに語根「ADM」を共有している。したがって、アダムは赤い肌の色をしていたことを示唆する。

興味深いことに、日本では人間の誕生と赤色の間には密接な関係がある。生まれてきた子供のことを日本語で「赤子」や「赤ちゃん」と呼ぶ。これは、まさに最初に創造された人間であるアダムのことを強く意識している。

なぜ、古代の日本人は赤土で人形を作ったのか。それは最初の人間であるアダムが赤土アダマから創造されたからだ。アダムは成人として創造されたが、絶対神の赤子として認識されていた。だからこそ、埴輪を作ったのである。

埴輪を見ると、当時の衣装や服飾文化がよくわかる。当時の日本人は和服ではなく、洋服を着ていた。帽子をかぶり、ズボンをはいていた。しかも、よく見ると、これが現代のユダヤ人の姿にそっくりなのだ。とくに超正統派「ハレディーム：CHRDYM」や教師「ラビ：RBY」の衣装や髪形、スタイルと酷似しているものがある。

ユダヤ人は成人すると、髭をはやす。髭を生やすことが成人男子の証であると考えられていた。ラビと呼ばれたイエス・キリストも長い髭をたくわえていた。成人男子と思われる埴輪にも、立派な髭がある。

これは超正統派の伝統だが、もみあげを切らずに、そのまま伸ばす。ずっと伸ばすと、うっとうしいので、カールさせたりする。これを「ペオート：ＰＡＨＷＴ」と呼ぶ。なぜ伸ばすかというと、これは「律法」にあるからだ。「レビ記」第19章27節に「もみあげをそり落としたり、ひげの両端をそってはならない」とある。これを厳格に守っているのである。

興味深いことに、埴輪にも、このペオートが認められる。大きくもみあげを束ねたものから、

⬆（上）現代のユダヤ人そっくりな埴輪。（下）埴輪にも見られるユダヤ人のもみあげ「ペオート」。

それこそカールして巻き髪にしている埴輪もあるのだ。この点について、イスラエルの失われたイスラエル10支族調査機関「アミシャーブ」のラビ・エリヤフ・アビハイル所長に直接、聞いたことがある。来日した際、国立博物館の埴輪を見てもらったところ、細かな差異はあるものの、共通した文化だと指摘した。彼は熱心に写真を撮影していたことを記憶している。

古代の倭人たちは弥生時代から古墳時代、そして奈良時代にかけて、「角髪：美豆良《みずら》」という独特の髪形をしていた。髪をふたつに分けて、もみあげの位置で結う。輪にしたり、8の字にすることもある。これらも、もとはペオートである。

この事実に最初に気がついたのは、筆者が知る限りにおいて、在野の研究家であった高橋春雄氏ではなかったか。彼は著書『日ユ同祖論絵巻　黙示大典　第三部　日本・ユダヤ偏』（グラスゴー社：1991年4月発行）において「今日でもユダヤ人はびんを長く伸ばす人が多い…（中略）…このように現代のユダヤ人と古代日本の埴輪は共に面長の顔をもち、ミズラを長々とのばし、神聖な場所では帽子を被っている」と記し、比較の写真を掲載している。

超正統派のユダヤ人たちは全身、黒づくめである。高橋がいうように、しかも黒い帽子もかぶっている。埴輪の中には、これまたそっくりな帽子をかぶった人物もある。

埴輪は古墳の上に並べられた。本来、埴輪は生贄だった。大王が死ぬと、配下の者たちも殉死し、いっしょに埋葬された。が、さすがにむごいということで、殉死する代わりに、人形を作った。秦始皇帝の陵墓である「兵馬俑」も、そうした人形である。いい換えれば、身代わりである。イエス・キリストの身代わり同様、アダム・カドモンとして埴輪を作り、それを自身の分身として捧げたのである。

呪いの藁人形と磔刑のイエス・キリスト

呪術では、しばしば人形を使う。人形を呪う相手に見立てて、そこに様々な呪術を施していく。ブードゥー教では人形に対象とする人物の髪の毛や爪などを仕込み、針や棘を刺したり、叩いたりする。すると、同じ効果が相手に起こり、痛み苦しむ。日本でも、まったく同じ呪術が存在する。人形を使った呪術は本来、身代わりである。神道では紙で作った「人形：ヒトガタ」で体をさすり、穢れを祓う。災いをヒトガタに移し、これを川に流したり、燃やしたりすることで体を清める。これは陰陽道の呪術であり、いわば白魔術である。古代中国の道教では「右道」と呼んだ。

これに対して、陰陽道の黒魔術は「左道」である。左道には「蠱毒術《こどく》」と「厭魅術《えんみ》」がある。前者は動物を使い、後者は人形を使う。ごく簡単にいえば、人を呪って殺す呪術である。使用される人形は雛人形のようなものから、木偶、ヒトガタがある。ヒトガタも紙製のもののほか、板製が多く用いられ、なかでも強力な効果を発揮するといわれるのが「呪いの藁人形」である。

呪いの藁人形の作法は、こうだ。まず、藁をもってヒトガタを作る。大の字で作られるのが一般的だが、本来は十字形である。中には呪う相手の持ち物や髪の毛、爪などの体の一部を入れる。そこに、名前を書いた紙を貼るか、そのまま藁人形に書く。住所などの個人情報がわかれば、なおいい。個人を特定する仕掛けだ。

　藁人形は樹に打ちつける。どの樹木でもいいわけではない。神社や寺院の境内にある樹木、できれば御神木が望ましい。御神木に藁人形をあてがい、そこに金槌で五寸釘を3本打ちつける。胸の部分に集中的に打ちつけるケースが多いが、本来は両手と足の部分がいい。十字形になっていると、ちょうど三角形の頂点に打ちつける格好となる。

　呪いの藁人形は「お百度参り」の左道でもある。お百度参りは昼でも夜でもいいが、呪いの藁人形は夜、草木も眠る丑三つ時に行う。それゆえ「丑の刻参り」とも呼ばれる。丑の刻から寅の刻まで、方位

⬆丑三つ時に行う呪いの藁人形、「丑の刻参り」。

⬆呪いの藁人形。これを打ちつけるときは人に見られてはいけない。

でいえば「鬼門」である。黒魔術を行うにはうってつけの時間帯である。

いざ、呪いを開始するにあたって、呪術を行う者は白装束に着替える。白装束は死に装束であり、儀式のための礼服だ。お百度参りは裸足で行うように、丑の刻参りの場合、一本歯下駄を履く。一本歯下駄は天狗が履く下駄で、バランスが難しい。体力はもちろんだが、相当の覚悟を要求される。

頭には五徳を被る。五徳を裏返し、脚の先には火をつけたロウソクを立てる。五徳の脚は3本なので、ロウソクも3本。胸には丸い鏡を下げる。鏡は呪い除けだ。人を呪わば穴ふたつというように、必ず呪いは返ってくる。これを防ぐために鏡を用いる。

実際に呪いの藁人形を御神木に打ちつけるときには、ひとつ注意しなければならないことがある。他人に見られてはいけない。呪っている姿を見られると、効果がなくなるといわれる。深夜、人気のない神社の境内で、ひっそりと行うのが基本である。毎晩、呪いの藁人形を打ちつけ、これを21日間行う。さすれば、満願の日、呪われた相手は苦しみだし、ついには非業の死を遂げるという。

丑の刻参りの発祥の地は京都の貴船神社だといわれる。貴船神社の伝承によれば、貴船明神が降臨したのは丑年丑月丑日丑刻であったという。貴船神社の境内には「牛一社」という祠がある。主祭神は木花咲耶姫だが、本来は牛鬼だった。まさに魔物である。呪いの藁人形は魔物の力を使った呪術なのである。

今でも、貴船神社の奥宮の境内では、呪いの藁人形が発見されることがある。筆者も取材で訪れたとき、茂みに隠れた場所に藁人形が打ちつけてあるのを見つけた。白いビニール製のロープで十字形にしており、中に写真があった。表面にはマジックで男の名前が書いてあり、かなりの本気度を感じたことを覚えている。

訪れるとおわかりになるかと思うが、貴船神社は鞍馬山の裏にある。古来、貴船神社と鞍馬寺は一体であった。鞍馬寺では魔王尊、すなわち鞍馬天狗を祀っている。現在では鞍馬弘教という単立の宗教法人で、魔王尊は今から650万年前、金星から地球に降り立った霊王サナート・クマラだという。もとは「神智学」の教義で、サナート・クマラはヒンドゥー教の神のひとりだ。

⬆鞍馬寺の鞍馬天狗と源義経。鞍馬天狗のモデルは八咫烏である。

一説に、かの源義経が牛若丸と呼ばれていたころ、鞍馬寺の奥之院がある場所で、鞍馬天狗の指導のも、武術や呪術の修行をしていたといわれる。あくまでも伝説だとされるが、鞍馬天狗は実在する。モデルになったのは漢波羅秘密組織八咫烏である。鞍馬天狗の親玉は裏天皇の金鵄であり、その配下にいる烏天狗は八咫烏である。

天狗の鼻はユダヤ人に特徴的な鷲鼻であり、その姿は山伏といった修験者である。修験者が頭につける「兜巾」はユダヤ教徒が頭につける「テフィリン：ＴＦＹＬＹＮ」で、吹き鳴らす法螺貝は「ショーファー：ＳＨＷＦＲ」である。修験者が儀式に臨むユダヤ教徒の姿と酷似していることは、自らがラビである神学者マーヴィン・ケイヤー氏をはじめ、多くの研究家が指摘している。つまり、鞍馬天狗の正体は大祭司コーヘン・ハ・ガドールだったのだ。

また、八咫烏の拠点である京都の下鴨神社と上賀茂神社は、もともと鞍馬山を領地としており、鞍馬寺と貴船神社は管轄下にあった。その証拠に、貴船神社の神紋は双葉葵である。

鞍馬寺の本尊は毘沙門天《びしゃもんてん》だが、インドではクベラ、もしくはヴァイシュラヴァナと呼ばれ、四天王のひとり、多聞天である。多聞天を含めた持国天と増長天と広目天は、もともと光明神ミトラの性質を神格化したもの。ミトラはサンスクリット語でマイトレーヤ、いわゆる弥勒菩薩でもある。弥勒菩薩が仏教のメシア、すなわちカッバーラでいうイエス・キリストのことである。

ミトラは「三寅」とも書く。鞍馬寺の由緒によると、毘沙門天は寅年寅月寅日寅刻に出現したとされ、境内には狛犬ならぬ狛虎がいる。先に見たように、これは貴船神社の貴船明神が降臨した丑年丑月丑日丑刻と対になっている。丑と寅は、まさに牛寅で艮、すなわち鬼門である。鬼は牛の角を生やし、寅皮のパンツを履いているのは、ここに理由があるのだ。その鬼が手にしているのは金棒であり、これが呪いの藁人形を打ちつける金槌を象徴している。

だが、こうした一連の呪術は、みなイエス・キリストの十字架磔刑が元になっている。丑の刻参りのヒトガタが、なぜ藁製なのか。答えは字にある。「藁」という字は「艸・高・木」と分解できる。「高・木」は「高木神」のことで、造化三神のひとり「高御産巣日神《たかみむすびのかみ》」の別名だ。京都の水度神社は高御産巣日神を「天照高弥牟須比神《あまてらすたかみむすびのかみ》」と表記する。ここにある「天照」は

「天照大神」のことだ。天照大神と高御産巣日神が同一神であることを物語っている。カッバーラでいえば、創造神ヤハウェが受肉したイエス・キリストを表現しているのである。

したがって「艸」を「草の冠」とし、高木神を天照大神と読み替えると、まさに荊の冠を被ったイエス・キリストであることがわかる。呪いの藁人形を神社の御神木に打ちつけるとは、イエス・キリストを「生命の樹」である十字架に磔にすることを意味する。打ちつける五寸釘は、イエス・キリストの手足に打たれた聖釘にほかならない。

丑の刻参りで鏡を下げるのは、八咫鏡を表現している。「天岩戸開き神話」において、八咫鏡は賢木に吊るされた。これは榊に掛けられた天照大神、すなわち十字架に掛けられたイエス・キリストであると同時に、カッバーラの鏡像反転を意味する。頭に乗せた五徳の三本脚と三本ロウソクは絶対三神を象徴すると同時に、その真逆である絶対三魔を呼び寄せる。「生命の樹」の呪術ではなく、実態は「死の樹」の呪術なのだ。

ゆえに、絶対に呪いの藁人形だけは行ってはいけない。思い出してほしい。呪術は見えない世界との取引であり、契約である。呪殺をするためには、それに見合った対価を払う必要がある。命を奪うためには、命が要求される。人を呪わば穴ふたつとは、このことを意味している。呪殺をするために、自分の命を引き換えにしていることを忘れてはならない。呪いは成就しても、不幸になるのだ。まさに悪魔との契約であることを肝に銘じておかなければならない。

呪いの地上絵と隠宅攻撃

古来、政治は「政：まつりごと」と称した。政とは「祭事」にほかならない。祭政一致の時代にあって、国家を治めることと祭礼、もっというなれば呪術は同じ。政治家は呪術をもって国を動かした。邪馬台国の卑弥呼、しかり。霊能者はいうにおよばず、カッバーラに通じた預言者がいなければ、その国は滅ぶ。

世界広しといえど、もっとも長きにわたって一国に君臨しつづけてきた日本の天皇は預言者である。もちろん個人だけではない。組織として、そう漢波羅秘密結社八咫烏がいたからこそ、長きにわたって日本は存続できたのである。

もちろん、政治に携わるのは人間である。自我をもった人間である。自我があるがゆえ争い、社会には様々な陰謀が渦巻く。権力闘争はもちろん、歴史の裏には血みどろの戦いがあった。いや、今もある。自称、平和主義者が偽善者であることはよくあること。偽装問題に代表されるように、しばしば社会の善悪はひっくり返っている。

古代においてはなおさらである。カッバーラを知った人間が必ずしも善人とは限らない。カッバーラの法則を逆手にとって利用する輩もいた。カッバーラがもつ危険性を知らず、いや知ったうえで呪術を利己的に使う黒魔術師もいた。今でも呪いの藁人形よろしく、呪殺を請け負う呪術師もいるくらいだ。呪術がリアルだった時代にあっては、恐るべき呪い合戦のようなことが日常的に行われていた。平城京跡から大量の板状のヒトガタが出土するのは、その証拠である。

庶民が行う呪術は、たかだか知れたものだが、権力者が行うと、これがまた国家規模の大事業に発展することもある。疫病が流行したとき、時の聖武天皇が疫病神を鎮めるために国分寺や国分尼寺を全国に作らせたことは知られるが、同様の呪術を政敵に向けた人間もいた。物部氏である。

邪馬台国を支配していた物部氏は大和朝廷が成立した後も、強大な軍隊を保持した。「武士」を「もののふ」と読むのは、物部氏に由来する。本来、物部氏は「もののふ部氏」であったが、没落して「腑抜け：ふ抜け」にされて、「ものの部氏」になった。これも言霊の呪詛である。

大和朝廷において、物部氏の勢力が衰退していくきっかけは、聖徳太子の時代に起こった崇仏論争だった。522年、もしくは538年に仏教が正式に日本に伝来すると、これを国教とすべきか、論争が起こった。仏教を推進する蘇我氏と日本古来の神道を奉じる物部氏、中臣氏が対立。戦にまで発展したが、最終的に仏教派の聖徳太子が物部守屋を討ったことにより、仏教派が勝利する。

こうして物部氏は徐々に衰退していくのだが、宗家である石上《いそのかみ》氏は存続し、奈良時代には最高位となる左大臣に就任した石上麻呂を輩出する。このとき、右大臣だったのが藤原不比等である。藤原不比等は当時の政治を牛耳っていた。彼は謀略の末、都を藤原京から平城京へと遷都。政敵であった石上麻呂を藤原京の留守とした。左大臣であったのにも関わらず、石上麻呂は実権を奪われた格好となった。7年後の717年、惜しまれつつ亡くなるのだが、彼は密かに藤原不比等に呪詛を仕掛けていたとされる。呪いの藁人形ならぬ、「呪いの地上絵」である。

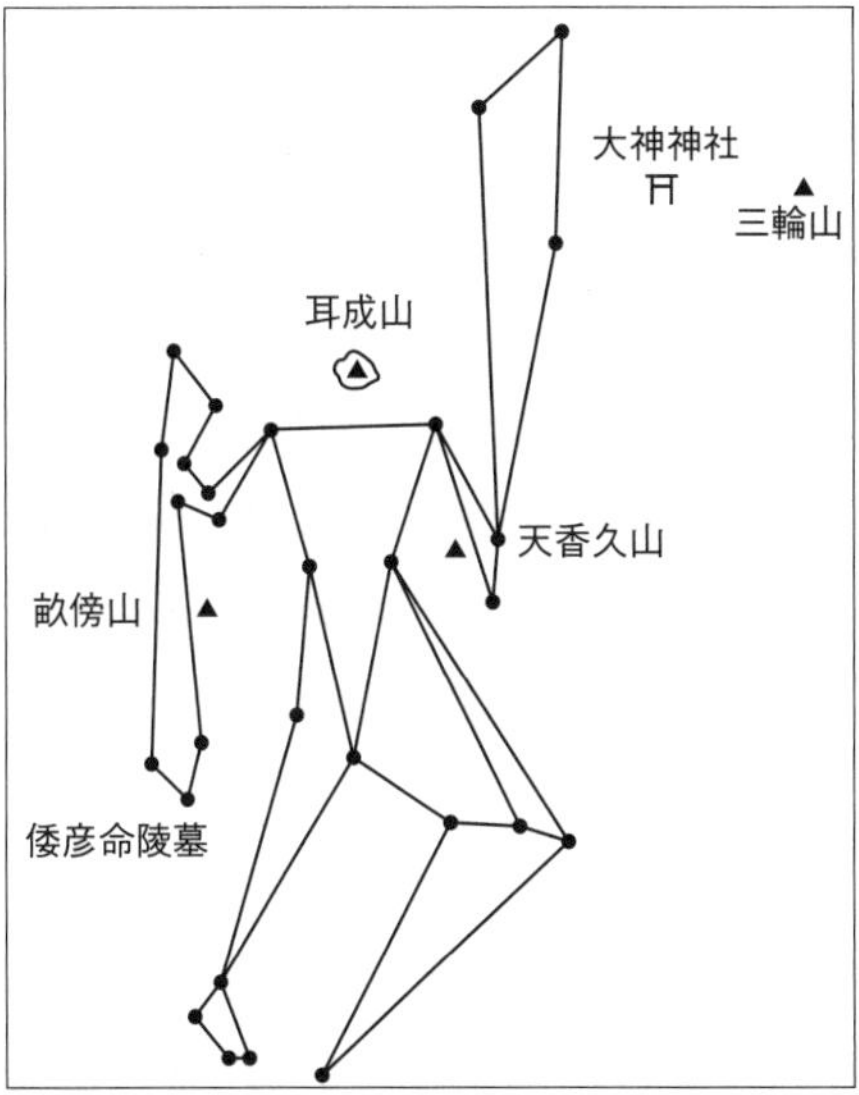

⬆点在する春日神社を結んで浮かび上がった、まるで巨人のような「呪いの地上絵」。

呪いの地上絵を発見したのは飛鳥昭雄と共同研究を行っていた山上智氏であった。彼は藤原京に点在する春日神社に注目した。春日神社の社殿の向きがばらばらであることから、これらを線で結んでみたところ、ヒトガタが浮かび上がってきた。ちょうど耳成山を頭にして、剣と楯を持った巨人である。あたかも、その姿はオリオン座のようだった。

風水において、都を建設する場合、「四神相応」の土地を選ぶのが鉄則。大地の気の流れ、すなわち龍脈が通り、北に山がある。東西に山脈があり、南は開けている。空気はもちろん、川の水が流れていることも重要。都の中心部、すなわち内裏がある場所は、龍穴といって大地の気が噴き出る地であることが重要だ。一般に龍穴は女陰に見立てられるが、背後の山を頭と見立て、都全体を人体として表現する思想もある。

藤原京の場合、北にある耳成山《みみなし》が頭部に当たる。耳成山は畝傍山と香具山とともに大和三山に数えられる。大和三山は徐福が目指した三神山、すなわち蓬莱山と方丈山と瀛州山に見立てられている。

なお、大和三山の山頂を直線で結ぶと二等辺三角形となり、その垂直二等分線を延長すると、三輪山の山腹に至る。そこには磐座があり、ＦＢＩ超能力捜査官のジョー・マクモニーグルの透視によれば、女王・卑弥呼が祭祀を行っていた。彼によれば、耳成山は人工的に成形された山であるという。つまり、大和三山はデザインされていたのだ。事実、垂直二等分線を逆方向に延ばすと、そこには忌部山がある。祭司レビ人である忌部氏が関わっていたのだ。

さて、山上氏が指摘するのは、耳成山の名前だ。「ミミナシ」とは妙な読み方である。近くには「目無川：メナシガワ」が流れ、山麓では「梔子：クチナシ」が植えられている。おわかりだろうか。これらは「目無し・耳無し・口無し」と読める。言霊だ。あたかも「見ざる・聞かざる・言わざる」の「三猿：見猿・聞猿・言猿」である。三猿は見るな、聞くな、言うなで、つまりは秘密にしろという暗号だ。逆にいえば、ここに呪詛が仕掛けられている。

問題は三猿の呪詛が仕掛けられた頭部をもつ巨人である。巨人が手にする剣は、どこを向いているのか。調べてみると、驚くことがわかる。剣の先には、なんと藤原不比等の墓があるのだ。墓に向けて、刃物などを向けることを風水呪術で「隠宅攻撃」と呼ぶ。「隠宅」とは墓のこと。一方、生きている人が住む家は「陽宅」と呼ぶ。

陽宅に尖った物を向けると、そこに住む人の運気が悪くなる。現在でも、香港のビル群は風水によって建設され、陽宅攻撃を受けている場合が少なくない。陰宅攻撃の場合、影響を受けるのは、その墓に眠っている人の子孫である。藤原不比等の墓を陰宅攻撃したならば、その影響は子孫である藤原氏に出てくる。

事実、藤原氏に呪いが掛った。735年、疫病が大流行し、多くの人間が死亡した。2年後、朝廷《かい》の実権を握っていた藤原不比等の4人の息子、すなわち藤原武智麻呂《むちまろ》と藤原房前《ふささき》、藤原宇合《うま》、そして藤原麻呂《まろ》が全員、天然痘で亡くなった。見事に、石上麻呂が仕掛けた呪いが成就したのだ。

だが、このとき呪いの地上絵に気づいた陰陽師もいた。歴史に名前が残っていないが、陰宅攻撃を封じる政策が急遽、実行されるのだ。奈良の大仏建立である。聖武天皇の発願により、745年、東大寺に盧舎那仏《るしゃなぶつ》が作られ、752年の開眼供養によって完成した。目的は国家安泰である。当時、国内は疫病はもとより、飢饉や大地震、藤原広嗣《ひろつぐ》の乱が起こるなど、国内は混乱を極めていた。これを鎮めるために大仏が建立されたのだ。

しかし、裏の目的は陰宅攻撃の封じ込めである。いわば「呪い返し」である。奈良の大仏は呪いの地上絵にある剣の先、かつ藤原不比等の墓の手前にある。陰宅攻撃のライン上に位置するのだ。

しかも、大仏は南を向いている。藤原不比等の墓を背にして、これを護るかのように座し、右手を正面に向けている。まさに大日如来《だいにちにょらい》である毘盧遮那仏《びるしゃなぶつ》が右手で陰宅攻撃を跳ね返しているのだ。

結果、どうなったか。藤原氏の復権である。藤原四兄弟は死んだものの、その子孫から藤原南家と北家、式家、そして京家が成立。天皇家の外戚として隠然たる力をもつようになる。大仏建立による呪い返しが功を奏し、藤原氏の世になったのだ。

その一方で、物部氏は没落。呪術に関わったと思われる忌部氏たちも、宮中祭祀から遠ざけられ、代わって藤原氏と同族である中臣氏が祭礼を仕切るようになる。呪い返しによって、初めに呪った物部氏が滅ぼされた。文字通り、人を呪わば穴ふたつだ。

平安京とメルカバー

京都は山背《やましろ》と呼ばれた。かつては広大な湿地帯で、人が住むような場所ではなかった。これを干拓したのが秦氏である。彼らには巨大古墳を建築する高度な土木技術があった。仁徳天皇陵や応神天皇陵のほか、大阪にある茨田《まむた》の堤を築いたのは秦氏である。葛野大堰によって桂川の流れを変え、アルカリ性の土を入れることによって土壌を改良。山背を秦氏一族の拠点とした。後の内裏となる場所には秦氏の首長、秦河勝の邸宅があった。

平城京から長岡京を経て、平安京に遷都が行われた際、裏方で動いたのは秦氏である。古くは聖徳太子が秦河勝の案内で山背にやってきたとき、ここに都が築かれることを預言したというから、かなり綿密に計画が立てられたに違いない。都市計画において、もっとも重要なのは思想である。居住空間の機能性はもとより、呪術的な結界が必要とされた。平安京はエルサレムである。カッバーラによって完璧なまでの仕掛けがほどこされた。

京都は山背という言葉通り、北部に山があり、南に開けている。東西に山脈が走り、風水的に都を建設するには理想的な場所である。秦氏は、それを見抜いていた。いずれ広大な都ができることを念頭に、河川の流れを変え、困難な干拓事業を推し進めたのだ。何より、地下に豊富な水があることが重要だった。風水は気はもちろん、物質的な空気と水の流れを重視するからだ。伏流水があることで、さまざまな呪術が生きてくる。

平安京は地形的に四神相応の地である。四神とは4つの幻獣のこと。これが東西南北に配置された形で象徴される。具体的に、北の玄武、東の青龍、南の朱雀、西の白虎、そして中央は四神に次ぐ第5番目の麒麟である。玄武は山、青龍は河川、南は湖沼、西は街道、中央は玉座と表現されることもある。具体的に、それぞれ船岡山、鴨川、巨椋池、山陰道、内裏である。色でいえば、黒、青、赤、白、黄色である。五行でいえば、水、木、火、金、土である。

カッバーラにおける四神は4つの顔をもった「智天使：ケルビム：KRWBYM」が構成する「神の玉座：メルカバー：MRCHBH」である。「エゼキエル書」や「ヨハネの黙示録」によれば、ケルビムには①人間、②獅子、③鷲、④牛の顔がある。これらは生物界のヒエラルキーを意味し、これがアセンションすると、①天使、②人間、③獅子、④鷲になる。

メルカバーは神の玉座である。創造神ヤハウェが顕現する玉座である。契約の聖櫃アークも、その意味ではメルカバーである。贖いの座にあるふたりのケルビムは人間の姿で、背中に翼がある。天使であると同時に、これで人間と鷲を表現。下の箱の部分には、獅子と牡牛の顔が描かれている。

道教では、この宇宙を支配する天帝は北極星である。北極星を中心に、天空の星々は回転している。四神もまた、夜空に輝く星座で北極星の周りに玄武と青龍、朱雀、白虎が配置される。

西洋占星術では地球を中心にして、黄道十二宮が配置されている。このうち、①水瓶座、②獅子座、③蠍座、④牡牛座がメルカバーの4つの生物に対応する。水瓶座は甕をもった人間であり、かつて蠍座は鷲座と呼ばれていたのだ。

古代ローマ帝国で広まったミトラス教は黄道十二宮の中心にミトラス、つまりミトラを描いた。カッバーラでは、ミトラはイエス・キリストだ。事実、イエス・キリストを中心に描いた黄道十二宮もある。受肉する以前、イエスは創造神ヤハウェである。黄道十二宮の中心に創造神ヤハウェが顕現したとき、①水瓶座、②獅子座、③蠍座、④牡牛座がメルカバーを形成することになる。

メルカバーにおける4つの生物を合体させると、スフィンクスになる。古代エジプトやギリシア神話のスフィンクスは人間の顔をもち、獅子の体、鷲の翼を生やし、牛の下半身をしている。スフィンクスは創造神ヤハウェの玉座なのだ。ス

⬆スフィンクスは創造神ヤハウェの玉座だ。

⬆妖怪とされたスフィンクス「鵺《ぬえ》」。

フィンクスのイメージが東洋に伝わって、これが麒麟となった。ゆえに、麒麟は天帝の玉座であり、天子が仁政を行うと、この世に現れると考えられた。

スフィンクスのように、四神の要素を合体させると、これが「河童」になる。河童は玄武である亀の甲羅をもち、体は青龍、朱雀のクチバシがある。河童の別名は水虎といい、これが白虎だ。河童の頭にある皿は王冠を意味する。たえず頭の皿には水があるのは、キリスト教でいう「洗礼：バプテスマ」を意味し、同時にメシアの頭に聖なる油を注ぐことを象徴しているのである。妖怪のイメージが強いが、河童は天皇の玉座でもある。

もうひとつ、妖怪とされたスフィンクスがいる。「鵺《ぬえ》」だ。鵺は猿の頭に、狸の胴体、虎の手足、そして蛇の尾をもつ。『平家物語』によれば、平安時代、天皇が住まう内裏の清涼殿に鵺が現れ、これを源頼政が家来の猪早太《いのはやた》とともに退治した。

注目してほしいのが、鵺の体と家来の名前だ。鵺の体を構成する動物のうち、猿と虎、蛇、そして猪は、干支における申と寅、巳、亥に相当する。体が狸とあるのは猪の誤記である。本来は猪だった。おそらく誤記に気づいた人が猪を補完するために、猪早太という名前の人間を鵺退治の物語に登場させたのだろう。

妖怪とされてはいるが、鵺はスフィンクスであり、神の玉座メルカバーである。メルカバーであるがゆえ、鵺は平安京の内裏に現れたのだ。

平安京と十字架

平安京は条坊制を採用している。条坊制とは方眼に区画された町設計のこと。古代中国を発祥とする都市計画である。唐の長安が有名だが、日本では藤原京や平城京、長岡京、そして平安京へと引き継がれた。

碁盤の目のように南北の大路「坊」と東西の大路「条」が直行し、2次元の座標を構築している。囲碁が占いであるように、条坊制もまた、ひとつの呪術である。儒教思想に基づく中国では中央に王宮、東に祖霊、西に土地神、南に朝廷、北に市場を置く。

陰陽道からすれば、格子模様は魔除けである。牢獄や籠、網のように、魔物を封じる形である。格子は方眼のほか、斜めに編み上げた籠目や三角形もある。

五芒星のセーマン、九字切りのドーマンも、格子である。どちらも魔除けとして護符などに描かれるのは、そのためだ。迦波羅における六芒星の裏セーマン、十字の裏ドーマンも、しかり。表裏一体の呪術である。

また、封じた場所はゲートと見なすこともできる。西洋魔術における五芒星はソロモンの星、六芒星はダビデの星が魔除けの呪符として使用される一方で、ときには天使や悪魔などを召喚する際、地面に描かれる。ペンタグラムやヘキサグラムは、異次元の扉であり、亜空間へのポータルでもある。両者は裏と表の関係にあり、これを迦波羅では「五六合わせ：語呂合わせ」と呼ぶ。

平安京の設計にあたっては、この陰陽道と迦波羅が使われている。平安京全体は長方形をしている。内部は条と坊によって区切られているが、これは九字切りの格子である。巨大な九字切りで魔を封じている。

さらに、天皇が住む大内裏には14の門がある。南北に、それぞれ3つ。東西には、それぞれ4つ。これらを直線で結ぶと、12個の交点ができる。これは九字切りによってできるマス目の数と等しい。そこで、南北に走る櫛司小路と坊城小路、西坊城小路、西櫛司小路の4本、東西に走る正親町小路と鷹司小路、勘解由小路、春日小路、冷泉小路の5本をもって九字切りすることができる。ドーマン呪術だ。

これに対して、裏ドーマン呪術の起点となるのは船岡山である。平安京を設計する際、船岡山から真南に位置する甘南備山を結ぶ直線が引かれた。これが朱雀大路になる。次に、東の大文字山から西の西山を結ぶ東西の基準線が引かれた。こうして縦軸と横軸の座標軸が決定。そこに十字が形成される。「平安京十字架」である。

十字架にイエス・キリストは掛けられた。平安京十字架にも、イエス・キリストに相当するヒトガタが隠されている。「生命の樹」でいうアダム・カドモンだ。陰陽道では「案山子」として象徴される。一本足の案山子の発祥地は、何を隠そう京都の甘南備である。今でも、甘南備山周辺には多数の案山子がある。

人体は条坊の区画にも隠されている。大内裏に接して南北に走る大宮大路と西大宮大路、東西に走る一条大路と二条大路で区切られた部分は、ちょうどT字の形をしている。一条大路と二条大路に挟まれた区画は、建設当時、東西にはみ出していた。平安京は長方形ではなく、奴凧のような形をしたのだ。まさに、これがヒトガタである。

平安京をヒトガタと見なした場合、船岡山は頭部に相当する。十字架でいえば罪名板に当たる。罪名板には創造神ヤハウェの名前が記されていた。ヘブライ語で「YHWH：YHSHWH」で、ラテン語では「INRI：INARI」だ。後者は日本では稲荷となったが、船岡山には「命婦稲荷神社」がある。

天皇が住まう大内裏はヒトガタでは胸の部分に当たる。天皇は秦氏である。ユダヤ人原始キリスト教徒にして大預言者モーセの子孫、大祭司コーヘン・ハ・ガドールである。大祭司は儀式を行う際、特殊な礼服「エフォド：ＡＰＷＤ」を着た。エフォドには「ホシェン：ＨＳＨＮ」と呼ばれる胸当てがあった。ホシェンには４行３列のマス目があり、そこにイスラエル12支族を象徴する宝石が配された。ちなみに、これが後に１年12か月の誕生石になる。

先述したように、大内裏には９本の小路をもって九字切りしたときにできる12個のマス目がある。そう、ホシェンである。天皇のお住まいは大内裏の中でも中央から北東寄りの「内裏」にある。大内裏をホシェンと見なすと、内裏のある位置は、どこか。

イスラエル12支族の数え方には、いくつか種類がある。レビ族を除外し、ヨセフ族をエフライム族とマナセ族に分けるのが一般的だが、除外しないこともある。レビ族を含めたイスラエル12支族の宝石がホシェンにあったとすれば、内裏はレビ族の宝石が入る場所だったはずだ。なぜなら、天皇はレビ族の大祭司なのだから。では、実際は、どうか。答えは、いうまでもない。

織田信長の首と船岡山

平安京はエルサレムである。表のエルサレムと裏のエルサレム。今日は極東エルサレムであり、隠されてきた。聖地エルサレムの中心地にあったソロモン神殿はメシアの宮殿。油を注がれたイスラエルの王が住み、儀式を行った場所である。平安京も、同様だ。天皇の住まいであると同時に、神殿なのだ。京都全体が呪術的都市空間であるといっても過言ではない。

日本におけるレビ人、すなわち忌部氏は知っていた。忌部氏は物部氏及び海部氏の配下にいた祭祀一族である。主にアロン系大祭司が仕切ってきた。これに対して、継体天皇以降、モーセ系大祭祀を担ぎ上げてきたのが中臣氏であり、天皇の外戚である藤原氏である。藤原氏はもちろん、漢波羅秘密組織八咫烏の存在を知り尽くしている。

八咫烏は組織のテーゼとして表の政治には直接的な関与はしないものの、個人の行動までは制御できない。ときに組織から抜け出し、独自の使命感で勝手な行動をする烏も出てくる。中国はもちろん、西欧からやってきた人間が日本で何かを仕掛けようとすれば、当然、義憤にかられて動き出す。ある意味、日本の戦国時代、裏で暗躍していたのは八咫烏だったといっても過言ではない。

因縁という意味では、もっとも大きな存在だったのは織田信長である。信長は平氏であると称しているが、真っ赤な嘘である。信長のルーツは福井県であり、もとは「織田劔神社」の神職だった。神道の祭祀一族である忌部氏である。織田信長は、まぎれもなく忌部氏であり、祭司レビ人だった。

実家ともいうべき織田劔神社の「劔」は暗号である。北陸には「劔岳」がある。明治時代、日本における最後の一等三角点を置くべく、前人未到の劔岳の登頂に挑戦し、見事、山頂に到達した陸地測量官の柴崎芳太郎は、そこで恐るべきものを目にした。だれも登ったことがないはずの山頂に一本の剣と錫杖があったのだ。驚くべきことに、その剣は表面こそわずかに錆びていたが、まったく腐食していなかった。文字通りのオーパーツ。だれが置いたのか、今もわかっていない。

劔＝ツルギという意味で、福井には「鶴来」という地名がある。鶴来には「金劔宮《きんけんぐう》」があり、ここは白山七社のひとつ。「白山比咩《しらやまひめ》神社」の御神体である白山を開いた僧侶「泰澄《たいちょう》」は秦氏である。鶴来という地名は金劔宮に由来するというが、ツルギ＝剣は三種神器のひとつ草薙剣であり、元は四国の剣山である。剣山がある阿波は、まぎれもなく忌部氏の拠点である。剣山系の木屋平で創られる麁服を担う三木氏は阿波忌部氏である。

日ユ同祖論のひとつに「剣山ソロモン秘宝伝説」がある。聖書研究科の高根正教が提唱し、息子である高根三教が継承した剣山に契約の聖櫃アークが眠っているという説である。高根氏は「ヨハネの黙示録」に記されたメルカバーが四国であると考え、剣山の「剣」を言霊《ことだま》で「鶴亀」と読み、童歌「カゴメ唄」の暗号を説いた結果、契約の聖櫃アークは剣山の山頂にある鶴岩と亀岩の下に隠されていると主張。１９３６年、実際に掘り進めた結果、人工的なアーチがある洞窟に到達、鏡岩を発見した。

1950年、同じ場所を元海軍大将の山本英輔が発掘し、洞窟から100体のミイラを発見し、それが地元の「徳島日報」に掲載された。もっとも、高根三教氏によれば、実際にミイラを発見したのは、父の高根正教だったという。いずれにせよ、世紀の大発見だったが、国際問題になることを危惧した当局によって発掘は禁止され、洞窟の入り口も埋め戻されてしまい、ミイラの存在は闇へと葬られてしまう。

現在は、肝心の契約の聖櫃アークは未発見のままである。それもそのはず、本物の契約の聖櫃アークは伊勢神宮の地下殿に安置されている。確かに、剣山に契約の聖櫃アークが持ち込まれたことはある。八咫烏の証言によれば、九州の宇佐神宮へ契約の聖櫃アークを運ぶ際、四国で反乱が起きた。これに対処するために、契約の聖櫃アークが持ち込まれ、アロンの杖をもって反乱を鎮めたという。

忌部氏である織田信長も契約の聖櫃アークと無関係ではない。戦国時代、蓋と箱が本物である真アークは伊勢神宮の地下殿で祀られる一方、蓋と箱が形代である権アークは室町幕府、すなわち足利氏の手にあった。権アークがあったからこそ、足利尊氏は室町幕府を開くことができたのだ。

足利氏の本願は下野である。江戸時代、下野にある日光の輪王寺に晩年の天海がやってきて、貫主になったのは偶然ではない。室町幕府が管理していた権アークを祀っていたのは、何を隠そう、天海だった。天海は八咫烏の一羽である。組織を抜け出し、政治に関与するようになった「はぐれ烏」だった。

しかも、天海には、もうひとつの顔があった。天海は非常に長寿だったがゆえ、その出生に関しては、様々な疑惑がある。会津の蘆名《あしな》氏であるとされる一方、足利義澄の御落胤だという説もある。が、その前半生は明智光秀である。織田信長の配下にありながら、突如、反旗を翻した明智光秀こそ、はぐれ烏だった天海なのだ。

1582年6月、本能寺の変が起こった。丹後にいた明智光秀が「敵は本能寺にあり」と叫び、軍勢を京都へと向かわせ、本能寺を包囲。いっせいに攻撃を開始したとされている。隙をつかれた織田信長は敵の矢が当たり、薙刀を手に応戦するも、肩を鉄砲で撃たれてしまう。もはや、これまでと観念した信長は奥の部屋に入って切腹。介錯は側近だった森蘭丸が行ったとされる。

戦いは明智光秀の勝利となり、彼は織田政権を滅ぼして天下を手に入れた。が、それも長くは続かなかった。すぐに羽柴秀吉の反撃によって敗走。最後は農民に槍で突かれて死亡したという。明智政権は11日ほどで崩壊し、これをもって後の人々は「三日天下」と称したとか。

もっとも、明智光秀の首は確認されていない。はたして、本当に死んだのか。確たる証拠がないため、その後、明智光秀は落ち延びて、天海になったという噂が立つ。天海が貫主を務めた日光輪王寺の近くには明智平なる地名があるのは、その証拠のひとつだともいわれる。真相は不明とされるが、噂は本当だった。八咫烏が証言している。

明智光秀、すなわち天海の目的は何だったのか。もちろん、天下を取ることではない。天海は、あくまでも室町幕府の呪術師だった。権アークによって戦国の世を終わらせる必要があった。室町幕府はもちろん、その後楯である正親町《おうぎまち》天皇にとって織田信長は敵である。敵ゆえ、織田信長の首が必要だった。何より呪術に使うために。ここに恐ろしい歴史の真相がある。

自害した織田信長は森蘭丸によって介錯され、その首は密かに本能寺の外へと持ち出された。本能寺は包囲されていたが、脱出に成功した人間がいる。黒人の弥助である。弥助は信長の首をもって本能寺を抜け出し、これが最終的に羽柴秀吉のもとへと送られる。このとき、秀吉は事件の真相を知った。おそらく光秀の計画は事前に知らされていたことだろう。いずれにせよ、秀吉は主君であった信長の首を正親町天皇のもとへと運んだ。

ここで正親町天皇は秀吉に囁く。天下人にしてやる代わりに、すべてのことは秘密にしろ。光秀は死んだことにし、信長の首を京都の船岡山に埋葬しろ。そうすれば、望みどおりにしてやると語ったのである。仕組んだのは、もちろん光秀、すなわち天海だ。

秀吉が策略に乗ったことは、彼が天下統一を成し遂げた歴史が証明している。信長の首は密

⬆織田信長の首が埋葬されているという、船岡妙見社。

かに船岡山の某所に埋葬され、そこに小さな社を建てられた。秀吉は船岡山を聖別し、信長を祀る霊廟とした。明治期になり、船岡山には改めて織田信長を祀る「建勲《たけいさお》神社」が建立されて、今日に至っている。

なぜ、織田信長の首は船岡山に埋葬されたのか。理由は平安京呪術にある。ヒトガタである平安京にとって、船岡山は首である。ここに敵である信長の首を埋葬することで、内裏に住まう天皇の護りにしたのだ。同じ手法は後に、天海が江戸幕府を開くときに使っている。平将門の首塚である。平将門の首をもって江戸城を霊的に守護したのだ。

だが、ここにひとつ、疑問が残る。なぜ、戦国時代になって、改めて平安京呪術を行わなければならなかったのか。天皇を守護するためなら、平安時代に完成していたはずである。信長の首をもって守護とした背景には、いったい何があるのか。

そもそも、なぜ正親町天皇は信長を敵としたのか。確かに、当時、信長は天皇をないがしろにしていた形跡はある。安土城の天主からは、すべてを見渡せる。天皇を呼び寄せて、眼下にある屋敷に宿泊させる計画もあった。天下を取った暁には、正親町天皇を暗殺するつもりだったのではないかという説もある。少なくとも、信長は自分が正親町天皇の臣下であるという意識はなかったに違いない。

ただし、だからといって、天皇家をないがしろにしていたわけではない。信長は忌部氏である。第六天魔王と称して、比叡山をはじめとする寺院を焼き討ちしたが、神道には理解があった。自ら神秘体験をした岐阜の手力雄神社には本物の神がおられるとして、必勝祈願をし、土地を寄進している。神道の元締めは天皇である以上、信長が敬意を払わなかったはずはない。

問題は正親町天皇である。信長が認めていなかったのは正親町天皇である。もっというならば、室町幕府が成立して以降の天皇、すなわち北朝系天皇である。北朝系には正当性がない。そう信長は信じていたのだ。逆にいえば、南朝系こそ、正当な天皇家であるという信念があったのだ。いずれ、南朝系を復活させる。これが信長の真意だった。

正親町天皇は、これに気づいた。このままでは北朝系が滅ぼされる。なんとか信長の野望を食い止めなければならない。そのために呪術を仕掛ける必要がある。白羽の矢が立ったのが、はぐれ烏だった天海、すなわち明智光秀だったのである。光秀は信長の臣下となり、かねてからの計画を実行に移した。これが本能寺の変である。かくして手に入れた信長の首は秀吉の手によって船岡山に埋葬され、平安京呪術として完成させた。敵の怨霊も手厚く祀れば最強の守護霊となるというわけだ。

つまり、本能寺の変の背景には、南北朝問題があった。北朝系と南朝系、どちらが正当なのか。この問題は、やがて幕末から明治時代にかけて蒸し返される。天界の平安京呪術によって安泰となった北朝系であるが、これで南朝系が消えたわけではない。後南朝の血統は密かに伏流水となり、やがて歴史の面に噴出するのだ。それだけ南北朝は根が深い。これもまた、日本が二本であるからにほかならない。すべてはカッバーラであり、言霊の呪術である。南北朝に分かれたのも、実は、怨霊が深く関わっているのだ。日本最大の魔王、崇徳天皇の呪いだ‼

第7章

大魔王「崇徳天皇」の呪詛と南北朝、そして明治天皇

大魔王崇徳天皇

鞍馬天狗は裏天皇である。天狗は八咫烏《やたがらす》のこと。漢波羅《かんばら》秘密組織の称号だ。天狗は妖怪や精霊のような存在のほか、実在する人間でもある。山伏のような修験者などの呪術師もまた、天狗と呼ばれる。また、時には怨霊となった天皇も、天狗と称す。鞍馬天狗が魔王尊と呼ばれるように、しばしば怨霊としての天狗は魔王として恐れられる。なかでも、日本史上最強の大魔王が「崇徳《すとく》天皇」である。平将門と菅原道真とともに「日本三大怨霊」のひとりである。

崇徳天皇は格が違う。平将門は新皇を目指して討たれた。敵は朝廷であり、俵藤太《たわらのとうた》や平貞盛である。もちろん、無礼なことがあれば祟られるが、きわめて限定的である。菅原道真にしても、祟りの対象となったのは政敵である。自分を陥れた藤原時平をはじめとする藤原氏である。

これに対して、崇徳天皇は天皇家そのものを呪詛した。天皇を民にし、民を天皇にする。そのために自ら大魔王となって呪いつづけると宣言している。天皇家にとって、崇徳天皇の怨霊は恐怖の対象だった。

何せ、仮にも天皇だった人間である。祭司レビ族であり、大祭司コーヘン・ハ・ガドールの資格をもった預言者だ。天照大神＝イエス・キリストを祀る大祭司が大魔王になるとは、堕天使ルシファーに魂を売ったことを意味する。悪魔との契約を結び、黒魔術である左道をもって呪詛を行った。自らの命と引き換えに、天皇家の廃絶を魔物たちに嘆願したのである。もはや、崇徳天皇は偽預言者、反キリストになったのだ。闇の力の源泉は地獄の大魔王サタンである。

崇徳天皇が魔物と化したことで、陰陽師たちは怨霊封じを行った。何より名前だ。諡号《しごう》を讃岐院から崇徳院に変えている。「崇徳」という名前には「崇」という文字が入っている。崇の字を諡号にもつ天皇は４人。崇神《すじん》天皇と崇峻《すしゅん》天皇、崇道《すどう》天皇、そして崇徳天皇である。崇という字を崩せば、同様にくずして書いた「祟」と見分けがつかない。これは呪術である。「祟神」を「崇神」とすることで祀っているのだ。

⬆崇神、大魔王と化した崇徳天皇。

第10代・崇神天皇は初代・神武天皇と第15代・応神《おうじん》天皇と同一人物である。３人に共通する「神」という字は、預言者であることを示している。この場合、絶対三神を表現しているとともに、創造神ヤハウェ＝イエス・キリストの性格を反映させている。神武は戦う神、崇神は崇拝される神であると同時に崇る神、そして応神は人間としての神である。

これに対して、残る3人は不幸な死に方をしているがゆえ、怨霊を鎮めるために、その諡号に「崇」という字が使われた。第32代・崇峻天皇は蘇我馬子《そがのうまこ》によって暗殺された。臣下に暗殺された唯一の天皇である。崇道天皇は天皇にすら即位していない早良《さわら》親王である。無実の罪を着せられて島流しにされ、その途中で憤死した。怨霊となって陥れた政敵に祟りをなしたことで、京都の「御霊《ごりょう》神社」で祀られるようになった。

怨霊を祀るときには祟神とは表現しない。「御霊」と表記する。御霊とは怨霊と同義であるといっても過言ではない。言霊的に読み替え、いい換えをしているのだ。音韻から御霊を「五霊」や「五郎」と表記することもある。五霊神社や五郎神社には、ほぼ例外なく怨霊が祀られている。薩摩の奇祭「弥五郎どん」も、五郎とあるように御霊であり、怨霊である。征伐した薩摩隼人の怨霊を鎮めるための祭礼だ。

さて、そうした中で最強の御霊である崇徳天皇だが、なぜかくも恐ろしい存在となったのか。怨霊信仰の基本は無実の罪である。政略によって無実の罪を着せられて失脚した人間で、不幸な死に方をした者が怨霊になる。怒り心頭して憤死したとか。抗議のために自殺したり、餓死したり。恨みつらみで、なるべくして怨霊になったのが崇徳天皇なのだ。

時代は平安時代末期。崇徳天皇は１１２３年、父である第74代・鳥羽天皇の譲位によって、わずか3歳で即位する。一説に、本当の父親は第72代・白河天皇といい、これが寵愛を失う遠因になったとも。鳥羽上皇は崇徳天皇の譲位を迫り、代わりに弟を近衛《このえ》天皇として即位させる。ところが、若くして近衛天皇が崩御すると、１１５５年、その父である雅仁親王が第77代・後白河天皇として即位する。このころから死因は崇徳上皇が呪ったからではないかという噂が立つ。これもあって鳥羽上皇は崇徳上皇を嫌い、顔を合わせることなく崩御。これに崇徳上皇は憤慨し、葬儀の場から帰宅してしまうのだが、間もなく異変が起こる。崇徳上皇が挙兵したという噂が流れたのだ。保元の乱である。

後白河天皇は綸旨を出し、東三条殿に乱入する。やむなく、崇徳上皇は鳥羽田中殿を脱出するも、時すでに遅し。戦いは数時間で決着がついた。崇徳上皇は剃髪して、仏門に下ることで弟の覚性法親王に仲裁を申し出たが、これを断られてしまう。かくして、崇徳上皇は捕らえられ、最終的に讃岐へと島流しとなってしまう。

讃岐では和歌と写経に没頭した。『保元物語』によると、崇徳上皇は『五部大乗経』（『法華経《ほけきょう》』『華厳経《けごんきょう》』『涅槃経《ねはんきょう》』『大集経《だいじっきょう》』『大品般若経《だいぼんはんにゃきょう》』）を自らの血をもって書いた。完成した経典を朝廷に差し出したところ、後白河天皇は呪詛を疑って、これを送り返してきた。

さすがに、崇徳上皇も、これには憤慨。怒髪天を突く勢いで、なんと舌を噛み切り、滴り落ちた血で呪いの言葉を写本に書きなぐった。曰く、自ら日本の大魔王となり、天皇を臣下にし、臣下が天皇になるよう呪う、と。鬼気迫るものがあり、1164年に崩御するまで、髪や髭、爪を伸ばしつづけ、その姿は夜叉のごとくして、ついには大天狗になった（以下、崇徳天皇）。

しばらくは平穏な日々が続いたものの、1176年、建春門院や高松院、六条院、そして九条院と、後白河法皇に近い人が相次いで亡くなり、その翌年、延暦寺の強訴や安元の大火、そして鹿ケ谷の陰謀事件が次々と起こり、一気に社会が動乱の渦に飲み込まれた。朝廷はもとより、人々は崇徳天皇の祟りに違いないという噂でもちきりとなった。

これには後白河法皇も恐れをなし、それまでの讃岐院から崇徳院へと院号を改め、古戦地に廟を建てた。崇徳天皇が眠る白峯陵には法華堂が建立され、手厚い供養が行われた。時が流れて、崩御700年の節目には明治天皇が勅使を遣わして、崇徳天皇を祀る白峯神宮を建立し、その御霊を京都へと迎え入れた。800年の式典では、昭和天皇が勅使を遣わして祭を執り行った。現在でも、崇徳天皇の御霊は生きている。

学術的に呪いや祟りが存在しうるのかといった議論とは別に、実際の歴史は、崇徳天皇が呪ったとおりになった。保元の乱から間もなく、後白河天皇と二条天皇が争い、1159年に平治の乱が勃発。これによって、天皇は直接政治に携わることができなくなり、代わりに武士が実権を握る。平氏が台頭し、やがて源平合戦へと発展。最終的に、壇ノ浦の戦いにおいて、安徳天皇が三種神器を抱いて入水する事態になる。こうして、武士が政治を握る幕府が誕生する。

以後、日本の政治は平氏から源氏、北条氏、足利氏、織田氏、豊臣氏、徳川氏へと武士の手によって行われる。崇徳天皇の呪ったごとく、天皇の臣下である武士が日本を動かしていくのだ。まさに、武家の誕生と天皇家の権威の失墜。この状態がなんと幕末まで続くのである。

しかも、崇徳天皇の呪いは、天皇が臣下になることだけではない。皇統断絶も辞さない呪いなのだ。恐るべきことに、これが鎌倉時代の終わりに形となって現れる。天皇家がふたつに分裂してしまうのだ。そう南北朝時代の始まりである。

南北朝と後醍醐天皇

日本には失われたイスラエル10支族のほか、ミツライム系ユダヤ人とユダヤ人原始キリスト教徒がいるゆえか、古代イスラエル王国が北朝イスラエル王国と南朝ユダ王国に分裂したように、日本の皇統もまた南北朝に分かれる事態となる。

時に鎌倉時代の１２４６年のこと。第88代・後嵯峨天皇が譲位し、その子供・後深草天皇が幼くして即位。院政を敷いた後嵯峨天皇は、もうひとりの息子・亀山天皇を寵愛し、後深草天皇が17歳のとき譲位を迫る。亀山天皇は第90代天皇として即位するが、ここに確執が生じる。

南北朝の遠因である。後深草天皇の皇統を「北朝：持明院統」、亀山天皇の皇統を「南朝：

大覚寺統」といい、後々、両者の対立が激化する。どちらが政務の実権を握るのか。いわゆる次なる治天の君を本来ならば先代の後嵯峨上皇が決定すべきところなのだが、それをせずして崩御した。当然ながら、両者とも、治天の君になる権利があると主張し、一歩も譲らない。やむなく判断をゆだねられた鎌倉幕府は事態を考慮して、亀山天皇を支持。これを受けて、亀山天皇は譲位して、息子が第91代・後宇多天皇として即位する。

しかし、納得がいかない後深草上皇は執権北条時宗に近づいて策略をめぐらし、息子を立太子することに成功。1287年、後宇多天皇が退位し、第92代・伏見天皇が即位することで、後深草天皇が院政を開始した。持明院統が反撃に出た形である。

だが、伏見天皇が息子に譲位して、第93代・後伏見天皇が即位すると、その次の皇太子をめぐって、今度は大覚寺統が再反撃に出る。混乱が続いたため、鎌倉幕府が介入。治天の君と天皇を交代で即位する「両統迭立《りょうとうていりつ》」が定められ、大覚寺統である後宇多天皇の息子が第94代・後二条天皇に即位した。その後二条天皇が病気で亡くなると、約束通り、持明院統である伏見天皇の息子が第95代・花園天皇として即位。花園天皇が譲位すると、大覚寺統の第96代・後醍醐天皇が即位した。

さて、問題は、ここからだ。異形の王権としても知られる後醍醐天皇は並みの人物ではなかった。両統迭立を反故にするために、倒幕に打って出る。最初は計画が露呈し、一時は身柄を

⬆大覚寺統の第96代・後醍醐天皇。

拘束されるも、これをうまく切り抜けると、１３３１年、錦の御旗である三種神器をもって挙兵。元弘の乱を起こす。が、力に勝る幕府軍に敗れ、再び捕虜となる。

さすがに、このままではまずいと悟った鎌倉幕府は後醍醐天皇を退位させ、代わりに敵対する持明院統から光厳天皇を即位させる。

本来なら第97代天皇なのだが、事情により今日の学説では北朝初代天皇として扱われる。「北朝」の始まりである。

退位させられた後醍醐天皇だが、幕府は扱いに困る。すんなりと剃髪して隠居する性格ではないからだ。そこで、承久の乱を起こした第82代・後鳥羽上皇の例にならい、１３３２年、後醍醐天皇を隠岐へ島流しにした。

後鳥羽上皇は隠岐で和歌を詠み、安らかに崩御した。後醍醐天皇も、さすがに野望を捨て、余生を過ごすだろう。そう期待したのだが、やはり、後醍醐天皇は違う。

⬆吉野神宮。建武の親政を行った後醍醐天皇を祀る。

島流しの流刑から1年後、なんと島を抜け出して、再び挙兵。これに楠木正成や足利尊氏、新田義貞らが呼応し、ついには鎌倉幕府を倒してしまったのである。

3度目にして勝利した後醍醐天皇は天皇が自ら政治を行う「建武の親政」を開始する。鎌倉幕府によって擁立された持明院統の光厳天皇の即位を否定し、両統迭立も廃止。以後は、大覚寺統が皇統を継承することと定めた。何より天皇の正当性は三種神器にあるとした。三種神器なくして即位した北朝の天皇には正当性がないというのだ。

恐るべき執念である。後醍醐天皇は様々な呪術を行った。よく知られる「絹本《けんぽん》著色《ちゃくしょく》後醍醐天《ごだいごてん》皇《のう》御像《みぞう》」は明らかに弘法大師空海の図像を意識している。右手には三鈷杵、左手には金剛鈴をもち、頭には太陽を掲げる。

禅宗を重んじた一方で、密教呪術を行い、政敵に呪いをかけていた。これが功を奏したか、後醍醐天皇による建武の親政は、崇徳天皇の呪いを跳ね返したかに見える。

しかし、これも長くは続かなかった。やはり崇徳天皇の呪いは強かった。幕府なき武家を直接の支配下に置くことはもはや不可能だった。足利尊氏が功をあげた配下の武士に恩寵を与えると、後醍醐天皇が激怒。確執が広がり、これが戦にまで発展。当初、忠臣である楠木正成と北畠顕家、新田義貞が足利尊氏の軍を破るものの、九州勢の反撃にあって敗れてしまう。建武の親政の崩壊である。

比叡山に立て籠った後醍醐天皇だったが、最後は和睦に応じ、三種神器を足利尊氏に渡す。これをもって、光厳天皇が譲位し、代わって持明院統の光明天皇が即位。足利尊氏は建武式目を制定して、室町幕府を開くことになる。

だが、これで終わる後醍醐天皇ではない。密かに幽閉されていた花山院を脱出。吉野に逃れて、新たな朝廷、すなわち「南朝」を開く。曰く、足利氏に渡した三種神器は偽物で、自らは退位などしていない。本物の三種神器は後醍醐天皇が保持し、天皇の正統性は南朝にあると宣言したのだ。南朝初代天皇の誕生だ。

かくして、ここにふたつの天皇家が並立する南北朝時代が幕を開ける。

後醍醐天皇と聖徳太子の『未来記』

建武の親政が開始された翌年である。後醍醐天皇は大阪の四天王寺に参詣し、寺宝である『四天王寺縁起』を拝見している。伝承によれば、『四天王寺縁起』は聖徳太子の直筆とされ、紙面には朱で本人の手印が押されている。これを読んだ後醍醐天皇はいたく感動し、自ら写本し、聖徳太子にならって朱で手印を押している。現在では国宝になっている『後醍醐天皇宸翰本縁起』である。

なぜ、後醍醐天皇は四天王寺を訪れたのか。そこには大きな理由がある。『太平記』によれば、建武の親政が行われる前年、まだ幕府と戦っていたときのこと、忠臣である楠木正成が四天王寺を参拝して戦の必勝を祈願。武具を奉納したうえで、寺の責任者である僧侶に対して、古から伝わりし聖徳太子の『未来記』を見せてほしいと願い出た。僧侶は門外不出の寺宝ではあるが、事情を鑑み、特別に拝観を許可したという。

喜んだ楠木正成は差し出された巻物を開き、予言書を読んでいると、ふと気になる一文に目が留まった。そこには、こうある。

「人王95代に当たって、天下ひとたび乱れて、主安からず。このとき、東魚が来たりて四海を

⬆楠木正成は『未来記』を読み、戦いの勝利を確信した。

呑む。日が西天に没すること370日余り、西鳥が来たりて東魚を食らう。その後、海内が一に帰すること3年、獼猴《みこう》のごとき者が天下を掠むること24年、大凶変じて一元に帰す」

ここにある「人王」とは天皇のこと。第95代天皇といえば、当時、後醍醐天皇のことである。明治時代になって、天智天皇の息子である大友皇子が天皇として即位したことが認められて、現在では第96代天皇とされるが、かつては1代ずれていたのだ。これを見て楠木正成は、はっとしたはずだ。何しろ、今、自分が生きている時代のことが予言されているのである。

そう考えて、状況を予言の文言に当てはめていくと、「東魚」とは東国の海辺にある鎌倉幕府で、「四海」は四方を海に囲まれた日本のこと。東魚が四海を呑むとは、鎌倉幕府が日本を支配すると読める。続く「日」

は太陽神である天照大神の子孫たる天皇、すなわち後醍醐天皇で、「西天に没する」とは西方の隠岐に島流しにされたことを指している。事実、隠岐にいた期間は、ほぼ1年。３７０日あまりだ。

　東魚を食らう「西鳥」は、まさに不死鳥のごとく西の隠岐から舞い戻った後醍醐天皇本人であり、鎌倉幕府を倒す。ここまで解釈して、楠木正成は確信する。この戦は勝つ。後醍醐天皇の軍勢が鎌倉幕府の軍勢を打ち破り、新たな時代が始まるのだ。歓喜に打ち震える楠木正成は四天王寺に黄金の太刀を奉納し、再び戦場へと向かった。しかして、歴史は聖徳太子の予言の通り、後醍醐天皇が天下を手にした。

　ちなみに、続く予言について『太平記』は語っていない。後醍醐天皇が勝つとわかっただけで、楠木正成は満足したのか。それとも、あえて語らなかったのか。現代人が解釈すれば、「海内」とは日本の内政、つまりは建武の親政だろうか。確かに3年続いた後に崩壊し、代わって天下を取った「獼猴のごとき者」とは室町幕府を開いた足利尊氏と見て間違いない。治世が24年続いて、南北朝の動乱が治まったことを予言しているのだ。

　きわめて興味深い一節であるが、はたして史実であるかどうかは不明だ。『太平記』はフィクションであるという学者も多いが、この後、後醍醐天皇自身が四天王寺に参詣し、聖徳太子ゆかりの古文書を見ていることは事実。なぜ四天王寺なのか。その理由は楠木正成が見たという『未来記』にあるのではないか。記録にはないが、このとき後醍醐天皇もまた、『未来記』を読んだ可能性もある。

もっとも、学術的に『未来記』の存在は確認されていない。古くから逸話には登場するものの、すべては講談の類いで、史実ではない。いくつか『未来記』や『未然本紀』と称す古文書はあるが、すべて後世の偽書だというが学会の評価である。ために『未来記』は存在しない。ひかえめにいって、まだ本物は見つかっていないというのが定説である。

しかし、学会の定説が真実とは限らない。表に出ていない史料は山ほどある。歴史ある四天王寺には学術調査されたことがない古文書があるのも事実。中には確かに聖徳太子の『未来記』があり、楠木正成が目にした文言が記されている。それを実際に四天王寺の責任ある立場の方はご存じだという極秘情報もある。いずれ近いうちに、本物の『未来記』が世に出ることだろう。

聖徳太子が予言者であったことは『日本書紀』に記されている。「兼知未然：兼ねて未然を知ろしめす」というのだ。実際、聖徳太子の未来予言は少なくない。有名ものでは平安京の予言がある。『日要集覧』によると、船岡山に登った聖徳太子は、こう語ったという。

「余の死後、200年のうちに、ひとりの聖皇が、ここに都を作るだろう。そこは、かつてないほど壮麗な都となり、たとえ戦乱が10回あったとしても、それを乗り越えて、1000年も

⬆優れた予言者だった聖徳太子。

の間、栄える。1000年が満ちると、黒龍が来たりて、都は東へと移されるだろう」

聖徳太子が亡くなったのは622年で、それから200年というと822年。平安京が作られたのは794年であるから、まさに予言の通り。そこから1000年あまり続いて、1853年にマシュー・ペリーが乗った黒船がやってくる。明治維新が起こり、明治天皇は京都から東京へとお住まいを移し、1869年に政府機能が京都から東京へと移される「奠都《てんと》」が行われた。予言通りである。

聖徳太子は優れた予言者だった。ただし、未来予知の能力があったわけではない。創造神ヤハウェから未来の出来事を知らされた。いわば預言者だったのだ。その証拠が聖徳太子にまつわる数々の伝説である。日本仏教の祖とされる聖徳太子だが、お釈迦様というよりは、イエス・キリストの姿が重なるのだ。

まず、その出生。聖徳太子は生前「厩戸皇子《うまやとのおうじ》」と呼ばれた。母親である間人《はしひと》皇后が馬小屋の前を通ったときに産気づき、厩戸に当たって聖徳太子を出産した。聖徳太子は馬小屋で生まれたのだ。世界広しといえども、馬小屋で生まれた聖人は、ほかにひとりしかいない。イエス・キリストである。

母である間人皇后は聖徳太子を懐妊したとき、寝室に「救世観音《くせかんのん》」が現れ、胎を借りて世を救うと語った。まさに、これはイエス・キリストの受胎告知である。母マリアの前に大天使ガブリエルが現れ、聖霊の力によって身籠ったことを告げた故事と同じ。何より、ただの観音菩薩ではなく、救世主である救世観音たる名称がイエス・キリストを示している。

聖徳太子は天皇家の人間だが、イエス・キリストもダビデ王の子孫である。聖徳太子は法隆寺を建設したことから日本における大工の祖とされるが、イエス・キリストの職業は父親ヨセフの代から大工である。

また、こんな話もある。聖徳太子が葛城の片岡山に出かけたときのこと。道端に飢えた男がいた。不憫に思った聖徳太子は食べ物を与え、自分が着ていた服をかけてやった。翌日、遣いの者に様子を見てくるよう命じたところ、すでに飢者は死んでいたので、そこに墓を建ててやった。後日、聖徳太子は夢で飢者が聖人であることを知り、再び墓へ遣いの者を見に行かせたところ、そこに遺体はなく、棺の上に着ていた聖徳太子の服が折りたたんで置いてあったという。

聖徳太子の服を着た飢者は秘教的に聖徳太子の分身だ。聖徳太子が死後、復活し、墓に着ていた服をたたんで置いていた。まぎれもなく、これはイエス・キリストの復活の場面だ。弟子が来たときイエスの墓は空であり、そこには服が折りたたんであったと『新約聖書』にある。

聖徳太子が天照大神＝イエス・キリストの預言者であったことは、古くから知られていた。後醍醐天皇も承知していたはずである。だからこそ、楠木正成が目にした『未来記』に自分のことが預言されていると知って、さぞや興奮なされたことであろう。後醍醐天皇自身、大祭司であり、天照大神から預言を受けていたのかもしれない。というのも、後醍醐天皇は「伊勢神道」を支持していたからだ。

伊勢神道は『神道五部書』を聖典とする神道論で、これが後に「復古神道」、すなわち「古神道」を生みだす。特徴的なのは外宮の主祭神である豊受大神《とようけのおおかみ》の解釈である。一般に豊受大神は食べ物の神とされるが、それは一面的で、実際は天之御中主神、もしくは国常立尊《くにとこたちのみこと》と同一神である。この世の最初に現れた「大元神」である。ゆえに、神道の最高神である天照大神が祀られる内宮と並んで、外宮で祀られているというのだ。後醍醐天皇の忠臣である北畠親房も著書『神皇正統記』で、そう主張している。

極論、伊勢神道はカッバーラである。大元神とは絶対三神唯一神会を意味する。伊勢神道では天之御中主神＝国常立尊が体現したのが豊受大神であり、同時に天照大神であると説く。これは、大元神としての豊受大神は創造神ヤハウェであり、天照大神が受肉したイエス・キリストであると語っていることに等しい。この事実を後醍醐天皇は知っていたのである。

南北朝と契約の聖櫃アーク

意外かもしれないが、日本における最高位の神社は伊勢神宮ではない。もっとも格式が高いのは京都の下上賀茂神社である。なかでも、下賀茂神社が神社の最高権威である。もちろん、神道の元締めは天皇陛下である。背後に控えるのは裏天皇であり、それを支える漢波羅秘密組織八咫烏である。

下上賀茂神社の祭礼が「葵祭《あおいまつり》」である。葵祭は天皇の祭礼である。天皇家の皇女が斎王として神社に入る。巫女として神々に使えるのだ。内裏から下上賀茂神社へと向かう斎王代の行列が今でも再現されている。祭礼の一切を仕切るのは鴨族である。

平時において、鴨族は内裏にあり天皇陛下を守護する。内裏の外陣を護るのが上賀茂神社の鴨族であり、内陣を護るのが下鴨神社の鴨族である。天皇陛下にもっとも近い鴨族は、もちろん八咫烏だ。

ひと度、有事となれば、鴨族は天皇陛下の玉體を秘密の通路を使って、聖護院に移す。そこから、あらかじめ定められた神社と寺院を渡り、京都を脱出。修験者が使う山道を通り、奈良へ。最終的に吉野に至る。途中、天皇陛下が滞在する神社と寺院は、すべて鴨族が代々護っている。

実際に、このルートを使ったのが天武天皇である。672年に起こった壬申の乱に先立って、天武天皇は出家して、吉野へと向かっている。天智天皇が崩御したとき、皇太子であった大友皇子の即位するのだが、これに異議を唱えた天武天皇は吉野を立って、東国からの援軍を得て挙兵。大友皇子が自決すると、天武天皇は飛鳥で第40代天皇として飛鳥浄御原宮において即位した。このときバックで動いていたのは八咫烏である。

後醍醐天皇が花山院を脱出できたのも、八咫烏のおかげである。天武天皇と同じルートを使って吉野へと脱出したのだ。本物の三種神器がある以上、正当性は後醍醐天皇にある。南北朝時代、八咫烏は後醍醐天皇についた。政治には直接関わらない掟がある八咫烏であるが、天皇家が分裂するとなると、傍観してはいられない。闇夜にまぎれて、後醍醐天皇の玉體を吉野へと密かに移したのである。

なぜ吉野なのか。それは一山超えると、そこは熊野であるからだ。熊野は八咫烏の本拠地である。熊野本宮大社と熊野速玉大社と熊野那智大社は、みな八咫烏が神紋である。熊野三山というように、熊野神社自体が八咫烏の三本足を構成している。熊野大社の別名は「裏伊勢」である。

紀伊半島の西に熊野、東に伊勢がある。伊勢神宮もまた、熊野三山のように、内宮と外宮と伊雑宮で、伊勢三宮を構成している。内宮にはイエス・キリストの聖十字架、外宮にはモーセの旗竿とネフシュタン、そして伊雑宮にはイエス・キリストの罪名板がある。何より、契約の聖櫃アークが安置されている。イスラエルの三種神器である「モーセの十戒石板とマナの壺とアロンの杖」の依代が日本の三種神器である「八咫鏡《やたのかがみ》と八尺瓊勾玉《やさかにのまがたま》と草薙剣《くさなぎのつるぎ》」だ。日本の三種神器を手にしている後醍醐天皇は契約の聖櫃アークを保持する資格を有している。

これに対して、北朝には三種神器がない。いくら即位したとはいっても、北朝初代・光厳天皇と北朝2代・光明天皇には正当性がない。契約の聖櫃アークを手にする資格がないのである。このことは北朝側はわかっていた。正統性を有するためには、何がなんでも本物の三種神器を手にする必要があった。

このことは足利尊氏もわかっていた。そこで、室町幕府は奇策に出る。当時、アロンの杖が納められていた権アークに目をつけたのだ。当時、権アークは熱田神宮にあった。足利尊氏は密かに権アークを熱田神宮から奪い、幕府の管理下に置いた。そのうえで北朝天皇の即位を行ったのだ。権アークは真アークの形代である。形代を抑えれば、確かに真アークを保持する資格はある。

残るは本物の三種神器である。なんとしても、南朝から三種神器を奪い取る必要がある。南北朝時代とは、まさに三種神器の奪い合いだったといっても過言ではない。

三種神器と後南朝

吉野において南朝を宣言した後醍醐天皇は、すぐさま体制を整え、全国に兵を派遣する。北陸には新田義貞が尊良親王と恒良親王を戴いて向かい、九州へは懐良親王が征西将軍として赴き、東国へは宗良親王、そして奥州へは義良親王が遠征した。

苦戦が続く中、義良親王が吉野に帰還すると、後醍醐天皇が譲位。義良親王は南朝２代・後村上天皇として即位する。翌日、病がたたって、後醍醐天皇は崩御。戦況はかんばしくなく、新田義貞や北畠顕家が戦死し、南朝は劣勢を強いられる。１３４８年には吉野も陥落し、賀名《あの》生《う》に拠点を移すことになる。

一時、室町幕府で生じた内紛がもとで全国的な戦い「観応の擾乱」が起こると、これに南北朝の対立が複雑に絡み合い、状況が一変。南朝が勢力を盛り返し、足利尊氏を追い詰める。尊氏は和睦をはかるも、勢いに乗った南朝は京都と鎌倉を同時に襲い、北朝が保持していた三種神器を奪取。光厳上皇と光明上皇、崇光上皇、そして直仁親王を拉致する。なんとか南朝を撃退した尊氏であったが、やむなく三種神器がないまま、後光厳天皇が北朝４代天皇として即位する。

尊氏が死去し、足利義詮《あしかがよしあきら》が将軍になると、南朝掃討作戦が本格化。激しい戦のなか、戦況は室町幕府が優位に推移し、ついに拉致されていた三上皇らを取り戻すことに成功。後村上天皇が崩御すると、強硬派の南朝3代・長慶天皇が即位。和睦もむなしく、対立は続いたが、南朝4代・後亀山天皇が即位すると、大きく流れは変わる。懐良親王や宗良親王、忠臣たる楠木正儀と北畠顕能《きたばたけあきよし》が相次いで亡くなり、和平に向けた動きが具体的になっていく。

1392年、将軍である足利義光が調停に乗り出し、具体的な条件を示す。ひとつ、南朝がもっている三種神器を北朝へ引き渡す。ふたつ、国衙領は南朝の大覚寺統、長講堂領は北朝の持明院統の領地とする。3つ、以後、皇位は両統迭立とする。以上、3つの条件で最終的な和睦が成立。京都へ赴いた後亀山天皇は三種神器を北朝6代・後小松天皇に譲渡し、世にいう「明徳の和約」が成立。ここに南北朝が合体した。

しかし、約束は反故されるのが歴史の常。両統迭立は守られることなく、後小松天皇の後は息子、すなわち持明院統である称光天皇が第101代天皇に即位。続いて第102代天皇に即位した後花園天皇も、持明院統だった。こうした状況に南朝の皇統と遺臣たちは猛反発。後亀山天皇の子孫である小倉宮を担ぎあげ、北畠満雅が再び挙兵する。「後南朝」の始まりである。

1443年、禁闕《きんけつ》の変が起こる。南朝後胤である通蔵主《つうぞうす》と金蔵主《こんぞうす》を担いだ武装集団が内裏に乱入。御所にあった三種神器のうち、八尺瓊勾玉と草薙剣を奪って逃走。比叡山に立てこもる。幕府はただちに比叡山を包囲し、通蔵主と金蔵主を捕らえて事態を鎮圧。草薙剣は取り戻したものの、八尺瓊勾玉は持ち去られてしまう。

お家復興のため、これを奪還しようとしたのが嘉吉の乱で取り潰された赤松家の遺臣である。1457年、彼らは後南朝に接近し、隙をついて南朝後胤である自天王と忠義王を殺害。八尺瓊勾玉を奪い返したが、逃走中、地元の人間に、またしても奪われる。翌年、再び奪還を試みるも、手にした八尺瓊勾玉が第三者に渡ってしまう。さんざん難儀した挙句、最終的に八尺瓊勾玉は無事、朝廷のもとに戻った。

事態は収拾に向かうと思われたが、後南朝の遺恨は続く。南朝後胤と称する人物が現れては、小競り合いが起こる。1472年、応仁の乱で京都が荒れるなか、大阪に小倉宮の末裔だと称す男が現れる。戦の中、これを錦の御旗にしようとする大名は「西陣南帝」として担ぎ上げた。

しかし、応仁の乱が終わると、西陣南帝の消息は不明となる。1479年に小倉宮の子孫が越後に現れたという記録を最後に、南朝後胤を名乗る者は歴史の表舞台から姿を消す。事実上、南朝は消滅した。これが日本史の定説である。

もちろん、史料に残らないところで、南朝の末裔は現代にまで生きつづけてきた。御落胤が落ち延びたという話は日本全国にある。長慶天皇の墓は各地にあり、美作後南朝や三河後南朝伝説も語り継がれる。昭和になっても、熊沢天皇や三浦天皇など、南朝後胤を称す人物が現れ、世間を騒がさせた。

日本史という大きな時の流れにおいて、南朝伝説は歴史の伏流水である。表には現れないものの、確実に語り継がれる。正式な記録にはないものの、時に、それが噴き出すことがある。

南朝と古史古伝

禍福は糾える縄の如し。よくいったものである。世の中を動かす者にとって、すべては将棋のようなものなのだろう。負けているようで、実は勝っている。さまざまな伏線が張り巡らされ、事象を見ているだけでは、物事の本質はわからない。唐に渡った阿倍仲麻呂が囲碁の名人となり、その末裔が安倍晴明となった。史実ではないにしろ、そこには壮大なる仕掛けが施されている。

この国を裏で支配しつづけてきた漢波羅秘密組織八咫烏は南北朝時代、どうして南朝側についたのか。ついたにも関わらず、南朝は敗れ、北朝と合体したものの、裏切られた。それをよしとしたのは、なぜか。すべては仕組まれたというのは簡単だが、明らかに深慮遠謀があった。思うに、それは聖徳太子の預言なのだ。八咫烏は預言の通りに動いた。南朝は日本史の伏流水にならなければならなかった理由があったに違いない。

考えられるとすれば、それは偽装である。日本に契約の聖櫃アークがあると悟られてはならない。極東イスラエル王国であることを知られてはならない。この世の終わりまで、日本は東アジアの一国にすぎず、倭人がイスラエル人であると知られないよう、あえて敗者になることで真実を封印した。これが南朝である。

しかし、封印したとはいえ、イスラエルとの関係を無にすることはできない。しかるべき時と場所において、真実の一片を世に出す。わかる人が見ればわかるように、巧妙に偽装して世に出す。近代において、八咫烏が仕掛けたのが古史古伝である。古史古伝は多かれ少なかれ、みな南朝と結びついている。

かの『竹内文書《たけうちもんじょ》』には長慶天皇にまつわる文書がある。南朝後胤を自称した熊沢天皇は『竹内文書』を自らの正統性に利用とした。本物の『竹内文書』は口伝であるとし、『正統竹内文書』の伝承者を自称した第73世・武内宿祢、竹内睦泰《たけうちむつひろ》氏は自ら小倉宮の末裔であると主張した。

古史古伝は『竹内文書』と同様、ウガヤフキアエズ朝を語るものがある。『宮下文書《みやしたもんじょ》』と『九神文書《くかみもんじょ》』『上記《うえつふみ》』である。古代研究家の佐治芳彦《さじよしひこ》氏は、あたかも『新約聖書』における4つの福音書のようだと語っていたが、まさに、その通り。南朝伝説はもちろんこと、神代文字の使用を含めて、これらを企画したのは同一人物、ないしは同一組織である。

また、別系統の古史古伝である『秀真伝《ほつまつたえ》』や『東日流外三郡誌《つがるそとさんぐんし》』も、みな共通点がある。直接、南朝に言及してはいないものの、そこには、はっきりとした「足跡」がある。偽書は偽書だが、偽書を作った人間にも、目的がある。動機があるのだ。古史古伝が作られた理由、それは南朝こそ正統であるという確固たる主張である。幕末に至るまで、この国においては異説を語ることはご法度であった。江戸幕府が公認する歴史以外、たとえ真実であったとしても語ることはできなかった。ましてや文書にして出版するなど、もってのほかだった。

多くの古史古伝は幕末に作られたものだ。そこにある思想を遡ったとしても中世、鎌倉時代である。具体的には南北朝である。当時、さかんに作らされた仏教説話を下敷きにした日本神話が古史古伝の源であるといっても過言ではない。奇想天外な秘史を語りながらも、読者に対して語られたメッセージは南朝の正統性なのだ。

先述したように、後醍醐天皇が吉野で南朝を開いたとき、息子たちや配下の武士たちを全国に派遣した。その目的地と古史古伝の発祥地がことごとく一致する。具体的に、尊良親王と恒良親王が向かった北陸からは『竹内文書』、懐良親王が向かった九州では『上記』、宗良親王が向かった東国では『宮下文書』、義良親王が向かった奥州を高天原と称す『秀真伝』と、これまた青森の南朝伝説を語る『東流日外三郡誌』だ。

残る『九鬼文書』を伝えたのは熊野大社の神職を務める九鬼氏である。九鬼氏は藤原氏であるが、熊野大社は八咫烏の本拠地。もう、おわかりだろう。古史古伝を仕掛けたのは八咫烏で

↑八咫烏門外不出の史書、『八咫烏秘記』。

ある。古史古伝を使って南朝が正当であることを世に知らしめ、かつ封印された古代史を今日でいう都市伝説として広めたのだ。

確信犯である。八咫烏には門外不出の史書『八咫烏秘記』がある。『古事記』や『日本書紀』の元本であり、誤解を恐れずにいえば、本当の『聖書』であり『裏聖書』なのだ。

ヨシヤ王の宗教改革、正典を編纂する際に除外された文書。時の権力者にとって都合の悪いことが書かれたオリジナルの『聖書』をもって書かれたのが『八咫烏秘記』なのだ。

南朝と大嘗祭

南北朝時代、三種神器は南朝が保持していた。南朝が正統である。新しく天皇として即位する場合、三種神器はもちろんのこと、大嘗祭《だいじょうさい》をする必要がある。大嘗祭をせずして即位した天皇は半帝とされた。

当然ながら、南朝の後醍醐天皇は大嘗祭を行っている。同様に、北朝の光厳天皇も大嘗祭を行っている。北朝天皇は以後、南北朝が合体してしばらく大嘗祭を行ったが、やがて応仁の乱が起こる。その前年、1466年、第103代・後土御門天皇の即位にともなって行われた大嘗祭を最後に、以後、約220年もの間、中断される。復活したのは江戸時代。1687年、第113代・東山天皇の即位に伴って行われた。が、続く第114代・中御門天皇は行わず、第115代・桜町天皇で改めて行われ、以後、今上陛下に至るまで、大嘗祭は行われている。

しかし、様々な混乱や経費の削減などから、本来の儀式からは、かなり様子が変わった可能性がある。省略され、簡素化された所作もあったに違いない。実質、本来の秘儀としての大嘗祭が行われたのは後醍醐天皇が最後だったのではないだろうか。

というのも、後醍醐天皇の手には穴があった。四天王寺に納められた『後醍醐天皇宸翰本縁起』に押された手印の中央には朱がない。これは大嘗祭において、イエス・キリストの聖釘の儀式を行ったことを意味する。本来は、天照大神であるイエスの死と復活を追体験するために、十字架上で手と足に釘が打たれた状況を再現した。自らの左手に釘で傷をつけたのだ。北朝の天皇には、これがない。

証拠は、まだある。麁服《あらたえ》だ。大嘗祭において、もっとも重要な麁服が北朝2代・光明天皇を最後に献上されていないのだ。これが復活するのは第123代・大正天皇からである。明確な理由はわかっていないが、北朝は正統ではないゆえ、献上することを中断した可能性は十分ある。極端な話、麁服がなければ、そもそも大嘗祭の意味がない。麁服を作る三木家は、そのことを認識していたはずである。

三木家は忌部《いんべ》氏である。同じ忌部氏であった織田信長が、このことに気づいたに違いない。南北朝が合体したとはいえ、両統迭立の約束は反故にされ、南朝は消滅し、北朝が存続することになった。三種神器を奪還したからといって、南朝の正統性が失われたわけではない。

しかも、南北合体を実現させた足利義満は臣下の身でありながら、天皇になろうとした。道鏡事件の再来である。道鏡は一介の僧侶にしかすぎなかったが、義満は将軍である。強大な権力をもっていた。当時の後小松天皇は無力で、政治的な影響力は皆無に近い。義満は退位を迫り、自らが「太上天皇」として即位しようとしていたのだ。幸い即位の直前に急死したため、「足利天皇」の誕生とはならず、あくまでも死後の尊号として贈られただけで済んだ。実現していれば、まさに崇徳天皇の呪いが成就していたことになる。

北朝天皇が、かくもないがしろにされた理由は、やはり正統性である。正統性がないことを足利義満は知っていたのだ。正統性がないのに天皇になれるならば、自分だって天皇になれると思ったとしても不思議ではない。不敬極まりない態度だが、これは織田信長も同じだった。

安土城を築き、その天主から天皇を見下す。信長は天皇の権威を認めなかったのではなく、北朝天皇に正統性がないことを認識していたのだ。天下を取った暁には、北朝天皇を滅ぼす腹積もりだった。代わりに、後醍醐天皇の末裔を担ぎ出し、改めて南朝復興を成し遂げる。これこそ信長が掲げていた「天下布武」の本当の意味だったと、八咫烏は語る。

しかし、信長の野望は北朝天皇である正親町《おうぎまち》天皇に知られてしまう。八咫烏の裏切り者がいたのだ。そう、天海《てんかい》である。天海の前半生は明智光秀である。はぐれ烏となって戦場に赴いた光秀は信長に近づき、天下布武の秘密を知る。

これは好機である。そう考えたのだろう。光秀は正親町天皇と結託し、信長暗殺を企てる。本能寺の変だ。作戦は成功し、信長の首は正親町天皇のもとへ。準備が整ったところで、羽柴秀吉を呼びだし、天下人を約束する代わりに、信長の首を船岡山に埋めるようにもちかける。

八咫烏によれば、驚くことに、秀吉は正親町天皇の御落胤だった。本人も、それを知らされていたに違いない。信長の忠臣を演じながら、秀吉は陰謀の片棒を担いだ。もちろん、その現場には死んだはずの光秀、すなわち天海がいた。

主君・信長を裏切った秀吉は、死ぬまで怨霊を恐れた。信長が怨霊となり自分を苦しめるのではないか。信長の野望をついで、天下一統を果たしたが、恐怖がやわらぐことがなかった。それゆえ、死後、遺体を東山阿弥陀ヶ峰麓に埋葬するにあたり、ひとつの呪術を仕掛けた。後に、秀吉を祀る豊国《とよくに》神社は家康及び天海によって破壊されたが、遺体が眠る豊国廟は残された。

1880年、約300年ぶりに豊国廟が改修され、中にあった秀吉の遺体が発掘調査された。驚くべきことに、遺体はミイラ化されていた。座禅を組み、手は印を結んでいた。姿勢が崩れないようにいくつもの支えがあった。その姿は呪詛返しをする陰陽師、そのものだ。信長の怨霊が祟らぬよう、自らの遺体を呪詛返しに使っていたのだ。

そこまで秀吉が恐れていた信長の首は呪詛に使われた。正親町天皇にとって南朝復興を目指した敵だからこそ、その呪術には効果がある。敵の首をもって、自らの守護となす。まさに怨霊を祀って味方につける陰陽道にして、迦波羅の呪術だ。平安京のヒトガタにおける頭部である船岡山に信長の首を埋めることにより、胸部に位置する内裏に住まう北朝天皇を霊的に守護した。しかも、再び目覚めないように、信長の首は地面に対してうつ伏せの状態で埋められた。

実に、してやったり。天海の思惑通りに歴史は動いた。南朝は消え、北朝は安泰。戦国時代の幕引きをしたのは天下一統を目指した織田信長ではなく、羽柴秀吉、すなわち関白豊臣秀吉であった。約束通り天下を取らせたが、天海の目的は別にあった。

彼の本貫は東国である。古くは狗奴国から富士王朝、そして日高見国の再興こそ、天海の悲願。平将門が夢見た東国独立に向けて、最後の仕上げに入る。目をつけたのは秀吉ではなく、本能寺の変のときから通じていた徳川家康である。本来ならば、信長に殺されていたはずの家康を懐柔し、関東に都を作る計画を持ち掛けていたのだ。

徳川家康の正体

1600年10月21日の早朝、天下分け目の関ケ原の戦いにおいて、徳川家康は東軍の総大将として桃配山に本陣を置いた。ここは、かつて大海人皇子が壬申の乱において、配下の兵士たちに名産の桃を配ったとされる地である。道教において桃は不老不死の仙薬とも呼ばれる。結果、大海人皇子は戦いに勝ち、天武天皇として即位することになる。先述したように、裏で導いたのは八咫烏である。家康も天武天皇の故事を熟知した上で、ここに布陣したのだ。もちろん、指南したのは天海だ。事実、関ケ原の戦いにおいて、天海は鎧兜を着て家康の傍らにいたことがわかっている。

天下を取った家康は、ご存じの通り松平家の人間である。定説によれば、松平氏は清和源氏の流れで、新田氏の支流であると称している。徳川という姓は上野にある得川という地名に由来する。

もっとも、初めから信用に足る史料ではない。松平氏の出自は不明である。もとは時宗の僧侶で、後に松平郷の領主の婿養子となり、松平親氏を名乗ったのが始まり。松平郷は三河の賀茂郡にある。松平家3代目の信光は自らを「賀茂朝臣」と称していることから、本当の出自は賀茂氏であることが指摘されている。初代の親氏も随筆『塩尻』には賀茂朝臣と称していたとあり、時宗の僧侶とはいうものの、その実態は全国を行脚する賀茂氏の陰陽師だった可能性が高い。

しかも、賀茂氏であるがゆえ、親氏は賀茂神社の神紋にあやかって自らの家紋を「三つ葉葵」にしたといい、他の資料では、実際は松平家6代目の長親から家紋を三つ葉葵をしたともいう。が、明確に三つ葉葵を正式な家紋として掲げたのは家康である。表向きは源氏を名乗ってはいるが、密かに賀茂氏である自負が家康にはあったのだ。

もちろん、はぐれ烏である天海が深く関わっている。下上賀茂神社の伝承によれば、家康が天下を取るにあたって、自らの出自を知る神社関係者を皆殺しにしたという。もちろん、それを指示したのは天海である。賀茂氏であるという理由のみならず、そこには明かしてはならない出生の秘密があったからだ。

結論からいう。徳川家康は、ふたりいた。歴史の異説として影武者の存在は常に語られる。影武者が本人と入れ替わる。理由は、ひとつ。表に出られなくなる。端的にいえば、死ぬ。つまり、本人が死んだがゆえに、影武者が表に出る。

ただ、ここで姿かたち、それこそ顔がそっくりだからといって用意された影武者ならば、まだいい。現代でも、世の元首は影武者を立てるもの。耳の形や指の長さ、細かいことを検証すれば、すぐわかること。影武者であっても、本人を完璧に演じることができれば、それでいい。政治的な妥協が、そこにある。

世にいう徳川家康は大坂冬の陣で死んだ。巷間いわれる大阪夏の陣ではない。その前、1614年に起こった徳川家康と豊臣家との戦いで、命を落としているのだ。家康を仕留めたのは真田幸村こと、真田信繁だ。真田丸とも呼ばれた信繁は特性の長銃で竹駕籠に乗っていた家康を射殺したのだ。

そのときの証拠が日光東照宮の宝物館に所蔵されている。「徳川家康所用網代駕籠」が、それだ。実物を見ていただくとわかるが、そこには屋根から下に貫く穴が開いている。そこに人がいたならば、間違いなく体を貫通している。即死だ。このとき、戦国の世を戦った神君とも称された徳川家康は死んだ。不測の事態である。戦国の世とはいえ、家康の家臣は動揺。事態を収拾すべく陣頭指揮を執ったのは天海である。

天海は家康の死を隠蔽。密かに遺体を堺の南宗寺に運び込み、ここで荼毘に付した後、その遺骨を埋葬する。世に家康が死んだのは大坂夏の陣で、そのとき遺体が南宗寺に運ばれたという話は、これをもみ消すためのフェイクである。茶臼山から逃げる途中、駕籠に乗っていたところを後藤又兵衛の長槍で刺されて死んだという説があるが、そもそも彼は、それ以前に伊達政宗の攻撃により玉手山で戦死している。すべては大坂の冬の陣で家康が死んだことを隠すための情報操作である。

ならば、死んだ家康の後を継いだのは、だれか。名もなき武士が将軍になったのか。小説では、下人の世良田二郎三郎なる人物がすり替わったという説もあるが、ここで重要なのは、賀茂氏である。家康がだれであろうとも、彼が賀茂氏であること。姿かたちが似ているという意味で、用意されるのは身内だ。家康には腹違いの兄弟、それも同じ年同じ月同じ日に生まれた兄弟がいるのだ。１５４２年12月26日に生まれたのは家康ともうひとりの兄弟だった。いったい、それはだれか。

八咫烏曰く、本当の「竹千代」である。竹千代という名前は幼名である。当時、さほど珍しくもなかった。３代将軍家光も幼名は竹千代であった。が、家康の幼名となれば、話は違う。

家康は幼少のころ、今川義元のもとに人質として出された竹千代は広忠の正室である「於大の方：伝通院」が生んだ子供ではない。側室である「於久」が生んだ子供である。彼を正室の子供である竹千代として人質に差し出した。代わりに、正室が生んだ本来の竹千代は広忠寺に預けられ、そこの住職「恵最《えさい》」となる。

本来ならば、そのまま僧侶として一生を終えるはずだったが、人質としての人生を歩み、武将として功をなした家康が戦死してしまったがゆえ、急遽、容姿がそっくりな恵最が担ぎだされたのだ。当然ながら、厳重な緘口令が敷かれた。家康の子供はもちろん、その顔を知る者たちから遠ざけた。

だが、それまで僧侶であった恵最が突如、武将と担ぎ上げられたとして、まともな采配など振れるわけがない。そこは徳川四天王らがきっちり守ったのだが、唯一、虚を突かれたのが大坂夏の陣である。またしても、真田幸村による執拗な攻撃により、ついには本陣に乗り込まれ、あわやこれまでという事態になった。表の歴史では、このとき家康は恐ろしさのあまりにとりみだし、小便を垂れたとか。自戒とするべく、あわれな容姿を絵師に絵がかせたともいう。が、それもそのはず。武将ではない影武者にとって、初めての戦は恐怖の極致であり、たとえ僧侶であったとしても、かくありなん。

一説に、このとき家康は死んで、その後は影武者にすり替わったというが、そもそも、この時点で影武者だったのだ。その意味で、幸村は本物の家康を討ち、さらには影武者である家康をも討ち取る寸前だったことになる。推理小説でいえば、「徳川家康は2度死ぬ」といったところであろうか。

だが、戦国の時代は終わった。世は徳川時代である。家康が征夷大将軍として朝廷から認められ、東国を治める。北海道と沖縄を除いた日本において、全国統一がなされた状況にあって、征夷大将軍という名称など、ただの記号にしかすぎない。むしろ、その裏には東国独立を目論む天海の野望があった。

影武者の処遇である。松平広忠の正室の子とはいえ、本来は僧侶。武士としてはもちろん、政治的な手腕など望むべくもない。お飾りに徹していればいいものを本来の家康は自分であると主張する始末。これには徳川家の実権を握っていた春日局も手を焼いたらしい。春日局の父親は斎藤利光で、彼は明智光秀の右腕である。つまり、天海と春日局は、かねてから昵懇の仲であり、密かに計画されたのが暗殺である。

世に家康は「鯛の天ぷらにあたって死んだ」とされるが、もちろん、俗説である。人一倍健康に気を使い、影武者であることを自覚していた人間が、そう簡単に死ぬわけがない。実際は鷹狩りにいった際、殺されたのだ。狙撃したのは良知惣右衛門《らちそうえもん》である。銃痕があいた家康の陣羽織が今も残っている。

また「鯛の天ぷら」とは本能寺の変において、信長が家康を暗殺する計画を皮肉ったものだ。家康をもてなす食事の責任者は光秀であり、後の天海だったことを暗示している。ある意味、それだけ光秀＝天海は信長を憎んでいたのだろう。

良知家は静岡の久能山を支配していた。1616年、家康が死んだとき、遺体は久能山に埋葬された。久能山東照宮である。家康の遺言により、日光東照宮へ改葬され、今日、東照大権現として祀られている。一説に、家康は神として祀れと指示しただけで、遺体を移動させよといったのではないともいい、御霊だけが勧請されたと考える学者もいる。

↑日光東照宮の奥宮。家康は確かに、ここに埋葬されている。

だが、これもトリックだ。大坂冬の陣で死んだ家康の遺体は荼毘にふされて、堺の南宗寺に埋葬された。何度もいうが、埋葬されたのは大坂夏の陣ではない。さらに、そこから天海の指示により、久能山へと改葬されているのだ。

影武者である恵最が殺されたとき、その遺体は久能山に埋葬された。と同時に、すでにあった家康の遺骨が日光へと運ばれたというわけだ。武将たる家康は、確かに日光東照宮の奥之院に埋葬され、東照大権現として祀られているのである。

日光東照宮と権アーク

正室の子供ではないが、賀茂氏の血を引く武将として死んだ家康を天海は高く評価していた。信長の首ではないが、家康の遺骨を日光東照宮

⬆東の伊勢神宮こそ日光東照宮である。

の奥宮に安置した。これは北朝を支持しつづけた天海の壮大なる計画である。はぐれ烏とはいえ、天海は八咫烏である。さまざまな呪術を幾重にも仕掛けた。日光東照宮と世良田東照宮、富士山、久能山東照宮といった呪術ラインは、すべて西日本に仕掛けられていた呪術ラインに対抗するもの。

京都に比叡山延暦寺がある。これに対して東京には東の比叡山という意味の「東叡山」を冠する寛永寺がある。開基は徳川家光、開山は天海。京都の鬼門を抑える比叡山と同じ呪術を東京に仕掛けた。寺だけではない。神社も配置した。なかでも、皇祖を祀る伊勢神宮に対する東の伊勢神宮を創建。それが日光東照宮だ。

カッバーラの呪術は名である。伊勢神宮の内宮に祀られし神は「天照大神」、これに対して日光東照宮に祀られている神は「東照大権現」。当てた漢字を見るだけでは気づかないが、これを訓読みで「アマテラス大神」と「アズマテラス大権現」と表記すれば、見えてくるだろう。

ともに太陽神を意識した名前であり、かつて同じような構図を見たことがあるだろう。「魏《ぎ》志倭人伝《しわじんでん》」である。邪馬台国《やまたいこく》の「卑弥呼《ひみこ》」と狗奴国《くなこく》の「卑弥弓呼《ひみここ》」である。中華思想のフィルターを除けば「日巫女」と「日覡男」だ。これが「アマテラス」と「アズマテラス」として再現されているのである。ちょうど卑弥呼と卑弥弓呼、男のほうに一字多いのも一致している。このあたり、天海の仕掛けだろう。

かつて伊勢神宮の内宮と外宮には正殿が3つあった。内宮は『古事記』でいう造化三神を祀り、外宮では『日本書紀』の元初三神を祀った。当然ながら、東の伊勢神宮たる日光東照宮でも、その祭神は三柱、すなわち「東照三所権現」である。

具体的に「東照大権現」と「山王權現」と「摩多羅神」だ。いうまでもなく、東照大権現は徳川家康であり、山王権現は幼少名を日吉大社ゆかりの「日吉丸」と称した豊臣秀吉のこと。そして摩多羅神は道教の「泰山府君」であり、仏教では「摩訶迦羅天《まかからてん》」、すなわち大黒天と同一視される夜叉。つまり、仏教の天魔である「第六天魔王」と称した織田信長のことなのだ。

天海は天台宗の僧侶だった。比叡山の日吉大社の主祭神は「大山咋神」で、別名は「火雷神」である。その火雷神の息子が「賀茂別雷命」であり、その別名は「天照国照彦《あまてるくにてるひこ》天火明《あめのほあかり》櫛玉《くしたま》饒速《にぎはや》日尊《ひのみこと》」、すなわち天照大神だ。賀茂別雷命の母親は玉依姫であり、その父親が「賀茂建角身命」で、別名を八咫烏という。あえて「生命の樹」として示せば、こうだ。

○②御子：高御産巣日神《たかみむすびのかみ》：賀茂別雷命：天照大神：東照大権現：徳川家康
①御父：天之御中主神《あめのみなかぬしのかみ》：大山咋神：火雷神：山王権現：豊臣秀吉
●③聖霊：神産巣日神《かみむすびのかみ》：賀茂建角身命：八咫烏：摩多羅神：織田信長

秀吉は関白にまで上り詰めた。正親町天皇の御落胤であるからだ。その秀吉に次いで天下を治めたのが家康だ。武将としての家康は大坂冬の陣で死んで、影武者が表に立つ。これは卑弥呼が死んだ後、姪の台与が女王として推戴されたことと同じ。天照大神＝イエス・キリストの死と復活だ。信長は忌部氏であり、その祖は天日鷲命、別名は金鵄ともされ、まさに八咫烏。聖霊が鳩として象徴されるがとく、鳥の型が見て取れる。

そもそも、これらを仕掛けた「天海」の名前は明らかに「空海」を意識している。「天空」という言葉があるように、同じ意味だ。天海は天台宗であり、空海は真言宗。日本における密教として陰陽関係にある。あまり知られていないが、荒廃した伊勢神宮を立て直したのは空海だ。天海は、これを意識して日光東照宮を建てた。

⬆日光東照宮には、アロンの杖を納めた権アークが安置されている。

先述したように、伊勢神宮の内宮地下殿には契約の聖櫃アークが安置されている。上下が本物の真アークだ。これに対して、日光東照宮に安置されているのが権アークである。権アークにはアロンの杖が納められ、長らく熱田神宮にあったが、南北朝時代、足利氏が持ち出し、丹後の籠神社に安置させた。籠神社は南朝側にあったが、それを鎮める狙いもあったのだろう。これを天海が日光東照宮へと移したのだ。

かくして、ふたつの契約の聖櫃アークは東西、ふたつの日本に収まった。西日本の伊勢神宮に真アーク、そして東日本の日光東照宮に権アークが安置された。弥生と縄文、邪馬台国と狗奴国、倭国と日高見国、大和王朝と富士王朝、天皇国と新皇国、北朝と南朝、そして京都皇室と江戸幕府が並び立つ天下泰平の時代となったのだ。

奥羽越列藩同盟と東武皇帝

太平の眠りを覚ましたのは黒船だった。聖徳太子の預言にあったように、海の向こうから黒龍が現れた。１８５３年、アメリカ海軍司令長官マシュー・ペリーは浦賀に現れ、日本に開国を迫った。ペリーはフリーメーソンである。ヤフェトメーソンの使者である。彼を日本に導いたのはセムメーソンの奥之院、すなわち八咫烏である。黒船は偶然、日本にきたのではない。漢波羅秘密組織によって、聖徳太子の預言を成就させるために呼びこまれたのだ。

賀茂氏による徳川幕府に与えられた時間は約３００年。西洋列強が日本列島周辺に姿を現すようになると、八咫烏も準備に入った。表向き、鎖国政策をとっていた日本だが、実際は国際情勢を把握していた。すでに香港と鍋島藩の間には海底ケーブルが敷かれ、逐次、大陸の情報を得ていたのだ。

倒幕の動きをいち早く見せたのは島津藩

⬆マシュー・ペリーはフリーメーソンだ。

である。島津氏は源氏の末裔を名乗っているが、実際は秦氏である。手を組んだのは長州藩である。長州藩を支配する毛利氏のもとには後醍醐天皇の末裔がいた。かつて、織田信長が毛利攻めをしたのは、かくまわれていた南朝の皇子を解放するためであった。

もっとも、これらの歴史は封印され、幕末まで真相は隠されることになる。島津藩と長州藩は謀議によって密かな革命を企てる。イギリスとフランスのフリーメーソンを背景に倒幕による明治維新ならぬ「明治革命」を計画したのである。北朝天皇を排して、南朝天皇を復活させる。これが八咫烏の狙いである。

倒幕により、王政復古が実現。薩摩と長州、土佐藩らによる新政府が樹立されたが、これに反発したのが旧幕府軍及び東日本の兵士だ。１８６９年、戊辰戦争が勃発。陸奥と出羽、そして越州が反維新政府的攻守同盟、通称「奥羽越列藩同盟」を結成する。新政府軍は明治天皇を担ぎ上げたのに対して、奥羽越列藩同盟は「輪王寺宮公現入道親王」を盟主に戴いた。

輪王寺は東照宮と二荒山神社と並ぶ日光の古刹で、晩年、天海が住職として仕えた寺である。日光門主として皇族である輪王寺宮法親王が宗門を管理していた。当時の法親王が「北白川宮能久親王」である。奥羽越列藩同盟が結成された際、北白川宮能久親王は密かに天皇として推戴された。世にいう「東武皇帝」である。これに従い、新たに「大政」なる元号が制定された。

南北朝以来、ここに再び日本にはふたりの天皇が並び立つことになった。東日本王朝と西日

↑「東武皇帝」とされる輪王寺宮能久親王。

本王朝、いわば東西朝である。これは見方を変えると、まさに平将門が夢見た東国独立にほかならない。東武皇帝は大政の新皇、平将門の再来なのだ。歴史は繰り返すというが、まさに至言である。これもまた、伊勢神宮に真アークが安置され、日光東照宮に権アークが安置されているがゆえの宿命なのか。

しかし、奥羽越列藩同盟は一枚岩ではなかった。東武皇帝については秋田藩から批判が出た。南北朝の混乱を引き合いに、榎本武揚も積極的な支持を表明しなかった。戦況も芳しくなく、半年も続くことはなく、新政府軍に鎮圧された。同時に、平将門の再来とも噂された東武皇帝もまた、年齢的に幼かったこともあり、上野の寛永寺に入り、そもそも即位自体がなかったこととされた。

やはり、権アークは依代でしかない。真アークの前には力を発揮することはできなかった。真アークがある伊勢神宮を拠点とする朝廷には逆らえない。日光東照宮を拠点とする江戸幕府が倒れた今、王政は復古。再び西日本に政治の忠臣が移るかと思われたが、意外なことが起こる。即位した明治天皇が京都から東京へと住まいを移し、今日に至るまで天皇陛下は江戸城に皇居を構えたのだ。この裏には崇徳天皇の祟りが深く関係している。

辛酉革命と崇徳天皇

後醍醐天皇の末裔は密かに毛利家のもとにかくまわれていた。長州藩にとっては最後の切札として温存してきた虎の子である。これを知った織田信長は毛利攻めを行った。南朝の子孫を解放するためだ。中国征伐は6年にも及んだが、目的を達する直前、信長は本能寺の変で死亡した。本能寺の変を仕掛けたのは、明智光秀、すなわち後の天海であり、秀吉の軍師・黒田官兵衛が中国大返しの段取りを行った。その黒幕は正親町天皇だ。正親町天皇にとって南朝復活は悪夢でしかない。信長が自害したことで、南朝の子孫が歴史の面に現れることはなかった。

しかし、これに恐怖を抱いたのが幕末の孝明天皇である。度重なる海外からの圧力に対して、開国を迫られるなか、再び崇徳天皇の呪いが頭をもたげてきたのだ。おりしも「辛酉革命《しんゆうかくめい》」の時期が迫っていた。辛酉革命とは陰陽道にもとづく革命思想のこと。60年ごとにやってくる辛酉の年に天子の命が尽きて革命が起こる。3年後の甲子の年に国家体制が代わり、そこから4年後の戊辰の年に王朝が滅亡するという思想だ。

恐るべきことに、幕末は辛酉革命の通りに歴史は動いた。甲子の年である1864年、京都で「禁門の変」、すなわち「蛤御門の変」が起こった。長州藩が会津藩を排除すべく挙兵し、大規模な武力衝突が起こった。これを受けて、朝廷は長州藩を処罰するべく、「長州征討」を開始する。戦いは3年後の1867年にまで続き、翌1868年には戊辰戦争が勃発し、ついには王政復古がなされた。

倒幕により、朝廷が再び強大な政治力をもったことは、天皇にとっては歓迎するべきことであったはずだった。何しろ鎌倉時代から江戸時代に至るまで、武家が政治を握ってきたのである。後醍醐天皇による建武の親政以来、天皇家の権威が世に示される時代となったのだ。喜ぶべき事態となったはずなのだが、実態は真逆だった。

辛酉革命は天子の命運にかかわるもの。すなわち天皇だ。禁門の変が起こった1864年は、奇しくも崇徳天皇が亡くなって700周年だった。怨霊を鎮めるべく朝廷は700年式年を執り行い、讃岐の白峯神宮から崇徳天皇の御霊を京都へ移すよう命じた。御霊は京都に作られた白峯社に祀られたのだが、その矢先、だれより怨霊を恐れていた孝明天皇は突如、崩御する。

怨霊の祟りを身をもって奉斎したのか、それまで健康だったにもかかわらず、病気を発症して数日の後に崩御したのだ。甲子の年だった1864年に改元した元号「元治」は、鎌倉時代の「保元」と「平治」を合わせたもの。いうまでもなく、このとき保元の乱と平治の乱が起こ

⬆讃岐にある白峯神宮の大天狗像。

っている。保元の乱で崇徳天皇は島流しにされている。

見方によっては最悪の改元であり、いい意味でも悪い意味でも言霊が成就した形となった。

２年後の１８６８年９月７日、明治天皇は白峯社を改築し、白峯神宮を完成させた。京都で祀ることにより、朝廷を守護していただく。まさに怨霊を祀ることで加護を得る。おりしも勃発した戊辰戦争が終焉し、天下泰平の世になるよう祈念。式典が行われ、その翌日、明治天皇は第１２２代天皇として即位した。

王政が復古したことにより、崇徳天皇の祟りも治まった。武家政権が終焉し、天皇の親政が開始されたのだ。ちなみに、崇徳天皇８００年式年祭は昭和天皇が執り行っている。今でも皇室は崇徳天皇を篤く祀っているのである。

南朝系天皇の復活

鎌倉幕府から室町幕府、そして江戸幕府へと続く武家政権にあって、唯一、例外だったのが後醍醐天皇による建武の親政である。後醍醐天皇には崇徳天皇の祟りはなかったのか。それとも別の理由があったのか。ひとついえることは、南朝が正統であった。三種神器を手にした正統なる王権であり、これは後南朝へと引き継がれた。南北朝合体の後も、後醍醐天皇の末裔にこそ正統性があったのだ。

明治時代になると、いわゆる「南北朝正閏論」がさかんに議論されるようになる。儒教的な立場から南朝が正統であり、北朝は閏統であるというのだ。両統迭立の約束も反故にされた件も、学者たちの反発を招いた。結果、かつては逆賊とされた楠木正成は後醍醐天皇の忠臣であるとして名誉が回復され、北朝初代・光厳天皇から第5代・後円融天皇までは皇統から外された。

南北朝正閏論に関しては明治天皇の強い御意向があったとされる。明治政府内部でも議論が交わされたが、最終的に明治天皇の勅裁をもって正式な皇統譜が発表された。ここにおいて、南朝が正統であることが認められたことになる。

しかし、これは表の歴史である。明治天皇が南朝を正統とした本当の理由、それは自らが北

⬆南朝を正統と認めた明治天皇。

朝ではなかったからだ。正当である南朝の系譜に連なる存在であることを知っていたからだという説がある。明治維新とは南朝革命だったというのだ。

　どういうことか。まず、前提となるのは、後醍醐天皇の末裔が毛利家にかくまわれていたという事実だ。信長による解放は失敗したが、その後も南朝の血統は保れた。長州藩にとっては最後の切り札ともいうべき存在だったのだ。

　だが、これに孝明天皇が気づいた。禁門の変の責任を取らせるべく、長州征伐が行われたが、本当の狙いは南朝の末裔である。南朝皇子を捜し出し、この世から抹殺する。そう考えていた。当然ながら、孝明天皇の長州藩に対する圧力は強まる。このままでは南朝の皇統は消滅してしまう。

そこで謀議が図られた。新政府樹立にあたって、そもそも障害となっていた孝明天皇を密かに排除する。暗殺である。病気に見せかけて暗殺する。これが実行されたのだ。孝明天皇が厠《かわや》に倒れてすぐに崩御した真相は刺殺である。暗殺したのは岩倉具視の導きで女の家の厠に潜んでいた伊藤博文だった。

次は皇太子であった睦仁親王である。当時、14歳。政治を行うには幼すぎる。実際に、明治天皇として即位したのは16歳である。即位式に参列した人たちは、明治天皇の姿を見て違和感を覚えた。顔つきと体躯があまりにも異なっており、別人という噂が立った。そう、睦仁親王も暗殺されていた。刺殺である。槍で突かれて殺されたのだ。手を下したのはこれも伊藤博文と岩倉具視だ。

代わって睦仁親王として別人が用意された。長州藩がかくまってきた後醍醐天皇の末裔、南朝皇子である。作家の鹿島曻氏は南朝皇子を山口県田布施に住んでいた「大室寅《おおむろとら》之祐《のすけ》」だと指摘する。これが明治天皇すり替え説である。最初に提唱したのは鹿島曻氏で、彼と親交のあった松重楊江氏が発展継承し、仮説を裏付ける資料として有名な「フルベッキ群像写真」を持ち出してきた。

問題の写真には佐賀藩の藩校に所属する教師と学生らが合計46名、写っている。中央に立つ教師はオランダ出身の宣教師「グイド・フルベッキ」である。周囲を若い武士たちが囲んでい

↑維新の志士らが勢揃いしているという「フルベッキ群像写真」。

るが、彼らは後に幕末から明治にかけて日本を動かす維新の志士であるという。坂本龍馬に西郷隆盛、勝海舟、高杉晋作、大久保利通、伊藤博文、大隈重信、江藤新平、岩倉具視、中岡慎太郎……と錚々たる面々である。人物特定には異論があるが、維新の志士たちがいたことは間違いない。

作家の加治将一氏は詳細な写真比較を行い、これこそ明治維新の真相を解き明かす歴史的証拠であると断言する。明治維新とは倒幕及び新政府の樹立という歴史の裏で密かに計画された南朝革命だった。首謀者はフルベッキであり、実行したのは維新の志士たち。担ぎ上げられたのが写真中央に座す人物、すなわち大室寅之祐だった。大室寅之祐は暗殺された睦仁親王とすり替わり、明治天皇として即位したのだ、と。

しかも、この裏にはフリーメーソンがいる。フルベッキがフリーメーソンである証拠は発見されていないが、いっしょに写っている息子ウイリアム及び撮影者として指摘されているカメラマン、フェリーチェ・ベアトはフリーメーソンである。坂本龍馬のバックにいた武器商人トーマス・グラバーもまた、フリーメーソンという説があり、少なくとも、彼の人脈はメンバーが数多くいると、加治氏は指摘する。つまり、歴史的に、そもそも明治維新とはイギリス革命からアメリカ独立革命、フランス革命に連なる「日本革命」にほかならない。

このことはセムメーソンの中枢である漢波羅秘密組織八咫烏も認めるところである。八咫烏は預言で動いている。『裏聖書』である『八咫烏秘記』に記された未来預言を成就せんがために様々な謀略を行ってきた。ヨーロッパのヤフェトメーソンと連携して、アメリカの黒船を日本に呼び、預言通り開国させたのも、その黒幕は八咫烏である。毛利家に後醍醐天皇の末裔を送り込み、幕藩まで皇統を保たせたのも、すべて八咫烏である。南朝復活の時が来たがゆえ、江戸幕府を閉じて、新政府を樹立させた。預言されし南朝皇子であった大室寅之祐を明治天皇として即位させることにより、全世界が業によって恐るべき戦争を繰り広げる終末の時代に備えたのだ。

すべてを知っていた明治天皇は即位後、南朝の正統性を正式に認め、北朝を皇統から排除。楠木正成を忠臣として祀り、南朝を祀る神社を各地で復活させた。預言の時期ではなかったがゆえ、その思いを果たせず、北朝によって首を呪術に使われた織田信長に対しては、改めて御魂が眠る船岡山に建勲神社を建立して、主祭神として祀ったのだ。

信長だけではない。明治天皇は新皇である平将門が眠る江戸へとやってきた。江戸城をもって皇居とし、江戸を東の都、すなわち東京とした。厳密には遷都ではなく、奠都である。本当の首都は今も京都である。即位式に使用される高御座がある場所が都なのだ。京都の人にいわせれば、天皇陛下は東京に巡幸しているだけで、いつかは帰ってくるというわけだ。

だが、政治機能を東京に集中させ、皇居を建設したことで、事実上、東京は首都となった。明治天皇の住まいがあることで、京都に並ぶ都となった。東武皇帝は天皇として即位することはなかったが、南朝である明治天皇が東京で君臨したことは、見方をかえれば、まさに東国の復活である。狗奴国から富士王朝、日高見国、東国王朝の系譜が明治天皇によって甦ったといっても過言ではない。思えば、天海が仕掛けた江戸幕府も、すべては八咫烏が預言をもとに仕掛けた壮大なる東国復活の計画だったともいえるのだ。

隠岐の封印解除

王政復古によって崇徳天皇の祟りは治まった。再び天皇は武士の上に君臨し、治天を手にした。もっとも、今は武士の時代ではない。度重なる戦争を経て、現在、日本国は天皇陛下を国民の象徴とし、直接、政治に携わることはない。イギリス王室のように、君臨すれども、統治せず。大祭司コーヘン・ハ・ガドール本来の使命、すなわち神道儀式を日々、執り行っている。表の天皇が事情によりできない神事は、すべて裏天皇である八咫烏が引き受けている。

しかし、いつまでも、この状態が続くわけではない。時代は動いている。すでに、時代は終末である。近いうちに、第3次世界大戦が勃発し、人類最終戦争へと突入する。新型コロナ感染流行からワクチン騒動、コオロギ食、経済破壊、そしてロシアによるウクライナ侵攻も、すべては黙示録預言成就の仕組まれたロードマップなのだ。

背後にいるのは、闇のフリーメーソン、すなわちハムの息子のひとりクシュの血を引く猛悪の王ニムロドの末裔、ロスチャイルドと傍系のロックフェラーによるイルミナティだ。ハムメーソンを取り込み、やがてヤフェトメーソンとセムメーソンに最後の戦いを挑んでくる。すでにヨーロッパやアメリカ合衆国の中枢はカナン人の両勢力が浸食し、アジアのセムメーソンは共産主義によって支配されつつある。もっとも狙われているのが日本である。セムメーソンの中枢である皇室が危ない。魔の手は一気に伸びている。

終末の最終計画を実行に移すため、いずれ天皇陛下は京都へ帰る。高御座のある京都御所へとお住まいを移す。すでに準備は整っている。あとはタイミングである。しかるべき時期が来たら、八咫烏が動く。おそらく事が始まったなら、一瞬であろう。

残された東国は、どうなるのか。まだ、詳細は不明だが、おそらく権アークが真アークと並ぶ力をもつのではないか。現在は中が空だが、改めて日本の三種神器が納められるのではないだろうか。日光東照宮は改めて東の伊勢神宮として昇華するのだ。かくして、西の伊勢神宮に真アーク及びイスラエルの三種神器、東の日光東照宮に権アーク及び日本の三種神器が並び立ち、エデンの園にあった双樹、すなわち二本＝日本が完成する。

契約の聖櫃アークとして「生命の樹」と「死の樹」という二本の樹が並び立つとき、ついに最後の一本の樹が天から降りてくる。「第三の契約の聖櫃アーク」が姿を現すのだ。『新約聖書』の終末預言には、こうある。

「そして、天にある神の神殿が開かれて、その神殿の中にある契約の箱が見え、稲妻、さまざまな音、雷、地震が起こり、大粒の雹が降った」（「ヨハネの黙示録」第11章19節）

天界にも神殿がある。その至聖所にも契約の聖櫃アークがある。「新アーク」だ。真アークと権アーク、そして新アーク「メルカバー」が顕現することで、絶対三神が姿を現す。カッバーラの奥義が明らかにされ、全人類が真理に目覚める。

かくして、天界から新アークに顕現していた創造主ヤハウェが地上へと降臨する。聖地エル

⬆天界にも神殿があり、契約の聖櫃アークが存在している。

サレムでは神殿を望むオリーブ山に救世主イエス・キリストとして、極東イスラエルである日本では平安京エルサレムの頭、船岡山にまばゆい光をともなって天照大神として降臨するだろう。

　このほかに、イスラエルの失われた羊たちが住まう、すべての聖地に創造主たる権能のもと、全人類の親の責任を取るべく、やってくる。

　だれもが肉体をともなって現れるイエス・キリストの姿を見る。人類だけではない。動物や植物、微生物に至るまで、この世の被創造物が光を見る。超意識生命体ハイコスモリアンである地球は歓喜に打ち震え、一気に地殻変動が起こる。オリーブ山は避け、日本列島がフォッサマグナから真っ二つになり、西日本列島と東日本列島に分かれる。

　大規模な地殻変動の始まりは隠岐である。最初に契約の聖櫃アークが置かれた隠岐での儀式は、すでに済んでいる。長らく名前をつけられることがなかった島後が「隠岐の島」と正式に命名されたのは2004年のこと。これを受けて、飛鳥昭雄は八咫烏の命により、2018年、島前と島後において呪術の開封儀式を行った。

明治天皇は京都に白峯神宮を建立し、崇徳天皇を主祭神として祀ることで祟りを鎮めた。皇統に掛けられた呪いを解いた上で、正式に天皇として即位した。崇徳天皇の呪いは天皇の親政の否定であり、武家政治の肯定だ。

南北朝にあって、政治的権力を握った後醍醐天皇だったが、その建武の親政は失敗に終わり、島流しに遭う。流された先は、いうまでもなく隠岐だ。すぐさま態勢を整えて、隠岐を脱出した後醍醐天皇は三種神器を手に正統性を主張し、吉野において南朝を開いた。言葉を換えれば、隠岐は南朝発祥の地である。

島流しにされたという意味では、その前例は後鳥羽上皇である。承久の乱で挙兵するが、あっけなく敗北。そのまま隠岐に流された。都に帰ることなく、後鳥羽上皇は島前で崩御し、荼毘に付された。崩御700年を機に、墓所に隠岐神社が建立された。ここは、かつて契約の聖櫃アークが最初に置かれた場所である。南朝の引き金を引いたのは、島流しの前例たる後鳥羽上皇だったともいえるのだ。

天照大神の再臨にあたって、天皇陛下は伊勢神宮の内宮地下殿に祀られている契約の聖櫃ア

↑後鳥羽上皇の墓所に建立された隠岐神社。

ークを船岡山に運び出し、ここにイエス・キリストの聖十字架を建てる。秘密の祝詞と呪文を唱え、絶対三神に祈りを捧げるとき、最初に鳴動するのが隠岐である。島後にある小さな岩礁「黒島」は地球科学的に非常に珍しい地質として知られる。地殻の下、地中深い場所にあるマントルが露出している地球上で数少ない場所なのだ。

そのとき、ここからプラズマの炎が立ち昇る。地球の核から上昇してきたプラズマプルームが噴出し、一気に地殻が破壊され、プレートが高速で動き出し、日本列島が分裂、そして地球上の大陸が移動を開始するのである。

地球が動き出したら、もう止められない。それまでに、人類は仕掛けられた呪いの封印を解き放ち、カッバーラの真理に目覚めなければばならない。童唄「カゴメ唄」の後ろの正面に立っているのは、だれなのか。籠の中から現れる鳥とは何のことなのか。オカルト呪術である迦波羅を道標に歩き出すのだ。答えは絶対的な光の源、すなわち「太陽」の中にある‼

あとがき

日本におけるカッバーラ、すなわち迦波羅《かばら》の奥義は「生命の樹」である。「生命の樹」には青銅の蛇が巻きついている。十字架に掛けられたイエス・キリストである。ヨーガでいえば、人体の尾骨に眠るクンダリニーである。いずれも天界から地上に落ちる雷の閃光カヴの象徴で、その動きは3回転半である。迦波羅では「三行半」と呼ぶ。雷の直撃のごとく、主から絶たれることを意味する。

三行半とは離縁を申し渡すときに使われる言葉だが、占術では凶兆である。これが出たら、災害が起こることを覚悟しなくてはならない。イスラエルの祭具である黄金の香壇と青銅の祭壇が祀られている長野県の諏訪大社では毎年、その年を占う神事が行われる。下社春宮の「筒《つつ》粥《がゆ》神事」である。年が明けた1月14日、小豆を44本の葦とともに煮立て、次の日、粥の状態を見て吉凶を占う。

本書が出る2023年の占断は、ずばり「三分五厘」。すなわち「三行半」で、大凶と出た。ここ数年、筒粥神事の結果は三分五厘か、もしくは一厘だけ乗せた三分六厘だった。東日本大震災以来、この国は災難続きである。とくに、ここ3年間はコロナに始まり、円安に物価高、増税、ワクチンの薬害、問題のあるＬＧＢＴ法案の強硬、防衛費拡大、マイナンバー問題、自民党の統一教会癒着、度重なる政治家の不祥事、気候変動による豪雨と洪水、さらには各地で起こる大地震が人々の心に深く影を落としている。

地震に関しては、必ず起こる。東京直下地震に東海、東南海、南海地震、北海道の千島沖地震、そして富士山の噴火も、そう遠くない日に起こる。本来ならば、災害対策に予算をつけるべきだが、まったくもって動きがない。現代の経済論からすれば、すぐにでも減税を行い、社会に回るマネーを増やすべきだが、真逆のことを政府及び財務省は行っている。

駐日アメリカ大使が内政に干渉する発言をしているのを見ればわかるように、すべてはアメリカのご意向だ。日米地位協定のもと、日米合同委員会によるアメリカ軍から命令に、唯々諾々と政治家と官僚は従っているのだ。いまだに「戦争責任広報計画：ＷＧＩＰ」が続けられている。背後にいるのはアメリカ合衆国を支配する軍産複合体であり、その中枢、シークレットガバメントだ。闇の組織13人委員会のグランドマスターは肉体をもたない堕天使ルシファーである。

大魔王サタンが狙っているのは日本である。日本には希望がある。終末に世界を救う最後の光が隠されている。それを叩き潰すのが悪魔の狙いである。魔物のご意向に沿って行動すれば、超常現象によって欲望が叶う。魂を売った輩が手先となって動いている。悲しいことに、これを奴隷のごとく受け入れる日本人が少なくない。日本人の不幸は、まさにそこにある。

しかし、潮目は変わった。天照大神《あまてらすおおみかみ》に代わって、荒魂であるスサノオ命が出てくる。海から上がってくる八岐大蛇を討つために、本格的に動き出す。天照大神はイエス・キリストであるが、スサノオ命はヤハウェである。荒ぶる創造神として、神の民ヤマトに試練を課すとともに、大魔王サタンを滅ぼすべく、戦いを開始する。

おそらく日本はもちろん、世界中が戦乱と天変地異に見舞われるに違いない。ウクライナ戦争は、その始まりにすぎない。黙示録にはロシアの名前が預言されている。ロシア正教古儀式派の信徒であるプーチンは預言を知ったうえで戦っているのだ。

スサノオ命は牛頭《ごず》天王である。疫病神である。蘇民将来伝承にあるように、裏切り者には容赦はしない。たとえ日本人であろうと、悪魔に魂を売った者には天罰を下す。奇しくも、２０１９年から現代の疫病である新型コロナが世界的に流行し、これに合わせて治験段階であるワクチンを多くの人が打った。なかには、これが原因で命を落とした者もいた。真実を知る者は目を覚まさなくてはいけない。残された時間は少ない!!

サイエンス・エンターテイナー　飛鳥昭雄

●編集制作●小﨑雄
●写真提供●唐松神社
●DTP制作●明昌堂